集体主义价值观的源流及其中国化演进研究

朱小娟 著

中国社会科学出版社

图书在版编目（CIP）数据

集体主义价值观的源流及其中国化演进研究 / 朱小娟著. -- 北京：中国社会科学出版社，2025. 1.
ISBN 978-7-5227-4445-2

Ⅰ. D648.2

中国国家版本馆 CIP 数据核字第 2024J2W260 号

出 版 人	赵剑英
责任编辑	杨晓芳
责任校对	李　硕
责任印制	张雪娇

出　　版	中国社会科学出版社
社　　址	北京鼓楼西大街甲 158 号
邮　　编	100720
网　　址	http://www.csspw.cn
发 行 部	010-84083685
门 市 部	010-84029450
经　　销	新华书店及其他书店
印　　刷	北京君升印刷有限公司
装　　订	廊坊市广阳区广增装订厂
版　　次	2025 年 1 月第 1 版
印　　次	2025 年 1 月第 1 次印刷
开　　本	710×1000　1/16
印　　张	17.75
插　　页	2
字　　数	254 千字
定　　价	98.00 元

凡购买中国社会科学出版社图书，如有质量问题请与本社营销中心联系调换
电话：010-84083683
版权所有　侵权必究

目 录

导 论 ··· 1
　一　集体主义价值观的根源及其中国化进程是值得深入研究的
　　　论题 ··· 1
　二　阐释清楚集体主义价值观的内涵是开展研究的
　　　基础工作 ··· 7
　三　以中国共产党构建集体主义价值观的历史进程为逻辑线索
　　　展开研究 ··· 9
　四　以集体主义价值观演进的一般规律及其中国化新境界的
　　　开辟为研究落脚点 ·· 13
　五　本书框架及研究方法 ··· 15

第一章　集体主义价值观探源及其中国化的内在逻辑 ············ 17
　第一节　集体主义价值观的内涵分析 ······································· 18
　　一　集体主义价值观具有社会主义意识形态性 ······················ 19
　　二　集体主义价值观关乎利益关系的妥善处理 ······················ 23
　　三　集体主义价值观的话语表达形式因时而变 ······················ 26
　第二节　集体主义价值观的根源追踪 ······································· 29
　　一　人的本质是人的真正的共同体：集体主义价值观的
　　　　人学旨趣 ··· 30
　　二　每个人的自由发展是一切人的自由发展的条件：集体主义
　　　　价值观的内在规定 ··· 33

　　　　三　必须使人们的私人利益符合人类的利益：集体主义
　　　　　　价值观的宗旨要义 ………………………………………… 37
　　第三节　集体主义价值观中国化的内在逻辑 …………………… 41
　　　　一　中国传统文化中整体主义精神奠定了思想根基 ………… 41
　　　　二　近代爱国主义运动的发展是其生成的重要动力 ………… 44
　　　　三　社会主义制度的内在要求和现代化建设的需要 ………… 46
　　　　四　中国共产党的高度认同、主动传播和积极构建 ………… 50

第二章　革命型集体主义价值观 ……………………………………… 55

　　第一节　革命型集体主义价值观的形成背景 …………………… 56
　　　　一　国家危亡的现实困境迫切需要凝聚思想共识 …………… 57
　　　　二　中国共产党团结人民的历史传统与初心使命 …………… 60
　　　　三　苏联集体主义理论与实践在中国的传播影响 …………… 63
　　第二节　革命型集体主义价值观的主要内容 …………………… 66
　　　　一　人民群众根本利益至上 ……………………………………… 67
　　　　二　个人利益服从集体利益 ……………………………………… 69
　　　　三　集体主义就是党性 …………………………………………… 71
　　第三节　革命型集体主义价值观的构建方式 …………………… 73
　　　　一　领导爱国主义运动，增强民众对民族利益的认同 ……… 74
　　　　二　实施土地改革计划，满足人民群众基本利益诉求 ……… 77
　　　　三　开展思想教育活动，强化"集体利益优先"观念 ……… 80
　　第四节　革命型集体主义价值观的运行状况 …………………… 82
　　　　一　汇聚全中国最广泛的力量，促进新民主主义革命的
　　　　　　胜利 …………………………………………………………… 83
　　　　二　提升了集体主义影响力，巩固其无产阶级道德原则的
　　　　　　地位 …………………………………………………………… 85
　　　　三　因过度强调集体利益而在一定程度上忽视和消解
　　　　　　个人利益 ……………………………………………………… 87

第三章　兼顾型集体主义价值观 …… 90

第一节　兼顾型集体主义价值观的形成背景 …… 91
　　一　中华人民共和国的成立促使社会利益关系发生变化 …… 91
　　二　国家中心任务开始逐步从阶级革命转变为经济建设 …… 94
　　三　苏联农业集体化运动的失误给中国共产党带来了教训 …… 96

第二节　兼顾型集体主义价值观的主要内容 …… 99
　　一　以保证各方面利益的共同发展为前提 …… 100
　　二　以保护农民利益以及地方利益为重点 …… 102
　　三　以国家利益作为解决利益冲突的标准 …… 104
　　四　以集中力量进行社会主义建设为目标 …… 106

第三节　兼顾型集体主义价值观的构建方式 …… 108
　　一　坚持人民民主专政以及生产资料公有制 …… 109
　　二　遵循强动员、高参与、政治化发展模式 …… 112
　　三　实施"一体化"的单位管理与运行机制 …… 115

第四节　兼顾型集体主义价值观的运行状况 …… 118
　　一　调动了个人投身集体建设的积极性 …… 118
　　二　兼顾了社会系统的稳定性和灵活性 …… 121
　　三　引发了平均主义及利益固化的风险 …… 124

第四章　契约型集体主义价值观 …… 127

第一节　契约型集体主义价值观的形成背景 …… 128
　　一　平均主义的利益分配方式引发了分配正义之争 …… 129
　　二　经济体制改革致使社会利益格局发生深刻变化 …… 131
　　三　个人主义在一定程度上造成价值观领域的混乱 …… 134

第二节　契约型集体主义价值观的主要内容 …… 138
　　一　强调契约精神之下的利益互惠 …… 138
　　二　注重创收权利与奉献义务对等 …… 142
　　三　坚持市场理性与集体理性相融 …… 145

第三节　契约型集体主义价值观的构建方式 ……………… 147
　　一　用经济体制改革带动社会思维进步 ……………… 148
　　二　通过社会大讨论增强集体主义认同 ……………… 150
　　三　用国家手段强化集体主义主导地位 ……………… 153

第四节　契约型集体主义价值观的运行状况 ……………… 156
　　一　推动了个人的个体化解放与个人的共性发展 …… 156
　　二　实现了社会生产力的发展和集体利益的增进 …… 159
　　三　产生了集体主义功利化与社会冷漠化等现象 …… 161

第五章　真实型集体主义价值观 ………………………………… 165

第一节　真实型集体主义价值观的形成背景 ……………… 166
　　一　人民群众的自我意识以及对美好生活的需要
　　　　愈益强烈 ……………………………………………… 167
　　二　中国共产党更加自觉地践行初心使命、开创
　　　　美好未来 ……………………………………………… 169
　　三　全面推进依法治国，为集体主义价值观提供
　　　　法治保障 ……………………………………………… 171

第二节　真实型集体主义价值观的主要内容 ……………… 173
　　一　强调国家、集体和个人是利益攸关的命运共同体 … 174
　　二　将个人和集体同时作为集体主义价值观践行主体 … 176
　　三　个人利益和集体利益在冲突时互为道德评判标准 … 179

第三节　真实型集体主义价值观的构建方式 ……………… 181
　　一　用"隐喻"的形式强调个人、集体和国家关系的
　　　　辩证性 ………………………………………………… 181
　　二　坚持把"蛋糕"做大、做优、分好，扎实推进
　　　　共同富裕 ……………………………………………… 184
　　三　健全社会公平正义的法治保障制度，构建更多
　　　　真实集体 ……………………………………………… 186

第四节　真实型集体主义价值观的运行状况 ………………… 189
　　一　社会利益关系更为和谐 ………………………………… 189
　　二　集体事业不断发展壮大 ………………………………… 191
　　三　集体的真实性有待提升 ………………………………… 193

第六章　集体主义价值观中国化演进的一般规律 ……………… 196

第一节　与历史文化传统相结合的矛盾协调律 ………………… 197
　　一　我国历史文化传统是推进集体主义价值观中国化的
　　　　既定前提 ……………………………………………… 197
　　二　集体主义在与我国历史文化传统的斗争与融合中
　　　　不断时代化 …………………………………………… 200
　　三　批判性吸收中国传统文化中的合理内核涵养集体主义
　　　　价值观 ………………………………………………… 204

第二节　与中国具体实际相符合的社会适应律 ………………… 209
　　一　立足社会发展阶段与时俱进地赋予集体主义以
　　　　具体定位 ……………………………………………… 209
　　二　根据不同时期形势与任务确定集体主义价值观
　　　　内容要求 ……………………………………………… 213
　　三　顺应时代和实践发展要求丰富集体主义价值观
　　　　构建方式 ……………………………………………… 216

第三节　与错误价值观念相交锋的螺旋发展律 ………………… 219
　　一　在批驳封建整体主义的过程中重构个人和集体关系 …… 220
　　二　在反对个人主义的过程中增强集体主义价值引领力 …… 224
　　三　在矫正集体虚无主义的过程中巩固集体主义的地位 …… 227

第七章　开辟集体主义价值观中国化新境界的实践进路 ………… 232

第一节　在与时代同行中明确集体主义价值观建设的总体目标 … 233
　　一　促进人的自由全面发展 ………………………………… 233

二　提高全社会的文明程度 …………………………………… 237
　　三　助力中华民族伟大复兴 …………………………………… 240
第二节　在与大众贴近中创新集体主义价值观的话语表达方式 … 243
　　一　紧扣民生诉求，彰显集体主义价值观"以人民为中心"的
　　　　话语本质 …………………………………………………… 244
　　二　丰富实践载体，善用"隐喻"形式传播集体主义价值观的
　　　　内容要求 …………………………………………………… 246
　　三　加强话语融通，重视人民大众在集体主义话语生产中的
　　　　地位和作用 ………………………………………………… 249
第三节　在与错误价值观念斗争中提升集体主义价值观
　　　　引领力 ……………………………………………………… 251
　　一　揭示个人主义等错误价值观的实质，破除人们的
　　　　盲目追捧 …………………………………………………… 251
　　二　增强引领能力，实现"影响范式"向"引领范式"的
　　　　转化 ………………………………………………………… 253
　　三　提高人民生活品质，强化集体主义价值观的社会
　　　　心理基础 …………………………………………………… 255
第四节　在与世界的交往互动中彰显集体主义价值观的优越性 … 258
　　一　讲好中华文明特性，阐释其绵延发展的集体主义
　　　　"精神密码" ………………………………………………… 259
　　二　讲好脱贫攻坚故事，促使集体主义价值观成为
　　　　"中国好声音" ……………………………………………… 261
　　三　讲好世界发展大势，凸显人类命运共同体的集体主义
　　　　价值意涵 …………………………………………………… 264

参考文献 ………………………………………………………………… 268

后　记 …………………………………………………………………… 275

导　论

集体主义作为一种与西方个人主义相对立的思想体系，是无产阶级意识形态的集中体现、"中国之治"背后的文化力量，也是新时代公民道德建设的基本原则，其重要价值不言而喻。鉴于此，国内外学者从不同角度对集体主义进行了不同程度的研究。然而，已有研究成果表明，学术界对集体主义价值观的根源及其中国化演进的关注和探究极少，对个体、集体与国家关系的演进规律也缺少必要的梳理和总结，这不利于引导人们正确理解、培育和践行集体主义价值观，进而妥善处理新时代个体、集体和国家关系，为实现"以中国式现代化全面推进中华民族伟大复兴"的使命任务凝心聚力。因此，着眼于集体主义价值观的源流及其中国化进程进行深入探究，总结个体、集体与国家关系的演进规律，进一步提出新时代集体主义价值观建设的实践进路，具有重大意义。

一　集体主义价值观的根源及其中国化进程是值得深入研究的论题

从概念史的角度来看，集体主义"最早产生于18世纪，但它在中国的出现是五四运动以后的事情，而且是中共早期领导人和进步民主人士在反对个人主义、要求克服个人主义消极影响的过程中提出来的"[①]。早在1924年，瞿秋白就从比较的视角阐释了集体主义，认为这种精

[①] 朱小娟：《论新时代集体主义研究的着力点》，《教学与研究》2018年第11期。

神与资产阶级的个人主义不同，表现为"互相团结——相视如'伙伴'（Comrade），患难相助，娱乐相共"①。1936年11月，郭沫若在《青年与文化》一文中写道："个人都在以集体主义的精神努力，那努力的成果总汇起来便足以转移时势。"②不难看出，瞿秋白和郭沫若都是在"集中力量办大事"的层面理解集体主义的，而这种集体主义精神又恰恰是取得革命胜利所必需的。因此，社会上、学术界有一些人出于当时社会发展形势之需，就对集体主义展开了系统研究，并推动集体主义实践向纵深发展。其中，关于集体主义价值观中国化进程的研究虽然相对薄弱，但该研究具有重要价值。

（一）有利于丰富集体主义研究的理论范式，为中国共产党的思想理论建设提供新的研究视角

可以说，国内外学术界针对集体主义及其相关话题开展的研究都比较早，成果也不少，但专题研究集体主义价值观源流及其中国化进程的文献却很少。具体来说，卢梭可谓是西方最早论述集体主义思想之人，他关注个人的自由、平等以及追求自我利益、个性发展的需要，同时强调私意必须符合、服从公意。在此之后，黑格尔、杜威等人又立足不同的角度阐发集体主义思想，一些人还将社群主义推演为西方集体主义的一种新的表现形式。并且，国外学者通常从比较的视野对集体主义进行跨学科研究，探讨它与个人主义的差异。国内对于集体主义及其相关问题的研究可以追溯到20世纪50年代初，呈现不断深化、系统发展的特点。内容包括集体主义的内涵与意义研究、集体主义的历史嬗变与发展研究、马克思主义经典作家的集体主义思想研究、党的历届领导人关于集体主义的论述研究、集体主义比较研究、集体主义价值观的培育与践行研究等。其中，关于集体主义价值观在中国的历史演进研究，学者们通常从整体上予以考察。例如，有学者认为："它主要包括两个明显的阶段，一是宗法家族集体主义向社会主义集体主义的演进，这是计划经

---

① 《瞿秋白文集：政治理论编》第二卷，人民出版社2013年版，第570页。
② 《郭沫若全集·文学编》第十八卷，人民文学出版社1992年版，第111页。

济下集体主义逐步形成的过程；二是计划经济下集体主义向社会主义市场经济下集体主义的演进过程。"① 还有学者从社会主义意识形态的高度研究集体主义，认为它是在不断实践中逐步产生的，表现为近代中国共产党革命型意识形态下的集体主义、中华人民共和国成立后中国共产党批判型意识形态下的集体主义、社会转型中中国共产党和谐型意识形态下的集体主义以及人类命运共同体背景下"人类大我"的集体主义等形态。② 另有学者探讨了中华人民共和国成立以来集体主义价值观的演进，认为其"经历了由工具性存在向价值性存在的演进过程"③。

诚然，国内外学者围绕集体主义展开的研究为集体主义价值观源流及其中国化进程研究奠定了良好基础，但也存在进一步拓展的空间。一是对集体主义价值观的根源缺少深刻剖析，仍需讲清楚集体主义与中国传统文化中整体主义的同构性，进而揭示集体主义中国化的历史必然性。二是有必要基于系统梳理集体主义价值观的中国化进程，呈现个体、集体与国家关系的演绎理路。三是现有研究的问题意识有待强化，研究视野有待拓展，应综合使用逻辑推演与实证研究等方法，对新时代集体主义价值观建设的实践进路进行探讨。而这些都将在本书中有所涉及，这对于丰富集体主义研究的理论范式大有裨益。除此之外，由于本书将集体主义价值观的主要构建主体理解为中国共产党，着重探讨我们党构建集体主义价值观的历史做法和基本经验，因此，有助于为党的思想理论建设提供新的研究视角，也有助于从价值观层面推进党建工作。

（二）有利于厘清集体主义价值观演进的历史脉络，为妥善处理新时代个体、集体与国家关系提供经验借鉴

习近平总书记曾指出："中国人自古重视历史研究，历来强调以史

---

① 刘波：《当代中国集体主义模式演进研究》，博士学位论文，复旦大学，2011 年。
② 陈书纪：《意识形态下集体主义的历史演进》，湖北人民出版社 2015 年版，目录第 2-3 页。
③ 崔家新、池忠军：《新中国成立以来集体主义价值观的演进历史与新时代发展》，《思想理论教育》2019 年第 11 期。

为鉴",因为"重视历史、研究历史、借鉴历史,可以给人类带来很多了解昨天、把握今天、开创明天的智慧"。[1] 集体主义价值观作为一个历史范畴,其内涵、具体要求和叙事方式等都会随着时代的变迁、社会利益格局的调整而发生改变。针对集体主义价值观中国化时代化进程开展深入研究,则有利于呈现其动态发展过程,改变人们的线性思维,使之在厘清集体主义价值观演进的历史脉络中全面把握集体主义价值观,正确看待其运动过程中的得与失。不可否认,长期以来,许多人对集体主义价值观存有不同程度的误解,乃至习惯将集体主义等同于集体利益,将"集体利益优先"的特殊性要求看作是普遍要求,从而不利于集体主义价值观的培育和践行。在这种情况下,对集体主义价值观的中国化进程进行研究,可以帮助人们"从历史分析方法的角度理解和把握集体主义,就是要破除将集体主义看作一种静态的理论设定的观念,追根溯源,以历史的、发展的、系统的眼光而不是静止的、零散的视角去解读集体主义、评判集体主义"[2],从而更好地推动新时代集体主义价值观建设。

新时代集体主义价值观建设,其核心内容仍然是正确处理个体、集体与国家的利益关系,而以集体主义价值观中国化进程为逻辑主线剖析不同时期个体、集体与国家关系的具体表现,并试图从集体主义价值观中国化的演绎理路中总结个体、集体与国家关系的演进规律,有利于增进人们对三者利益关系的正确认知和处理,为构建科学健康的社会主义价值观、加强全社会的思想道德建设提供理论借鉴。与此同时,呈现个体、集体与国家关系的演绎理路,加强新时代公民道德建设,是推动社会文明程度达到新高度的重大举措,也是推进我国社会建设事业蓬勃发展的基础工程,必须以集体主义为原则,促使人们准确理解和妥善处理多方面利益关系。这一点在新冠疫情防控中体现得更为明显。本书着眼于集体主义价值观中国

---

[1] 《习近平致第二十二届国际历史科学大会的贺信》,《人民日报》2015年8月24日第1版。
[2] 朱小娟:《从历史分析方法的角度把握集体主义》,《思想理论教育》2017年第7期。

化进程展开研究，通过阐释个体、集体与国家关系的演绎理路，特别是重大突发事件下三者关系的处理方式，有利于人们更理性地协调各方面利益冲突，进而助益于新时代社会主义精神文明建设。

（三）有利于找到中国革命、建设和改革成功的精神密码，维护社会主义现代化新征程中的意识形态安全

中国共产党一经诞生，"中国人民谋求民族独立、人民解放和国家富强、人民幸福的斗争就有了主心骨，中国人民就从精神上由被动转为主动"[①]，先后取得了新民主主义革命的伟大成就、社会主义革命和建设的伟大成就、改革开放和社会主义现代化建设的伟大成就、新时代中国特色社会主义的伟大成就。这些成就的取得与中国共产党的坚强领导、人民群众的广泛支持以及马克思主义特别是中国化马克思主义的科学指引等密切相关。而支撑这些制胜法宝得以发挥最大效用的则是爱国主义、集体主义精神。所以，探究集体主义价值观的根源、详细疏解其中国化进程，有利于找到中国革命、建设和改革成功的精神密码，有效抵制历史虚无主义，继续为我国意识形态安全，尤其是社会主义现代化新征程中的意识形态安全提供精神动力与价值引领。

我国已于2020年开启全面建设社会主义现代化国家新征程。"全面建设社会主义现代化国家、基本实现社会主义现代化，既是社会主义初级阶段我国发展的要求，也是我国社会主义从初级阶段向更高阶段迈进的要求。"[②] 与资本主义国家不同，中国式现代化"是一个'并联式'的过程，工业化、信息化、城镇化、农业现代化是叠加发展的"[③]，必然涉及经济和社会结构的深刻变革、利益格局的深刻调整，这就意味着我国的现代化将面临更为错综复杂的风险挑战，包括意识形态领域纷繁复杂

---

① 《中国共产党简史》编写组编著：《中国共产党简史》，人民出版社、中共党史出版社2021年版，第1页。
② 习近平：《把握新发展阶段，贯彻新发展理念，构建新发展格局》，《求是》2021年第9期。
③ 中共中央文献研究室编：《习近平关于社会主义经济建设论述摘编》，中央文献出版社2017年版，第159页。

的情况。例如，在我国经济向高质量发展阶段转变之际，新自由主义、消费主义等思潮不断返潮，妄图模糊现代化经济体系建设的社会主义方向；我国全面深化改革过程中出现的"黑天鹅""灰犀牛"事件威胁意识形态安全；部分西方国家鼓吹"中国威胁论"，大搞霸权主义、单边主义，推行"价值观外交"，导致我国意识形态在国际社会中的话语空间受限；网络参与主体的多元，则在一定程度上导致网络意识形态的多样，为其他非社会主义思潮乃至反社会主义思潮提供了争夺人们思想阵地的可能性。加之，我国正处在"思想大活跃、观念大碰撞、文化大交融的时代，出现了不少问题。其中比较突出的一个问题就是一些人价值观缺失……没有国家观念、集体观念"[①]。因此，构建集体主义价值观，用它去对抗西方的个人主义思想体系，从而凝聚社会力量走好社会主义现代化新征程，是新时代意识形态工作的核心议题。基于此，对集体主义价值观中国化进程进行系统梳理和深度剖析，可以帮助人们从波澜壮阔的历史中汲取智慧，明辨真理，打赢意识形态领域的持久战。

（四）有利于彰显集体主义价值观的生机活力，为不断推进和拓展中国式现代化提供价值共识与精神动力

集体主义价值观传入中国以来，同中华优秀传统文化和中国具体实际紧密结合，并在时代化的进程中不断提高自身的配适度与感染力，昭彰了旺盛的生命力。在百余年的中国化演进中，集体主义价值观已经深刻融入中华民族的日常生活和行动原则之中，成为一种日用而不觉的精神力量。中国共产党带领中华民族走向伟大复兴的实践历史，就思想观念而言，也表现为集体主义价值观中国化的精神历史。从这个意义来说，集体主义价值观也就构成了黑格尔所说的"民族精神"（volksgeist）。质言之，集体主义价值观是中华民族的精神标识和独特气质，以一种独立的内在规范性力量塑造了每个人的自我意识，并外在地影响国家制度和民族历史。如此，集体主义价值观的生机活力不仅体现在其与时俱进的发展上，也体现在对中华民族的潜移默化引导上。于

---

① 习近平：《在文艺工作座谈会上的讲话》，人民出版社2015年版，第22页。

是，立足新时代新征程加深集体主义价值观的源流及其中国化演进研究，能充分彰显集体主义价值观的旺盛生命力。

"从现在起，中国共产党的中心任务就是团结带领全国各族人民全面建成社会主义现代化强国、实现第二个百年奋斗目标，以中国式现代化全面推进中华民族伟大复兴。"[①]这是习近平总书记在党的二十大报告中对全国各族人民作出的庄严承诺。"现代化既是一个具有历史确定性的命题实践，又是一个关涉价值认知的实践命题。"[②]中国式现代化一方面在实践中不断形成、丰富和完善独特的价值观，另一方面在精神上不断渴求独特价值观的范导和助力。所以，推进和拓展中国式现代化作为一项极具系统性、复杂性、挑战性的伟大事业，需要持之以恒地将集体主义价值观作为内在精神支撑。在新时代新征程上，以集体主义价值观调动一切可以调动的积极因素、团结一切可以团结的力量，为推进和拓展中国式现代化、为中华民族伟大复兴贡献磅礴力量，这是在当下依然坚持研究集体主义价值观的内在旨趣。

二　阐释清楚集体主义价值观的内涵是开展研究的基础工作

集体主义价值观作为一个老生常谈却又常谈常新的话题，似乎是不言自明的概念，所以，许多人在进行集体主义价值观及其相关问题研究时，往往不会大费笔墨阐释集体主义价值观的内涵。但实际上，只有对集体主义价值观的含义进行清晰准确的界定，揭示它的根源以及社会主义意识形态性，才能谈其中国化的问题。

集体主义价值观根源于马克思"真正的共同体"思想，具有鲜明的社会主义意识形态色彩。当我们从一般意义上谈论价值观的时候，可以将之理解为一种相对的规范性观念，认为它具有明显的主体差异性，但

---

① 习近平：《高举中国特色社会主义伟大旗帜　为全面建设社会主义现代化国家而团结奋斗——在中国共产党第二十次全国代表大会上的报告》，人民出版社2022年版，第21页。
② 张彦、陈炜枫：《中国式现代化的道德进步及其论证》，《浙江社会科学》2024年第1期。

谈及集体主义价值观时，我们更应当从社会制度或意识形态层面来考察，把它视为一种伴随无产阶级运动的兴起和发展而逐渐形成的、建立在社会主义公有制基础之上、妥当处理个体和集体关系的价值观念。这是由集体主义本身具有的意识形态性决定的。换言之，在中国，我们所坚持和倡导的集体主义本质上是在无产阶级革命实践中形成的社会主义集体主义，是一种反映集体与个体关系的集价值取向、道德原则、政治倾向、行为准则等于一体的系统的理论和主张。就集体主义价值观而言，其核心内容是正确认识和处理个体与集体之间的利益关系。[①]在马克思和恩格斯看来，个人与集体、个人利益和集体利益是辩证统一的。他们强调，"共产主义者既不拿利己主义来反对自我牺牲，也不拿自我牺牲来反对利己主义"[②]，而是将二者都视为个人在一定条件下自我实现的一种形式；但由于集体利益代表的是集体内成员的普遍利益，所以，当个人私利和集体利益发生冲突时，"既然正确理解的利益是全部道德的原则，那就必须使人们的私人利益符合于人类的利益"[③]。因此，"集体利益优先"这一价值倡导是有条件的，"强调个人利益与集体利益的辩证统一"才是集体主义价值观的核心要求。任何脱离集体抽象地谈论个人权益或者将集体利益凌驾于个人利益之上的行为都是与集体主义价值观的本质要求相违背的。这样一种具有社会主义意识形态色彩的集体主义价值观是伴随马克思主义传入中国才慢慢被国人所熟悉、认同和接受的。

集体主义价值观的中国化进程不是直线式上升，而是螺旋式前进，中国共产党以及中国人民对它的认识和践行经历了从朴素到科学、从有较少经验到有较多经验的过程。尽管我们党最初从马克思主义那里了解和接受的是既强调集体利益的重要性，又兼顾个人利益的集体主义价值观，旨在构建"真正的共同体"以满足和保障人民群众的利益诉求，但由于"思想、观念、意识的生产最初是直接与人们的物质活动，与人们的物质交

---

① 朱小娟：《中国共产党建构集体主义价值观的历史进程和基本经验》，《思想理论教育》2022年第4期。
② 《马克思恩格斯全集》第3卷，人民出版社1960年版，第275页。
③ 《马克思恩格斯文集》第1卷，人民出版社2009年版，第335页。

往,与现实生活的语言交织在一起的。人们的想象、思维、精神交往在这里还是人们物质行动的直接产物"①,所以,集体主义价值观的培育和践行还依附人们的物质生产和物质交往,也会伴随社会的变革和人们交往形式的变化而发生改变。例如,在新民主主义革命时期,面临亡国灭种的危险,几乎全体中国人民都认识到了国家命运和个人命运的紧密相关,于是掀起了一次比一次声势浩大的爱国主义运动,使得集体主义价值观更加突出民族利益的优先性,乃至倡导个人为此牺牲生命。中华人民共和国成立初期,国家、集体和个人之间的利益格局呈简单垂直型,集体利益依然具有至上性。因此,彼时的集体主义价值观仍未跳脱"集体利益高于个人利益"的话语表述,甚而导致一些极端化现象。"'文化大革命'十年动乱时期,集体利益更是被抬到至高无上的地位,'大公无私''公而忘私'等特定年代针对特殊人群作出的必须遵循的原则和要求,一时间成了亿万人民群众共同的行为准则,忽视了个体的差异性,甚至出现了打着'集体利益'的幌子剥夺个人利益的现象,整个社会的人际关系出现前所未有的紧张。"②直到后来,随着改革开放政策的实施以及社会主义市场经济体制的建立,国家、集体和个人之间原有的纵向利益关系被打破,每个自然人和法人都有平等参与市场活动并参与社会资源配置的权利。在这种情况下,人们在践行集体主义价值观时,才越来越强调要基于集体与个人双向互利的价值理念,从集体利益和个人利益辩证统一的角度出发处理利益冲突,力争实现各方利益关系的协调发展。

三 以中国共产党构建集体主义价值观的历史进程为逻辑线索展开研究

集体主义价值观中国化的过程纷繁复杂,不好把握,必须找到一条主线切入才可以。由于集体主义价值观从传入中国到在中国传播,以及对中国历史进程产生诸多影响,都与中国共产党的顺势而谋、积极构建

---

① 《马克思恩格斯文集》第1卷,人民出版社2009年版,第524页。
② 朱小娟:《从历史分析方法的角度把握集体主义》,《思想理论教育》2017年第7期。

密切相关，因此，可以把中国共产党作为主要主体，以其构建集体主义价值观的历史过程为逻辑线索，探究集体主义价值观中国化进程，继而在总结经验的过程中，探索新时代集体主义价值观建设的实践路径。

（一）新民主主义革命时期革命型集体主义价值观研究

源于马克思"真正的共同体"思想的集体主义价值观，其在中国的传播可追溯到20世纪20年代。彼时的中国人民正处于水深火热之中，许多仁人志士仍在探索救亡图存之路。国家危亡的现实困境与实现人民解放的宏伟目标激发了全民族的革命意识和斗争精神，为革命型集体主义价值观的形成提供了特有的社会条件。1921年7月，中国共产党诞生，使得革命型集体主义价值观有了明确的践行和构建主体，正式开始其中国化的第一步。继而，在苏联集体主义理论与实践的影响下，中国共产党逐步形成了以"人民群众根本利益至上""个人利益服从集体利益""集体主义，就是党性"[①] 等为主要内容的革命型集体主义价值观。为了在全社会更好地培育和践行这种价值观，我们党通过领导爱国主义运动、实施土地改革计划、开展思想政治教育活动等举措，不断提升民众对民族利益的认同，满足人民群众基本利益诉求，增强"集体利益至上性"的价值观念，最终汇聚了全中国最广泛的力量，取得了新民主主义革命的胜利。但与此同时，由于过度强调集体利益，也在一定程度上忽视和消解了个人利益。本书在这一部分将重点分析中国共产党为人民服务的价值信仰，揭示中国革命胜利的精神密码。

（二）社会主义革命和建设时期兼顾型集体主义价值观研究

随着中华人民共和国的成立，个体、集体和国家关系发生了些许变化，广大人民群众不仅拥有继续参与国家发展、支持社会建设的积极性，还强化了谋求和发展个人利益的需要。加之在这一时期，国家的中心任务开始逐步由阶级革命转变为经济建设，也需要激发和调动广大人民群众建设集体的热情。而苏联农业集体化运动的失误又让中国共产党认识到，"我们不能像苏联那样，把什么都集中到中央，把地方卡得死

[①] 《毛泽东文集》第三卷，人民出版社1996年版，第417页。

死的，一点机动权也没有"。① 所以，我们党在这一时期着力构建的是兼顾型集体主义价值观。它以保护农民利益和地方利益为重点，以国家利益作为解决利益冲突的标准，以集中力量进行社会主义建设为目标，旨在统筹推进各方面利益。为了扩大这种价值观的影响力，我们党始终坚持无产阶级专政和生产资料公有制，"遵循强动员、高参与、政治化发展模式"②，实施"一体化"的单位管理与运行机制等，最终调动了个人投身集体建设的积极性，协调了中央和地方之间的利益关系，兼顾了社会系统的稳定性和灵活性，但也引发了平均主义及社会失序的风险。本书在这一部分，将历史地分析兼顾型集体主义价值观的优越性和局限性，同时对集体主义与平均主义进行辨析。

（三）改革开放和社会主义现代化建设新时期契约型集体主义价值观研究

在社会主义革命和建设时期，由于中国共产党尚未准确把握社会主义建设规律，对怎样处理个体、集体与国家利益关系也还处于摸索过程中，所以，在建设后期出现了平均主义分配的弊端，并在一定程度上压抑了个体的创造热情，也引发了分配正义之争。因此，改革开放以后，我们党及时调整政策，适应新型的生产关系尤其是市场经济的发展要求，逐渐构建以"强调契约精神之下的利益互惠""注重创收权利与奉献义务对等""坚持市场理性与集体理性相融"等为内容的契约型集体主义价值观，要求个体和集体均履行契约规定，承担相应责任与义务。为了帮助和引导人们转变思想观念，消除平均主义利益分配方式带来的社会弊端，我们党用经济体制改革带动社会思维进步，用人生观大讨论增强集体主义认同，用行政手段强化集体主义主导地位，从而保障了个体合法权益，发挥了个体的劳动自主性，推动了社会生产力的发展和集体利益的增进，但也引发了集体主义功利化与社会冷漠化现象。因此，

---

① 《毛泽东文集》第七卷，人民出版社 1999 年版，第 31 页。
② 蔡志强、袁美秀：《从马克思主义中国化"两个结合"的维度审视集体主义价值观》，《思想理论教育》2022 年第 7 期。

我们应当看到，"在本质上，契约型信任关系是人与人疏离和不信任的结果，是形式化和工具化的信任"①，需要向更真实的集体主义价值观过渡。本书在这一部分将着重阐释契约型集体主义价值观的合理性及其向真实型集体主义价值观过渡的必然性。

（四）新时代真实型集体主义价值观研究

"党的十八大以来，在新中国成立特别是改革开放以来取得重大成就的基础上，我国发展站到了新的历史起点上，中国特色社会主义事业进入了新的发展阶段。"②这为构建真实型集体主义价值观提供了良好的社会条件。再者，人民对美好生活的需求日益增长，中国共产党对自身初心和使命的认识逐步深化，这为真实型集体主义价值观的运行奠定了较好的阶级基础。在这一时代背景下，我们党正着力构建以"国家、民族和个人是利益攸关的命运共同体""个体和集体同为践行主体，承担双向对称义务"等为主要内容的真实型集体主义价值观。具体的构建路径包括：一是用"隐喻"的形式将集体主义价值意涵移接到诸如中国梦、社会主义核心价值观、共同富裕等实存的符号形式中，或借助音乐、宣传画、影视作品等载体进行集体主义价值观隐性教育，努力实现个体、集体和国家三者利益的结合；二是大力发展集体事业，不断做大"蛋糕"，提升国家综合实力，满足人民群众的物质和精神双重需要；三是进一步健全社会公平正义的法治保障制度，确保个人利益和集体利益的平等实现。目前，虽然我们党还在构建真实型集体主义价值观的过程中，但这种构建意愿和行动已经初显成效，助力"实现了第一个百年奋斗目标，在中华大地上全面建成了小康社会，历史性地解决了绝对贫困问题"③。本书在这一部分将对习近平新时代中国特色社会主义思想中的价值观展开研究，厘清新时代个体、集体和国家关系。

---

① 程倩：《契约型政府信任关系的形成与意义》，《东南学术》2005年第2期。
② 《习近平谈治国理政》第三卷，外文出版社2020年版，第61页。
③ 习近平：《在庆祝中国共产党成立100周年大会上的讲话》，《人民日报》2021年7月2日第2版。

四 以集体主义价值观演进的一般规律及其中国化新境界的开辟为研究落脚点

马克思曾深刻指出:"哲学家们只是用不同的方式解释世界,而问题在于改变世界。"① 所以,本研究的目的不是做纯粹的历史梳理,除了对集体主义价值观中国化进程进行揭示,对核心概念、重大的理论问题作出阐释,更重要的是,要从集体主义价值观中国化的演绎理路中总结一般规律,并基于历史经验、现实反思、比较借鉴等,探索开辟集体主义价值观中国化新境界的具体路径,从而更好地发挥它的精神动力和道德滋养作用,助力第二个百年奋斗目标的实现。

(一)集体主义价值观演进的一般规律研究

以中国共产党为主要构建主体所推动的集体主义价值观中国化进程,不是杂乱无章的,而是遵循并体现一定的规律。概括起来,这些规律主要有:一是与历史文化传统相结合的矛盾协调律。"集体主义"作为一个外来词汇,为什么能够漂洋过海地来到中国并扎下根?原因主要在于,中国共产党善于挖掘中华优秀传统文化中蕴含的"平天下"和"重民本"等政治理念、"见利思义"和"先义后利"等优良道德传统、"尚和合"和"求大同"等社会理想,用之涵养集体主义价值观,让国人易于接受集体主义价值观所倡导的"集体利益具有优先性"的理念,也让集体利益代表真正关心和捍卫集体成员的具体利益。二是与中国具体实际相符合的社会适应律。集体主义价值观属于上层建筑部分,这意味着,它产生于人们的物质生产实践,也会随着时代变迁和社会存在的改变而发生变化。这在集体主义价值观中国化进程中的显著表现是,中国共产党总能够根据社会发展形势和建设任务需要,变化集体主义价值观的叙述风格和话语表达形式,从而集中力量推动社会主义革命、建设与改革。三是与错误价值观念相交锋的螺旋发展律。集体主义价值观的中国化进程并非一帆风顺,而是伴随思想交锋、价值论战。就某种意义而言,中

---

① 《马克思恩格斯文集》第1卷,人民出版社2009年版,第506页。

国共产党构建集体主义价值观的百余年历史也是一部在批判错误价值观、引领多元价值观中不断廓清集体主义内涵以及明确其社会主义价值底色的历史。对集体主义价值观演进的一般规律进行研究，有利于更好地培育和践行新时代集体主义价值观，从而开辟其中国化时代化新境界。

（二）开辟集体主义价值观中国化时代化新境界的实践进路研究

从集体主义价值观研究现状来看，虽然文献数量不少，但已有研究成果在质量上存在参差不齐的情况，创新性成果比较缺乏，甚至集体主义价值观在某些领域还出现了"缺位""失语"情况。因此，必须强化新时代集体主义价值观建设，开辟其中国化时代化新境界，这也是本研究的最终落脚点。基于对集体主义价值观中国化进程及其一般规律开展研究，本书将开辟集体主义价值观中国化时代化新境界的进路概括为四个方面：首先，在与时代同行中明确集体主义价值观建设的总体目标，这是推进新时代集体主义价值观建设的必要前提。也就是说，不管如何发展，集体主义价值观都要体现新时代的要求，要沿着构建"真正的共同体"之方向迈进，促进人的自由全面发展，提高全社会的文明程度，助力中华民族伟大复兴。其次，在与大众贴近中创新集体主义价值观的话语表达方式，即根据时代鲜明特征、人们思想观念的新变化和新需求等，对集体主义价值观进行创新性发展，赋予其崭新形式和出场方式。例如，将集体主义价值观与中国梦、社会主义核心价值观、共同富裕等新思想新理念新提法相互勾连起来，通过本体与喻体之间的概念互动产生到达集体主义价值观的释义链条，从而达到不言"集体主义"而"集体主义"自明的效果。再次，在与错误价值观念斗争中提升集体主义价值观引领力，这是推进新时代集体主义价值观建设的必由之路。努力实现"影响范式"向"引领范式"的转化，以此强化集体主义价值观的社会心理基础。最后，在与世界的交往互动中彰显集体主义价值观的优越性，这是扩大新时代集体主义价值观的影响力、增强集体主义国际话语权的题中应有之义。

五 本书框架及研究方法

（一）研究框架

本书从社会主义意识形态高度审视集体主义价值观，将其根源追溯到马克思主义关于个体和集体关系的论述，特别是马克思"真正的共同体"思想，继而把中国共产党作为主要主体，以其构建集体主义价值观的历史过程为逻辑线索，探究集体主义价值观的中国化进程，在呈现个体、集体与国家关系的演绎理路的同时，探索如何立足新征程开辟集体主义价值观中国化的新境界。具体框架如下图所示：

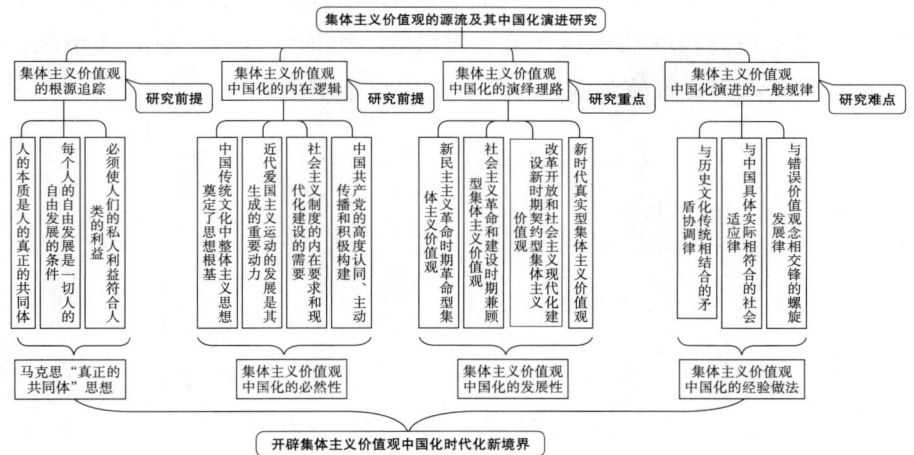

（二）研究方法

为了更好地把握集体主义价值观中国化进程，致力于推进新时代集体主义价值观建设，本研究采用的方法如下：

第一，文献研究法。对马克思主义经典著作、党的历届领导人著作、《建国以来重要文献选编》《中国共产党历史》等重要文献进行文本分析，重点探讨马克思"真正的共同体"思想、中国共产党对集体主义的具体定位以及党的历届领导人关于个人和集体关系的论述等，寻找集体主义价值观中国化的理论基础，为进一步深入研究做充分准备。

第二，历史分析法。将集体主义价值观置于中国共产党百余年发展史中进行考察，寻找其中国化的逻辑，把握个人、集体和国家关系的演绎理路。同时，用历史的眼光审视和评价集体主义价值观在不同时期的构建状况和运行效果，客观呈现它在历史过程中的得与失。

第三，比较研究法。在纵向上，对中国近代以来形成的不同类型的集体主义价值观进行比较辨析，总结出集体主义价值观演进的一般规律；在横向上，对不同国家在集体主义建设方面做出的尝试进行对比分析，为我国新时代集体主义价值观建设提供借鉴。

第四，访谈法。通过半结构性访谈的方式，收集国内集体主义研究方面的专家学者、高校教师等主体对集体主义价值观中国化进程的了解情况，对开辟新时代集体主义价值观中国化时代化新境界的重要性、内在机理和实践路径的认识、评价、建议等，全面深入地了解具体情况，为新时代集体主义价值观的培育和践行提供现实依据。

第一章　集体主义价值观探源及其中国化的内在逻辑

集体主义的意涵非常丰富。就这一概念本身而言，它最早出现于近代，但早在人类诞生之初，人们就自发地践行集体主义精神。从人类思想史来看，集体主义可以指代"适用于任何各种类型的社会组织的名称，在该组织中个人被认为从属于群体，例如阶级、种族、民族或国家。集体主义者理论强调群体的权利和利益，而个人主义者理论则强调个人的权利和利益"①。但从中国实际来看，我们所坚持和倡导的集体主义，本质上是在无产阶级革命实践中形成的社会主义集体主义，其核心内容是正确认识和处理个体与集体之间的关系，根源于马克思"真正的共同体"思想以及马克思主义关于个人和集体关系的论述，具有鲜明的社会主义意识形态色彩。

这样一种集体主义不是自发产生于中国的，而是伴随马克思主义的传播才被国人所了解、认同和践行的。当然，集体主义价值观之所以能够漂洋过海地来到中国并扎下根，亦有其内在逻辑。具体来说，集体主义价值观同中国传统文化的思想资源存有诸多契合，近代爱国主义运动的发展是促使它在更广范围内被践行的重要动力，社会主义制度的内在要求和中国式现代化建设的需要则进一步推动了集体主义价值观的运

---

① ［英］戴维·M·沃克:《牛津法律大辞典》，李双元等译，法律出版社2003年版，第222页。

行。在集体主义价值观中国化进程中，中国共产党起到了核心领导作用，为集体主义价值观的主动传播和积极构建提供了明确主体和组织的保障。立足当前，展望未来，为了从思想认知上正本清源，澄清理论是非，做好正向引导，我们有必要阐释集体主义价值观的本真含义，对其追根溯源，明确其中国化时代化的内在逻辑。

第一节　集体主义价值观的内涵分析

明晰集体主义价值观的内涵，是正确追溯其起源的前提，也是全面探究其中国化时代化进程的基础。在我国，学术界关于它的研究可以追溯到20世纪50年代初。从已有研究成果来看，相当一部分论者将集体主义价值观视为一个不言自明的概念，在进行具体研究时不会专门花费笔墨对它的内涵进行详尽阐释。这种现象在最近的研究中表现得较为明显。但也有一部分论者对集体主义价值观的本真含义进行了揭示，试图论证它与社会主义制度的紧密相关性，在同西方个人主义价值观的根本对立之中明确集体主义价值观的重要地位。例如，罗国杰、王海明、夏伟东等人都表示过，集体主义价值观是确证个体、集体与国家关系应当如何的道德原则，与个人主义价值观相对立，是社会主义制度的产物。还有论者以改革开放作为历史节点，将集体主义价值观区分为传统型和新型两类，认为"社会主义集体主义的价值观是建立在对人类社会发展规律的科学认识的基础之上的，它以历史唯物主义作为世界观的指导，以社会主义根本制度作为自己的基础，以共产主义作为理想的目标，是科学的、自觉的集体主义"[①]。也有人指出："集体主义价值观，是指个人

[①] 潘伟力：《社会主义集体主义是社会主义初级阶段的主导价值观》，《南京社会科学》2000年第12期。

利益与集体利益是辩证统一、相互依存的关系,且在面对灾难风险时集体利益处于优先位序,是'个人自我利益实现的一种崇高方式',是社会主义本质属性在价值导向上的直接和集中体现。"①这些观点为我们科学把握集体主义价值观的内涵奠定了良好基础,但也有进一步补充的空间,尤其需要对集体主义价值观的社会主义意识形态性、核心内容及其叙述风格和话语表达形式等进行详细论述。

一 集体主义价值观具有社会主义意识形态性

马克思主义经典作家一般在社会主义性质和社会主义道德原则的意义上使用"集体主义"一词。例如,恩格斯在1877年6月14日给意大利社会主义者写的《英国农业工人联合会和农村的集体主义运动》信中就初步提出了集体主义价值观的社会主义性质,即以"符合于劳动人民、即那些唯一能够保证未来农业发展的人的利益"②为核心。但此时恩格斯的论述还是相对分散的。严格地说,19世纪法国马克思主义者拉法格第一次从科学社会主义的维度论述了集体主义价值观。依据拉法格的观点,"集体主义"这一概念很早就出现了,但却被形形色色的空想社会主义者误用了,"在想出这个词的科林看来,这个词是表示这样一种社会制度,它的基础是承包由国家垄断的工程的那些彼此独立和甚至彼此竞争的生产协作社。一句话,这是推广到工人团体的资本主义个人主义"③。因此,拉法格反对从空想社会主义的意义上使用集体主义,他试图从共产主义的意义上去重新界定集体主义。"我在1880年,……试图使用'共产主义'这个词来代替原先的'集体主义'这个词,集体主义只是在《平等报》以后在法国成了共产主义的同义词,现在我利用公民马隆给我提供的机会声明,马克思和恩格斯是共产主义者,而不是贝

---

① 余芳、程祥国:《中国抗疫行动中集体主义价值观的再现及启示》,《江西社会科学》2021年第10期。
② 《马克思恩格斯全集》第45卷,人民出版社1985年版,第182页。
③ 《拉法格文选》上卷,人民出版社1985年版,第263页。

魁尔和科林那种意义上的集体主义者。"①在拉法格那里，集体主义便有了两种内涵区分，一种是空想社会主义意义上的集体主义；另一种是共产主义意义上的集体主义。斯大林则首次从社会主义道德原则的意义上诠释了集体主义的内涵。他在1934年7月同英国作家威尔斯的谈话中说道："个人与集体之间、个人利益和集体利益之间没有而且也不应当有不可调和的对立。不应当有这种对立，是因为集体主义、社会主义并不否认个人利益，而是把个人利益和集体利益结合起来。社会主义是不能撇开个人利益的。只有社会主义社会才能给这种个人利益以最充分的满足。"②斯大林对集体主义价值观的阐释产生了巨大影响，在斯大林之后，中国共产党和国内学术界也在社会主义道德的基本原则意义上理解集体主义，而非将之视为一般意义上的价值观。

从国外一些思想家、政治家和学者对集体主义的定位来看，它与社会主义具有几乎相同的含义，甚至经常被同义替用。例如，法国圣西门派的戒西埃雷在1832年发表的评《秋叶》的文章中就首次使用了法文"社会主义"一词，他在文中指出："我们不愿意为社会主义而牺牲个人，也不愿意为个人而牺牲社会主义。"③这其实已经在"集体主义"的意义上使用"社会主义"一词了。美国教育家约翰·杜威在谈论学校儿童教育时认为"对于个人主义和社会主义的理想都予以应有的重视"④，其中，个人主义的理想指的是"有教养的个性自由的和完全的发展"。社会主义的理想指的是"社会的训练和政治上的服从"⑤，使人"从自己行动和感情的原有的狭隘范围里显现出来；而且使他从自己所属的

---

① 《拉法格文选》上卷，人民出版社1985年版，第263页。
② 《斯大林文集（1934—1952年）》，人民出版社1985年版，第13页。
③ 参见朱国宏主编《经济社会学》，复旦大学出版社1999年版，第501页。
④ [美]约翰·杜威：《杜威教育论著选》，赵祥麟、王承绪编译，华东师范大学出版社1981年版，第11页。
⑤ [美]约翰·杜威：《杜威教育论著选》，赵祥麟、王承绪编译，华东师范大学出版社1981年版，第165页。

集体利益来设想自己"①。由此可见,在杜威那里,社会主义同集体主义没有实质内涵上的区别。英国经济学家冯·哈耶克同样在个人主义相对立的意义上使用"社会主义"一词,从而为个人主义经济制度作正当性辩护,他指出:"这个术语的特性可以表明,'社会主义'(socialism)这个术语乃是一些论者刻意杜撰出来用以反对个人主义观点的。我们在本文中所关注的正是这种可以取代社会主义的制度。"②他还明确地将社会主义和集体主义并列使用,"这种唯理主义的个人主义(this rationalistic individualism)还始终隐含有一种演变成个人主义敌对面的趋向,比如说,社会主义或集体主义"③。综合来看,目前,国外学术界依旧将社会主义制度同集体主义联系在一起,将个人主义与集体主义将个人主义与集体主义看作是绝对对立的两种意识形态。

从集体主义在中国的出场语境来看,早期中国共产党人和社会进步人士是在反对资产阶级个人主义的过程中提出集体主义的。早在1924年,瞿秋白就预见到了"有一种集体主义的精神,与资产阶级的个人主义不同",表现为"互相团结——相视如'伙伴'(Comrade),患难相助,娱乐相共"④。此后,瞿秋白还使用过"集体主义的无产阶级"⑤ "战斗的改造世界的集体主义"⑥等词语。该时期的中国共产党人受苏联思想界影响较大,倾向于将集体主义理解为一种纯粹的意识形态和无产阶级精神。后来,随着新民主主义革命的不断推进,党对自身有了更清晰的了解。陈云、毛泽东等人还从党性的高度审视集体主义。例如,毛泽东

---

① [美]约翰·杜威:《杜威教育论著选》,赵祥麟、王承绪编译,华东师范大学出版社1981年版,第1页。
② [英]哈耶克:《个人主义与经济秩序》,邓正来译,生活·读书·新知三联书店2003年版,第9页。
③ [英]哈耶克:《个人主义与经济秩序》,邓正来译,生活·读书·新知三联书店2003年版,第10页。
④ 《瞿秋白文集:政治理论编》第二卷,人民出版社2013年版,第570页。
⑤ 《瞿秋白文集:政治理论编》第二卷,人民出版社2013年版,第573页。
⑥ 《瞿秋白选集》,人民出版社1985年版,第540页。

曾指出:"一致的行动,一致的意见,集体主义,就是党性。"① 由此,集体主义被置于党的建设视野,被提升到党性的高度。这直接影响国内学者对集体主义的定位。例如,在最早的学术研究中,集体主义被直接理解为同个人主义相对立的社会意识形态。罗国杰曾从比较的视野界定集体主义,认为它作为一种道德原则,以集体利益高于个人利益为最高原则,并强调当个人利益同集体利益发生矛盾时,要牺牲个人利益,以保全社会主义的集体利益;作为一种哲学思想,它体现着历史唯物主义的基本精神,强调整个人类历史是由人民群众所创造的,强调在改造社会和改造自然的斗争中,发挥群众集体力量的极端重要意义;作为一种有关财产制度的思想,它维护社会主义公有制的经济制度,并以巩固和发展这一公有制为主要目的;作为一种政治学说,它体现的主要是社会主义民主集中的政治制度。② 罗国杰对集体主义内涵的全面把握获得了学术界的认可,确定了国内集体主义研究的基调,彰显了集体主义价值观和个人主义价值观的根本对立。

综上所述,集体主义与社会主义犹如一对孪生兄弟,如影随形,集体主义价值观天然地承担着维护社会主义意识形态安全的使命。这要求我们必须从意识形态的高度审视集体主义价值观,明确集体主义价值观和个人主义价值观尽管在理论表述上有日益趋近的特征,但二者在哲学前提、政治立场、物质利益等方面存在不可调和的根本差异,它们之间的斗争绝非纯粹的学理之争、价值观之争,而是意识形态之争。然而关于这一点,我们的认识还不够,以至于不管是过去还是现在,"我们很少把个人主义价值观与资本主义生产关系、它的政治和经济基础联系起来深入考察,没有认识到个人主义价值观本质上是为资本主义的社会制度、经济制度服务的,更没有从资产阶级'和平演变'的战略高度来认识个人主义思潮在我国泛滥的危害。……集体主义价值观与个人主义价值观的斗争,……实际上则是同要不要走社会主义道路密切相联系

---

① 《毛泽东文集》第三卷,人民出版社1996年版,第417页。
② 罗国杰:《罗国杰文集》第一卷,中国人民大学出版社2016年版,第58—59页。

的"①。因此，只要我们国家的社会主义性质没有发生变化，我们的社会主义公有制没有发生变化，集体主义价值观就必须弘扬壮大。

二 集体主义价值观关乎利益关系的妥善处理

我们所生活的社会存在大量错综复杂的利益关系，如个人利益与他人利益、个人利益与集体利益、个人利益与国家利益以及集体利益与集体利益之间的复杂关系。只有妥善处理这些关系，才能构建和谐社会，从而为人的自由全面发展提供有利条件。对利益关系的妥善处理在伦理层面依赖正确的道德原则。所谓道德原则，它"在价值导向上，从整体向度上提出调整整体与个人之间的利益关系的基本主张；在价值定位上，处于特定历史时代社会道德规范体系的核心和指导地位"②。因此，一个社会往往只有一种道德原则，它发挥了社会基本价值观定调的作用。在社会主义社会，道德基本原则只能是集体主义，它构成了人们调节复杂利益关系的基本价值遵循。

在内容上，集体主义价值观"注重在个人与集体两者之间寻找平衡点，从而达到自我利益与社会共同利益的有机结合"③。时至今日，尽管仍有一部分人对集体主义价值观存有偏见和误解，认为它只重视集体利益，或只看到它的先进性要求，但事实上，在马克思主义经典作家的文本和中国共产党历届领导人的重要讲话中，个人和集体的关系、个人利益和集体利益的关系往往表现为共生共荣、有机统一，国家、集体和个人三个层面是可以兼顾的。只有在此基础上，当个人利益和集体利益发生难以调和的冲突时，才会强调"集体利益优先"，才会鼓励个人作出必要的牺牲。究其原因，则是在中国，集体利益往往不是某些人的利益，而是每一正当的个人利益的集合，因此"集体利益优先"本质上还

---

① 罗国杰：《罗国杰文集》第三卷，中国人民大学出版社2016年版，第341页。
② 钱广荣：《怎样看"中国集体主义"？——与陈桐生先生商榷》，《现代哲学》2000年第4期。
③ 王岩：《整合·超越：市场经济视域中的集体主义》，中国人民大学出版社2004年版，第143页。

是为了顾及绝大多数人的利益，为了实现个人的自由全面发展。综上所述，集体主义价值观的核心内容表现为：强调个人利益与国家利益、社会整体利益的辩证统一。

这一内容要求：首先，重视和保障个人的正当利益。一是承认并尊重人们的物质利益需要及其在实现这一需要方面表现的差异性，并把这种差距控制在一定范围内。马克思曾毫不避讳地指出："人们奋斗所争取的一切，都同他们的利益有关"①，"'思想'一旦离开'利益'，就一定会使自己出丑"②。个人的正当利益不管在理论上还是在现实上都具有合法性和合理性，应该作为基本人性规定被接受。但我们也实然地看到，人与人之间存在诸多"自然差异"，这些差异天生存在，如禀赋、家庭、肢体等；存在诸多"社会差异"，这些差异是后天导致的，如认知能力、知识水平等。这些差异直接影响了人们利益需求的多样性和实现利益途径的多元性，最终导致人与人之间的差异性。尽管这些差异性的出现是必然的，也无法完全根除，但若任由它发展，则会引发贫富差距过大、阶层矛盾激化等社会问题。是故，集体主义价值观要求集体以自身的权威性合理有效地配置公共资源，重点关照弱势群体的利益，在资源配置上适度向他们倾斜，从而实现社会主义共同富裕。二是不断提高集体的真实性，为个人的自由流动、自我实现创造良好氛围和环境。

其次，个人要发挥主体性作用，积极投身"真正的共同体"建设。"真正的共同体"是马克思构设的理想社会形态和人的存在方式，表征为社会和个体两种维度。在社会维度上，"真正的共同体"是超越"自然形成的共同体"和"虚假的共同体"的终极共同体形态，承载全体成员的共同利益；在个体维度上，"真正的共同体"则是人得以全面发展的手段。只有"在真正的共同体的条件下，各个人在自己的联合中并通过这种联合获得自己的自由"③。所以，集体主义价值观主张，个人不仅

---

① 《马克思恩格斯全集》第 1 卷，人民出版社 1956 年版，第 82 页。
② 《马克思恩格斯文集》第 1 卷，人民出版社 2009 年版，第 286 页。
③ 《马克思恩格斯选集》第 1 卷，人民出版社 2012 年版，第 199 页。

要在集体中找准自身定位,在合理合法的范围内追求自我利益,还要清醒地认识到集体利益的至上性和神圣性,明确社会作为人类的共同体,"是由层次不同的、千差万别的集体构成的同心圆和网状结构。每个人都隶属于一个小圆圈(小集体),又同时套进一个个大圆圈(大集体);每个人都是社会这个网状结构上的一个小节点,人的意义、人的价值,一句话,人的本质,就是在这千千万万个集体中展开的"[①]。

最后,当个人利益与集体利益特别是国家利益发生冲突时,集体主义价值观鼓励个人选择自觉自愿的利益牺牲。在绝大多数情况下,社会主义社会的集体利益和个人利益是一致的,但也要看到二者绝不是一种"绝对和谐"。当发生利益矛盾时,集体主义价值观并不倡导无谓的、无偿的牺牲,而是鼓励个人自觉自愿的牺牲,或者有偿的牺牲。质言之,当个人利益牺牲不可避免时,或者说当个人利益和集体利益发生激烈冲突且集体利益的安危关涉所有成员利益的得失时,集体主义价值观提倡个人坚持"得其大者可以兼其小"的价值理念,理性地做出价值判断和行为选择,充分考虑集体利益。同时,集体要本着与相冲突的个人协商解决的原则,对个人给予合适的精神和物质奖励补偿,从而营造出鼓励和肯认为保全集体利益而节制个人利益的舆论环境和社会氛围。另外,个人利益与集体利益发生冲突还存在一种特殊情况:当集体利益的损失不会影响集体内绝大多数成员利益时,就不能要求个人作出利益让步。必须意识到,我们所维护的不是抽象的集体利益,而是现实的、具体的集体利益,是关涉集体内每一个成员切身利益的集体利益。倘若因为抽象的、虚幻的集体利益而致使个人正当利益受损,那这种集体就超过了个人要维护的范围,也不值得个人为之付出和奉献。

论及至此,我们可以清晰地看到,集体主义价值观并不只是对个人的单向要求,也是对集体行为的道德规约,实现了"双主体说"。质言之,集体与个人如鸟之双翼,缺一不可,任何割裂个人利益和集体利益辩证关系的行为,都有违集体主义价值观的本质要求。在这一点上,集

---

① 邵士庆:《集体主义的终极生成》,《理论与改革》2010 年第 1 期。

体主义价值观与社会主义核心价值观的倡导是趋于一致的。第一，从层次划分来看，后者展开为对国家、社会和公民三个层面的价值要求，体现了集体主义价值观在集体（国家、社会）和个人（公民）层面的相关倡导。第二，从具体内容来看，社会主义核心价值观的每一层面都彰显集体主义精神。富强、民主、文明、和谐，国家层面价值追求的实现，不得不关涉妥善处理个人与集体的利益关系，其实质是力求个体价值和集体价值的共同实现。自由、平等、公正、法治，社会层面的价值要求规定了公民应有的权利，又指明了治国理政的价值理念，这也就涉及个人在处理社会关系可以依据的道德规范，彰显了集体主义精神。爱国、敬业、诚信、友善，个人层面的价值要求则直接反映了个人与集体生活应当遵循的集体主义原则和道德规范。正是立足此种角度，才有学者指出："集体主义就是社会主义核心价值观的最大公约数，社会主义核心价值观就是集体主义在社会主义下'共意'的具体展开。"[①] 第三，从价值指向来看，培育和践行社会主义核心价值观的目的在于促进国家发展、实现社会和谐、助力人的现代化，这与集体主义价值观的诉求是根本一致的。基于此，可以说，若要发挥好集体主义价值观妥善处理利益关系的作用，就必须继续大力培育和弘扬社会主义核心价值观。

三 集体主义价值观的话语表达形式因时而变

作为一个历史范畴，集体主义价值观的叙述风格和话语表达形式不断发生变化，但这种变化并不是没有规律的，而是根源于时代的变迁以及相应的个体和集体之间关系形态的变化。唯物史观认为，社会存在决定社会意识，亦即"思想、观念、意识的生产最初是直接与人们的物质活动，与人们的物质交往，与现实生活的语言交织在一起的。人们的想象、思维、精神交往在这里还是人们物质行动的直接产物"[②]。集体主

[①] 杨麟慧：《集体主义价值观与社会主义核心价值观的逻辑关系》，《学校党建与思想教育》2016年第11期。

[②] 《马克思恩格斯文集》第1卷，人民出版社2009年版，第524页。

价值观扎根于物质生产与社会交往，因而，伴随社会变革和人们交往形式的变化，集体主义价值观也发生改变。此外，"一个正确的认识，往往需要经过由物质到精神，由精神到物质，即由实践到认识，由认识到实践这样多次的反复，才能够完成"①。所以，即便中国共产党在马克思"真正的共同体"思想指引下，辨明了个人与集体的关系，可这种认识也要经历从抽象到现实、从朴素到科学的过程，进而致使集体主义价值观的话语表达形式并非一成不变。

具言之，在新民主主义革命时期，国家危亡的现实困境与实现人民解放的宏伟目标使得"国家好、民族好，大家才会好"的观念深入人心，由此催生了以"人民群众根本利益至上、个人利益服从集体利益、集体主义就是党性"等为主要内容的革命型集体主义价值观。与封建整体主义相比，革命型集体主义价值观诚然开始关注个人利益，在一定程度上还强调权利与义务的统一，但从话语表达形式上来看，这种集体主义价值观所注重的仍是集体利益，"个人利益服从于集体利益、局部利益服从于全局利益、眼前利益服从于长远利益"是它运行的基本原则。并且，受到"左"倾错误思想的影响，革命型集体主义价值观曾一度被片面化和扁平化，只强调个人无条件履行义务，乃至出现了过分强调集体利益、某种程度上消解个人利益的极端行为。然而结合当时的革命形势以及从长远计，这种价值观倾向及其向集体利益倾斜又是合乎情理的。毕竟，人民利益不是一种思辨概念，它在具体历史之中不表现为凌驾于个人利益之上的绝对利益，而是代表个体长远利益、根本利益的整体利益，这意味着，维护和捍卫国家与民族的利益，实际上也是在维护每一个个体的根本利益和长远利益。

在社会主义革命和建设时期，国家的中心任务逐步从阶级革命转变为经济建设，个体与集体、国家的关系变得越加复杂，而苏联农业集体化运动的失误又让中国共产党人认识到必须妥善处理中央和地方的关系，所以，我们党构建起了"以保证各方面利益共同发展为前提、以保

---

① 《毛泽东文集》第八卷，人民出版社1999年版，第321页。

护农民利益和地方利益为重点、以国家利益作为解决利益冲突的标准、以集中力量进行社会主义建设为目标"的兼顾型集体主义价值观。从主要内容、叙述风格及话语表达形式来看，兼顾型集体主义价值观呈现出明显的"兼顾"特征，强调对集体利益与个人利益的有效统筹，旨在促进各方利益共同发展，更加贴近马克思主义意义上的集体主义价值观。不过，由于中华人民共和国成立伊始，社会利益格局仍非水平型，而是垂直型，国家利益始终处于利益垂直链的顶端，所以，彼时的集体主义价值观培育和践行工作仍未跳脱"集体利益高于个人利益"的藩篱。而且，这种兼顾型集体主义价值观建基于社会主义经济建设任务之上，个体对集体的服从和集体对个体的保障要依靠道德自觉，使得个体处于"被集体代表"的"半解放"状态。

在改革开放和社会主义现代化建设新时期，国家、集体和个人之间垂直利益结构关系被打破，公民拥有了参与市场活动并进行社会资源配置的权利；而从社会主义革命和建设后期积累的、在改革开放背景下不断被扩大的分配正义问题、社会利益冲突难题、社会价值观念混乱等状况，在客观上要求构建以"强调契约精神之下的利益互惠、注重创收权利与奉献义务对等、坚持市场理性与集体理性相融"等为内容的契约型集体主义价值观。相较于以往集体主义价值观，契约型集体主义价值观的突出特征在于强调利益互惠，并且是建立在契约精神之上的互惠关系，讲求集体对个人创收权利的保障以及个人为集体做贡献的自觉，从而赋予集体主义价值观秩序性、规则性、理性化。它既有市场理性的探险求进精神，又有集体理性的美好共同体愿景；既充分尊重和维护个人合法权益，又追求集体利益的最大化。因此，这种价值观有利于维护个体合法权益，激发个体的劳动自主性，推动社会生产力的发展和集体利益的增进，但也会产生集体主义功利化与社会冷漠化现象。

新时代以降，社会主要矛盾发生变化，国内国际形势错综复杂，中国共产党对自身初心和使命的认识逐步深化，为真实型集体主义价值观的萌发奠定了良好的社会条件。此种价值观在内容表述上更具真实性，不仅强调国家、民族和个人是利益攸关的命运共同体，还将个体和集体同时作为践行主体，要求它们承担双向对称义务、互为道德评判标准。为此，我们党通过提出中国梦、全体人民共同富裕、人类命运共同体等新思想新理念新目标，进一步丰富集体主义价值观的话语表达形式和呈现方式，努力实现个体、集体和国家三者利益的结合；通过为人民创造更多参与社会治理和国家管理的机会，大力发展集体事业，加强集体建设，不断做大"蛋糕"，继而通过合理的制度安排分好"蛋糕"，强化人民的获得感；通过完善社会公平正义的法治保障制度，确保个人和集体真正成为享有平等地位的利益主体。这意味着我们党对集体主义价值观的本质认识不断深入，正在朝着"真正的共同体"的目标稳步迈进。

括而言之，集体主义价值观在中国化的具体进程中，呈现出了不同的话语表达形式，在不同程度上显示出自身的社会主义性质。但集体主义价值观的叙述风格和话语表达形式之"变"，不会改变其基本内核，它一直强调正确认识和处理个人与集体的关系，且对这种关系的处理越来越具有真实性，其最终指向始终是"真正的共同体"，是实现每个人的自由全面发展。

第二节　集体主义价值观的根源追踪

明确集体主义价值观的内涵，有利于准确定位其根源，而准确定位集体主义价值观的根源，也有利于辨析人类史上不同形态的集体主义，进而坚定社会主义集体主义价值观的文化自信。在集体主义价值观的根源研究上，有学者追溯到中国封建社会的整体主义原则或中国传统价值体系中的群己观，同时认为集体主义虽来源于整体主义，但二者具有本质区别；也有学者把马克思、恩格斯关于集体和个人关系的经典论述以及"真正的共同体"思想当作集体主义价值观的起源，但更多人将之看作集体主义价值观的理论基础，通过对马克思主义经典著作的文本研究，阐释"真正的共同体"的内涵、"虚假的共同体"存在的必要性并以此阐释"集体利益高于个人利益"的经典命题。本书将集体主义价值观理解为社会主义集体主义价值观，认为其中国化的起点是马克思主义在中国的传播，故而，将其根源追溯到马克思主义关于个人和集体关系的论述以及马克思"真正的共同体"思想，具体可以追溯到如下经典论断。

一 人的本质是人的真正的共同体：集体主义价值观的人学旨趣

基于对人的本质的长期思考和探索，马克思将人的本质理解为"一切社会关系的总和"[①]，认为其逐步拓展的旨归必然是人的自由全面发展，由此为"真正的共同体"的生成奠定了理论基础。"真正的共同体"是由完全占有了自身本质的人组成，且只有在"真正的共同体"中才能形成独立的个体主体，实现人的自由全面发展。所以，马克思断言，"人的本质是人的真正的共同体"[②]，从而为集体主义价值观的旨趣标注了方向，即协调各方利益关系，构建"真正的共同体"，以实现人的本质。

马克思语境中的"真正的共同体"是对血缘共同体和政治共同体的扬弃，指明了集体主义价值观的适用范围。早在人猿揖别之初，受制于极其落后的生产力水平和恶劣的自然环境，原始初民形成了以家族、血缘等为纽带联结起来的传统共同体，亦被称为血缘共同体。该共同体的形成，在于寻求"以群的联合力量和集体行动来弥补个体自卫能力的不足"[③]，它只是个体谋求生存的手段，而无个体的自由或独立的特殊利益。后伴随社会生产力的发展，个体追求特殊利益的自觉愈益增强，并迫切想要将个人的特殊利益从社会的公共利益中分离出来，以至于特殊利益和公共利益不再完全一致。为了协调这种不一致，以国家为基本形式的政治共同体应运而生。然而，这种共同体终究是每一个社会成员通过让渡自己的一部分

[①] 《马克思恩格斯文集》第1卷，人民出版社2009年版，第501页。
[②] 《马克思恩格斯全集》第3卷，人民出版社2002年版，第394页。
[③] 《马克思恩格斯选集》第4卷，人民出版社2012年版，第42页。

特殊利益才形成的，表面上让个人有了自由，实际上却导致个体自我的丧失，产生了新的桎梏。鉴于此，必须创造一种崭新的社会联合形式，使个体"彻底摆脱作为共同体依附物的尴尬，充分张扬自身的个性，在丰富的实践活动以及充分的社会交往中成为主体，并且通过彼此的联合获得自由"①。于是，建立"真正的共同体"的愿景得以产生，它承载着全体成员的共同利益；在个体维度上则是人得以自由全面发展的手段。正是在这样的共同体中，集体主义价值观才是适用的。也就是说，马克思关于"真正的共同体"的设定规定了集体主义价值观中的"集体"具有社会主义性质，是"控制了自己的生存条件和社会全体成员的生存条件的革命无产者的共同体"②，表征的是全体成员的利益和意志。

"真正的共同体"还是马克思在对"人的本质"的持续追问与思索过程中生成的，明确了集体主义价值观的发展方向。受费尔巴哈的影响，马克思在《1844年经济学哲学手稿》中提出了"人的类本质"概念，并从人与动物相区别的角度理解人的类本质。但与费尔巴哈不同，马克思认为，"人是类存在物"，"人把自身当作普遍的因而也是自由的存在物来对待"，"自由的有意识的活动恰恰就是人的类特性"③。换句话说，"人作为有生命的类，其生命活动不仅是自由的，还是有意识的，人不仅进行生命活动，而且还把生命活动当作自己的对象，不断地思考生命活动的性质、目的和意义"④。这是人之所以为人的显著特征，也是从应然角度理解的人的类本质。可是，这种类本质在血缘共同体和政治共同体中是被遮蔽的，个体要么没有自由，要么拥有虚幻的自由。只有构建"真正的共同体"，才能保障人所独有的自由且有意识的生命活动。另外，从实然角度来看，人都是处在具体关系中的人，且"我们越往前

---

① 康渝生、胡寅寅：《人的本质是人的真正的共同体——马克思的共同体思想及其实践旨归》，《理论探讨》2012年第5期。
② 《马克思恩格斯文集》第1卷，人民出版社2009年版，第573页。
③ 《马克思恩格斯全集》第3卷，人民出版社2002年版，第272—273页。
④ 张奎良：《人的本质：马克思对哲学最高问题的回应》，《北京大学学报》（哲学社会科学版）2015年第5期。

追溯历史，个人，从而也是进行生产的个人，就越表现为不独立，从属于一个较大的整体：最初还是十分自然地在家庭和扩大成为氏族的家庭中；后来是在由氏族间的冲突和融合而产生的各种形式的公社中"①。这就是说，人作为一种社会性存在，只能依赖集体力量的条件才能获得解放，也只有在共同体中才能获得全面发展。这为"真正的共同体"的形成提供了理论前提，也彰显出构建"真正的共同体"的必要性。纵然这是马克思立足现实境况勾画出的理想社会形态，但它明确了集体主义价值观的发展方向，就是促使每一个人都占有自己的本质，实现自由全面的发展。这一发展方向是开展集体主义价值观培育和践行工作的轴心，任何时候都不能偏离。

为了确保"真正的共同体"在实践中逐步变为现实，马克思和恩格斯还对真假共同体做了区分，说明了"虚假的共同体"存在的必然性，并阐释了为什么要以及如何过渡到"真正的共同体"。这些内容集中体现在《德意志意识形态》之中。马克思、恩格斯一针见血地指出："在过去的种种冒充的共同体中，如在国家等等中，个人自由只是对那些在统治阶级范围内发展的个人来说是存在的，他们之所以有个人自由，只是因为他们是这一阶级的个人。……由于这种共同体是一个阶级反对另一个阶级的联合，因此对于被统治的阶级来说，它不仅是完全虚幻的共同体，而且是新的桎梏。在真正的共同体的条件下，各个人在自己的联合中并通过这种联合获得自己的自由"②，"这种联合把个人的自由发展和运动的条件置于他们的控制之下"③。在马克思、恩格斯看来，"真正的共同体"和"虚假的共同体"的关键区别在于，共同体对个人的个性发展、利益满足能否起到促进作用。只有在"真正的共同体"中，每一个单个人的需要和本质才能得以彻底实现。"那个脱离了个人就引起个人反抗的共同体，是人的真正的共同体，是人的本质。"④需要强调的是，

---

① 《马克思恩格斯文集》第8卷，人民出版社2009年版，第6页。
② 《马克思恩格斯文集》第1卷，人民出版社2009年版，第571页。
③ 《马克思恩格斯文集》第1卷，人民出版社2009年版，第573页。
④ 《马克思恩格斯全集》第3卷，人民出版社2002年版，第395页。

即使马克思和恩格斯对"虚假的共同体"持批判和否定态度,但他们还是肯定了它在特定阶段存在的合理性。正是因为在阶级社会中特殊利益和共同利益之间存在矛盾,所以,"共同利益才采取国家这种与实际的单个利益和全体利益相脱离的独立形式,同时采取虚幻的共同体的形式"①。但是,"虚假的共同体"不是一种历史"定在",当它的历史使命完成后就会退场,它最终要向"真正的共同体"转变。这规定了集体主义价值观的运行方式,不管是国家、民族、社会等普遍的集体,还是市场经济条件下各种不同的、局部的集体,集体主义价值观在其中的运转前提都必然是提高集体的真实性,使之体现集体内成员的利益,真正代表社会和个人的共同需要。

二 每个人的自由发展是一切人的自由发展的条件:集体主义价值观的内在规定

依据马克思的致思逻辑,人本质上是有意识且独立、自由的存在物,但这种本质的实现往往受制于特定的社会历史条件。因此,个体必须借助共同体才能获取自由全面发展的手段,进而完全占有人的类本质。然而,原始社会的血缘共同体以及资本主义社会的政治共同体都无法达到这一目的。于是,创造"真正的共同体"势在必行,也迫在眉睫。为了保证"真正的共同体"的真实性,使其成为现实,马克思和恩格斯还对它的内涵进行了充分阐释,特别指出:"在那里,每个人的自由发展是一切人的自由发展的条件。"②再次说明了,"每个人的自由发展"不但是手段,而且是目的,是构建"真正的共同体"的终极价值和最高目标,这也是"真正的共同体"同其他共同体相区别的本质特征,由此构成了集体主义价值观之"重视和保障个人的正当利益"内容的根源。而当"每个人的自由发展"成为现实,"一切人的自由发展"也就自然而然地能够实现。

---

① 《马克思恩格斯文集》第 1 卷,人民出版社 2009 年版,第 536 页。
② 《马克思恩格斯文集》第 2 卷,人民出版社 2009 年版,第 53 页。

"现实的人"是唯物史观的基石,是集体得以存续的前提,也是集体主义价值观的出发点。因此,保障个人的合法权益,促进个人的自由全面发展,是"真正的共同体"的目的,同样是集体主义价值观的题中应有之义。在马克思和恩格斯看来,"全部人类历史的第一个前提无疑是有生命的个人的存在"①,"这里所说的个人不是他们自己或别人想象中的那种个人,……不是处在某种虚幻的离群索居和固定不变状态中的人,而是处在现实的、可以通过经验观察到的、在一定条件下进行的发展过程中的人"②。正是这样一种"现实中的个人"不断通过物质生产和精神实践,改变并创造历史,成为各类集体不可或缺的"细胞"。的确,集体与个人不可分离,也不容被人为割裂,个人从集体中获得自身发展的有利条件,而每个具体的人的实践与发展又构成了集体利益壮大的基石。在马克思主义经典文本中,"集体"和"社会"具有相同相近的意思。两位革命导师曾明确提出,社会历史的发展归根结底是由无数个个人的努力所促成的。"无论历史的结局如何,人们总是通过每一个人追求他自己的、自觉预期的目的来创造他们的历史,而这许多按不同方向活动的愿望及其对外部世界的各种各样作用的合力,就是历史。"③如此看来,离开个人的集体是"无根的浮萍",没有个人的历史是"思辨的空集"。依据马克思和恩格斯的说法,"真正的共同体"不仅是一个具象整体,还代表"所有人",也就是说,"真正的共同体"由无数个独立的、占有自我本质的个人所促成。共同体的发展,既是个人的发展,也是"所有人"的发展。"当社会成为全部生产资料的主人,可以在社会范围内有计划地利用这些生产资料的时候,社会就消灭了迄今为止的人自己的生产资料对人的奴役。不言而喻,要不是每一个人都得到解放,社会也不能得到解放。"④恰恰是基于此种意义,他们才说,在"真正的

---

① 《马克思恩格斯文集》第1卷,人民出版社2009年版,第519页。
② 《马克思恩格斯文集》第1卷,人民出版社2009年版,第524—525页。
③ 《马克思恩格斯文集》第4卷,人民出版社2009年版,第302页。
④ 《马克思恩格斯文集》第9卷,人民出版社2009年版,第310页。

共同体"中,"每个人的自由发展是一切人的自由发展的条件"①。这意味着,重视和保障个人利益,实现每个人的自由全面发展是构建"真正的共同体"的内在要求。

"真正的共同体"中人的自由全面发展指的是每一个人的发展,而非一部分人的发展。不可否认,在相当长一段时间里,我们总习惯把"人"当作一个总体概念,立足抽象的意义理解它。事实上,人并非观念的抽象物,而是"从事活动的,进行物质生产的"②鲜活的现实的产物。人的需要,包括对自由的向往、对全面发展的渴望,都是现实的。马克思和恩格斯曾对人的自由全面发展有过一段较朴素的描述:"在共产主义社会里,任何人都没有特殊的活动范围,而是都可以在任何部门内发展,社会调节着整个生产,因而使我有可能随自己的兴趣今天干这事,明天干那事,上午打猎,下午捕鱼,傍晚从事畜牧,晚饭后从事批判,这样就不会使我老是一个猎人、渔夫、牧人或批判者。"③诚如上文所言,当我们从社会维度理解"真正的共同体"时,它和自由人联合体、共产主义、自由王国等概念是异词同义。基于此,实现人的自由全面发展也是共产主义社会对人生存状态的基本表达。在马克思和恩格斯的设想中,到了未来的共产主义社会,旧式分工被消除,人既摆脱了"人的依赖关系",又挣脱了"物的依赖性",继而拥有了相较于以往社会形态下更多的自由时间,可以从事政治、科学、艺术等活动,让自己的体力、智力以及各方面的才能和工作能力都得到发展,最大限度地促进自身全面素质的提升。与此同时,由于在"真正的共同体"中,人与人之间形成了事实上的平等,全体社会成员的根本利益更为一致,故而,个人发展和社会发展实现了真正的统一,此时任何形态的集体不再要求个人为了所谓的抽象利益而随意牺牲自我利益,反倒是更加关注和维护个人利益。

---

① 《马克思恩格斯文集》第 2 卷,人民出版社 2009 年版,第 53 页。
② 《马克思恩格斯文集》第 1 卷,人民出版社 2009 年版,第 524 页。
③ 《马克思恩格斯文集》第 1 卷,人民出版社 2009 年版,第 537 页。

当然，每个人的自由全面发展是建立在个体高度自由自觉基础上的，其最终指向是将人从压抑本质力量和支配生活规律的异己力量中解放出来，走向"自由王国"。从该种角度来说，"每个人的自由发展"和"一切人的自由发展"互为目的。实现每个人的自由全面发展是一项崇高宏伟的目标，不可能一蹴而就，也绝非依靠一部分人的力量就能完成，而必须依赖共同体。就像消除旧式分工。"个人力量（关系）由于分工而转化为物的力量这一现象，不能靠人们头脑里抛开关于这一现象的一般观念的办法来消灭，而只能靠个人重新驾驭这些物的力量，靠消灭分工的办法来消灭。没有共同体，这是不可能实现的。"①再有就是社会生产力的高度发展、物质财富的极大丰富以及消费资料按需分配，都必须建立在集体财富的一切源泉充分涌流的基础上；而社会关系的高度和谐与人们精神境界的极大提高，除了必需的物质基础以外，还同阶级的消失、政治国家的灭亡、"三大差别"的消散以及战争的不复存在等有关。这些都要凭借社会力量才能达成。"只有当人认识到自身'固有的力量'是社会力量，并把这种力量组织起来因而不再把社会力量以政治力量的形式同自身分离的时候，只有到了那个时候，人的解放才能完成。"②如此，人类才开始自觉自主地创造自己的历史。"人们周围的、至今统治着人们的生活条件，现在受人们的支配和控制，人们第一次成为自然界的自觉的和真正的主人，因为他们已经成为自身的社会结合的主人了。"③并且，这种自由至少具有三种展开形式：人与自然关系中的自由，表现为生产自由；人与社会关系中的自由，表现为交往自由；人与自身关系中的自由，表现为主体自由。鉴于此，我们不应当脱离社会理解人，而应当从人和社会的关系中理解"每个人的自由发展"。

---

① 《马克思恩格斯文集》第1卷，人民出版社2009年版，第570—571页。
② 《马克思恩格斯文集》第1卷，人民出版社2009年版，第46页。
③ 《马克思恩格斯选集》第3卷，人民出版社2012年版，第815页。

三 必须使人们的私人利益符合人类的利益：集体主义价值观的宗旨要义

私人利益和人类利益，抑或是特殊利益和公共利益，是马克思与恩格斯经常论及的范畴。他们还认为，"真正的共同体"得以实现的前提之一就在于特殊利益和公共利益逐渐趋于一致。其实从马克思的"真正的共同体"思想中，我们便可以窥探到他关于特殊利益和公共利益关系的基本态度，即认为二者之间既有分离，又有统一，关键要看它们置于怎样的共同体中。在血缘共同体中，因为个人的主体意识尚未觉醒，个体通常作为共同体的依附物而存在，并无自身的特殊利益，所以，私人利益和公共利益完全一致。在政治共同体中，随着分工和私有制的出现，个体的特殊利益逐步生成并凸显，且日渐与公共利益相分离，甚至产生了对抗、冲突的情形，个人利益总是被动服从于虚幻的集体利益。于是，马克思和恩格斯设想，在"真正的共同体"中，个人利益和集体利益真正实现统一，从而使得"现实的个人把抽象的公民复归于自身，并且作为个人，在自己的经验生活、自己的个体劳动、自己的个体关系中间，成为类存在物"①，重新占有人的本质。但个人利益和集体利益并不总是完全一致，当它们之间的利益不一致甚至产生冲突时，马克思和恩格斯指出："既然正确理解的利益是全部道德的原则，那就必须使人们的私人利益符合于人类的利益。"②

首先需要明确，个人利益与集体利益，或者说私人利益和人类利益，是个人发展的两个方面，忽视任何一方都是不应该的。前文已经论及，人首先是作为具有自然属性的存在物而存在的，"人作为自然存在物，而且作为有生命的自然存在物，一方面具有自然力、生命力，是能动的自然存在物；另一方面，这些力量作为天赋和才能、作为欲望存在于人身上"③，使得人和其他动物一样有耳目口腹之欲，有满足自身生存、

---

① 《马克思恩格斯文集》第1卷，人民出版社2009年版，第46页。
② 《马克思恩格斯文集》第1卷，人民出版社2009年版，第335页。
③ 《马克思恩格斯文集》第1卷，人民出版社2009年版，第209页。

实现自我利益诉求的本能。正是这些基本需要构成了人从事一切活动的最终动力和内在依据。马克思甚而指出："任何人如果不同时为了自己的某种需要和为了这种需要的器官而做事，他就什么也不能做。"① 追求自我利益是每个人的本性，具有合理性，倘若对于人们这种合理的利益诉求都不能给予承认、尊重和保障，就不能调动人们的创造热情，那么这个集体就是没有活力的集体，就无法长久存活下去。但人毕竟不是深居简出、蛰居于世界之外的人，"不仅是一种合群的动物，而且是只有在社会中才能独立的动物"②，其天赋、才能和欲望等必然是受动的，其利益的实现与自身发展必然与共同体的存在和发展紧密相关。一如上文所言，只有在集体中，个人才能获得全面发展其才华的手段，才可能有个人自由。这就决定了，如果每个人仅仅是追求私人利益，只会造成"每个人都互相妨碍别人利益的实现，这种一切人反对一切人的战争所造成的结果，不是普遍的肯定，而是普遍的否定"③，其结果只能是集体利益和个人利益的双向受损。正因如此，"共产主义者既不拿利己主义反对自我牺牲，也不拿自我牺牲来反对利己主义"④，就它们的关系而言，"利己主义"和"自我牺牲"都是个人在一定条件下自我实现的一种形式。就理想状态而言，个人利益和集体利益应当是彼此成就的关系。这使得协调好两者关系显得尤为重要。

无可置疑，个人利益和集体利益的关系在以往各式各色的共同体中均未得到妥善处理，只有在"真正的共同体"中，各种利益关系才能达至和谐，人们的私人利益也必须符合人类利益。不管是在血缘共同体中，还是在以国家为基本形式的政治共同体中，受制于客观的社会历史条件，个人利益要么处于尚未萌发的状态，要么处于被压制的状态。特别是在政治共同体中，受到分工和交换发展的影响，共同体与社会相分离，不再是人类总体的存在状态，继而导致人也不再具有总体性的存在

---

① 《马克思恩格斯全集》第 3 卷，人民出版社 1960 年版，第 286 页。
② 《马克思恩格斯文集》第 8 卷，人民出版社 2009 年版，第 6 页。
③ 《马克思恩格斯文集》第 8 卷，人民出版社 2009 年版，第 50 页。
④ 《马克思恩格斯全集》第 3 卷，人民出版社 1960 年版，第 275 页。

意蕴，反而成为一种异己的存在。马克思指出："在政治国家真正形成的地方，人不仅在思想中，在意识中，而且在现实中，在生活中，都过着双重的生活——天国的生活和尘世的生活。前一种是政治共同体中的生活，在这个共同体中，人把自己看做社会存在物；后一种是市民社会中的生活，在这个社会中，人作为私人进行活动，把他人看做工具，把自己也降为工具，并成为异己力量的玩物。"①在马克思和恩格斯看来，这种现象之所以存在，其根源主要是分工和私有制的发展。具言之，"分工和私有制是相等的表达方式，对同一件事情，一个是就活动而言，另一个是就活动的产品而言"②。"随着分工的发展也产生了单个人的利益或单个家庭的利益与所有互相交往的个人的共同利益之间的矛盾"，"正是由于特殊利益和共同利益之间的这种矛盾，共同利益才采取国家这种与实际的单个利益和全体利益相脱离的独立形式，同时采取虚幻的共同体的形式"。③然而到了"真正的共同体"中，旧式分工、私有制将被消除，个人利益和公共利益之间的对立也随即消失。加之，人们的精神境界和道德觉悟得到极大提升，能把利己与利他很好地统一起来，从而促使个人利益和集体利益真正实现和谐。但这里的和谐不是绝对的，并不排除偶发利益冲突的可能，若发生利益冲突，由于集体利益在本质上代表所有人的利益，因此须暂时克制和牺牲个人利益，这也是在维护和保障个人的根本利益。

为了最大限度地保障个人利益，必须以自由人的联合体为发展方向，推动各方利益协同发展。当发生利益冲突时，倡导个人私利符合人类利益，并非要简单否定个人利益，而是出于"两害相权取其轻"的考虑，实质上是为了维护集体内绝大多数人的长远利益。为了达到这一目的，必须以自由人的联合体协调个人利益和集体利益。为此，一要鼓励世界无产阶级联合起来，废除私有制，继而大力发展生产力，积累物质

---

① 《马克思恩格斯文集》第1卷，人民出版社2009年版，第30页。
② 《马克思恩格斯文集》第1卷，人民出版社2009年版，第536页。
③ 《马克思恩格斯文集》第1卷，人民出版社2009年版，第536页。

财富，控制自己的生存条件。世界无产阶级必须通过联合的形式才能对抗各国的资产者，而"要使各国真正联合起来，它们就必须有一致的利益。要使它们利益一致，就必须消灭现存的所有制关系，因为现存的所有制关系是一些国家剥削另一些国家的条件；消灭现存的所有制关系只符合工人阶级的利益。也只有工人阶级有办法做到这一点"①。换言之，在马克思和恩格斯的致思逻辑中，私有制的存在限制了个人利益和集体利益的统一，必须废除，而这项任务只能落到无产阶级身上，且要无产阶级通过革命的形式完成这项任务。他们认为："革命之所以必需，不仅是因为没有任何其他的办法能够推翻统治阶级，而且还因为推翻统治阶级的那个阶级，只有在革命中才能抛掉自己身上的一切陈旧的肮脏东西，才能胜任重建社会的工作。"②二要确保无产阶级构建的集体利益真正代表全体人民的利益，还要用制度、法律、道德等手段规范个人在合理合法范围内谋取私人利益。三要注重以协商的方式解决利益冲突。打造自由人的联合体是一个长期的历史过程，在实现它之前需要经历社会主义社会发展阶段。该阶段的生产力水平还无法为每一个人的利益满足提供充分的物质条件，因而必然会导致个人与个人、个人与集体之间发生这样或那样的矛盾。此时，"共产主义者不向人们提出道德上的要求，例如你们应该彼此互爱呀，不要做利己主义者呀等等；相反，他们清楚地知道，无论利己主义还是自我牺牲，都是一定条件下个人自我实现的一种必要形式"③。只有当且仅当集体利益代表所有成员至少是绝大多数成员的私利时，才能要求个人把集体利益置于首位，使个人私利符合集体利益。

上述内容涵括了马克思"真正的共同体"思想以及马克思、恩格斯关于个人利益和集体利益关系的论述，构成了集体主义价值观的根源，并使之带有明显的社会主义意识形态性，同时规定了集体主义价

---

① 《马克思恩格斯文集》第 1 卷，人民出版社 2009 年版，第 694 页。
② 《马克思恩格斯文集》第 1 卷，人民出版社 2009 年版，第 543 页。
③ 《马克思恩格斯全集》第 3 卷，人民出版社 1960 年版，第 275 页。

值观的运作方式和发展方向，为集体主义价值观中国化提供了理论基础。

第三节　集体主义价值观中国化的内在逻辑

社会主义意义上的集体主义价值观，从萌芽到形成，有其自身发展的历史脉络和内在机理，经历了漫长的过程。就它的中国化进程而言，亦有诸多必然性。例如，它与中国传统文化中的整体主义精神具有同构性，近代爱国主义运动的蓬勃发展则是它生成的重要动力，社会主义制度的内在要求和现代化建设的需要不断赋予集体主义价值观新活力，中国共产党的高度认同和积极构建则使得集体主义价值观中国化有了领导力量。正是基于此，集体主义价值观才顺利实现了其中国化进程。

一　中国传统文化中整体主义精神奠定了思想根基

对于任何一种外来的思想文化、价值观念，它能够在中国实现本土化的原因首先在于，我们的历史文化传统与之存有些许契合。马克思指出："人们创造自己的历史，但他们不是随心所欲地创造，并不是在他们自己选定的历史条件下创造，而是在自己直接碰到的、既定的、从过去继承下来的条件下创造。"① 中国传统文化无疑是涵养集体主义价值观的重要源泉，它所蕴含的整体主义思想表现在政治理念、道德伦理、社会理想等多个层面，例如"平天下""重民本"等政治理念，"见利思义""先义后利"等优良道德传统，"尚和合""求大同"等社会理想，以及直接表现集体与个人关系的"公而忘私""国而忘家"等群己观思

---

① 《马克思恩格斯文集》第 2 卷，人民出版社 2009 年版，第 470—471 页。

想，等等。这些传统文化构成了集体主义价值观中国化的民族基因，不仅孕育了"集体本位"和"集体利益优先"的价值观念，也奠定了当代中国集体主义始终不偏离"群己和谐"的基本走向。

首先，集体主义价值观中国化的实现，扎根于"超越自我中心"的群己观。"群"和"己"不仅是中国哲学的一对重要范畴，还是中国古代政治制度着重处理的现实问题，因此，"群"和"己"的关系在古代哲学家、思想家、政治家、伦理学家那里都有广泛的讨论，这些历史上的省思构成了"群己之辩"。在宗法制和君主专制影响下，中国传统社会结构呈现出"家国同构""家国一体"的基本特征，个人依附于"家庭""宗族""国家"等集体组织，缺少独立性，以至于个人价值"必须要通过自己与他人的伦理关系、履行自己在宗法体系坐标中的特定伦理责任与义务、牺牲个人利益以维护宗法集体利益才能体现出来"[①]。由此看来，中国传统社会常常把"群"理解为"家""国"等宏大范围，将"己"理解为"个人"，更确切地说，是社会最小单位的"个人"。这样，"群己之辩"就不得不涉及在道德伦理上的"公私之辩"和"义利之争"。在这一点上，中国传统文化总体上呈现出崇"公"尚"义"的价值取向，强调杀身成仁、舍生取义，乃至以公灭私，提出"公家之利，知无不为"（《左传·僖公九年》），"国而忘家，公而忘私，利不苟就，害不苟去，惟义所在"（《汉书·贾谊传》）等代表性观点。到了宋明时期，"义利之辩"演变成"理欲之争"，衍生出"存天理、灭人欲"的要求。综上所述，在中国传统社会，群己观念上的"公私之辩"也就是价值观念上的"义利之辩"，具体表现为对物质生存和精神追求的关系、索取和贡献的关系、私和公的关系等问题的探讨，着重强调的是代表整体的"国家""民族""社会""家庭"的利益的重要性。正是传统文化中蕴含的"群体本位""义大于利"思想为社会主义集体主义价值观中国化奠定了坚实的历史基础。

其次，集体主义价值观中国化的实现，还扎根于"重民本"的政治

---

① 陈桐生：《中国集体主义的历史与现状》，《现代哲学》1999年第4期。

理念，后者为治国理政者坚持人民立场提供了传统范导。"以民为本"几乎是贯穿于中国古代社会的政治传统，注重"民"在维护阶级统治和社会稳定中的基础性地位，"以民为本"的核心思想有多种表达形式，如《尚书》《左传》等古籍文献中的"利民""惠民""保民""爱民"等话语。虽然中国传统文化中的"重民本"思想具有"以民为本""执政为民"的集体主义内核，但这种内核被遮蔽于君主专制的外在形式之中。在这样一种封建专制制度下，"民"更多的是一种抽象的整体存在，"个人"始终是无足轻重的，因而，"重民本"有名无实。尽管如此，"重民本"思想依然形塑中国人的思维习惯和政治价值观，它贯穿于中国上千年的历史，并经历了创造性转化和创新性发展的过程。例如，孙中山就曾立足近代中国民主革命的现实需要，提出了三民主义；以毛泽东、邓小平等为代表的中国共产党人则继承这一思想，突出人民利益的至上性，还对"重民本"理念进行了扬弃，肯认了"重民本"所蕴含的人民利益至上的核心观念，重构了"人民"的政治意涵，并阐明了"共产党人好比种子，人民好比土地"①的党群关系，弘扬了我们党"执政为民"的优良传统。

最后，集体主义价值观中国化的实现，也扎根于中国传统文化中"尚和合""求大同"的社会理想。所谓"和"者，有和谐、平和之意；"合"者，又作"集"字，有集合、闭合之意。"尚和合"就是寻求和谐一体、协调融洽的理想状态，反映了中国文化"贵和尚中、善解能容、厚德载物、和而不同"的包容气质。中华文明海纳百川，总能统合不同民族文化、地域文化，这样一种面向差异性的宽容品格内蕴着集体主义精神的结构性表达。集体主义之"集体"全然不是一个抽象的大类概念，而是由无数个具体的人构成的集体，但不同个体均有各自不同的利益，存在不可忽视的利益差异和利益冲突，"尚和合"则是尊重各种差异、协调差异冲突的价值倡导，是集体主义价值观的内在原则。"尚和合"思想也直接影响国人处理个人与整体的利益关系的方式方法，具体

---

① 《毛泽东选集》第四卷，人民出版社 1991 年版，第 1162 页。

表现为妥善处理二者关系从而达到和谐之状态。"大同"是古人最高的社会政治理想和奋进目标,对于"真正的共同体"的构建具有方向上的指引作用。可以说,从孔子在《礼记·礼运》中绘制的"大同社会"图景,到毛泽东说的"阶级的消灭和世界的大同"①,再到习近平总书记的"人类命运共同体"伟大构想,"求大同"是贯穿始终的一条价值隐线。古人对于"大同社会"的美好想象穿越时空限制,横贯在近现代中国人的救亡图存与现代化探索之中。在这个意义上,"求大同"构成一种历史性的普遍理想目标,激励着中国人不断努力奋斗,在生动的历史实践中将集体主义价值观刻入国人价值观基因之中。

二 近代爱国主义运动的发展是其生成的重要动力

若要使一种价值观念顺利引入另一块崭新的土壤上,不但要确保该价值观念本身具有科学性和真理性,还要保证这块土壤的适宜性,更重要的是,该价值观念在该土壤上有"被需要"的迫切性。也就是说,要推进集体主义价值观中国化,除了找到它契合传统文化的坐标点,寻求一定的社会心理基础,还需要持续推动价值观生根发芽的基础动力,这个动力就是近代爱国主义运动,具体而言,近代革命实践不断强化中国社会原有的集体主义精神,从而使社会主义集体主义价值观在历史实践中实现中国化、时代化。

近代中国处于民族危亡之际,彼时更需要一种团结精神来引导中国人民抵抗西方列强的烧杀抢掠,爱国主义和集体主义精神正是在这种背景下不断发展壮大的。从1840年鸦片战争开始直到1949年中华人民共和国成立,这109年里中国沦为半殖民地半封建社会。在中国大地上涌现出一批爱国人士和民族英雄,他们组织开展了一系列声势浩大的挽救民族危亡的运动,彰显出将个人理想融入民族命运和国家利益之中的崇高人格,践行了集体主义精神。在一定程度上,近代中国遭遇西方资本主义殖民掠夺而始终没有覆灭,正是因为有集体主义的精神支撑。这一

---

① 《毛泽东选集》第四卷,人民出版社1991年版,第1471页。

段历史在客观上也为社会主义意义上的集体主义价值观扎根于中国创造了良好的历史环境。

洋务运动同样是对集体主义价值观的诠释与实践。就其性质而言，洋务运动高举"自强""求富"旗帜，是一场试图通过引进西方器物捍卫民族利益的晚清自救运动。尽管洋务运动以失败告终，但它却为中国现代化探索积累了些许经验。从洋务运动的动机和目的来说，它根本区分于资本主义运动，因为前者的出发点是消除内忧外患、实现富国强军，而后者的出发点是为了谋求特定阶级利益。甲午战败后，康有为发出了"人人有亡天下之责，人人有救天下之权"的呐喊，得到了广大知识分子和爱国志士的响应。谭嗣同更是以身殉法，带着"有心杀贼，无力回天"的满腔悲愤英勇就义，以自我牺牲推动国家救亡事业。义和团运动展示了中国人民（尤其是起自下层的人民群众）团结一致、顽强不屈的反抗精神。辛亥革命凝聚起各族人民的力量，齐心协力，奋勇向前，最终推翻了腐朽的清王朝，推动中国走向民族国家。五四运动时期，一大批知识分子高举"科学"和"民主"旗帜，在反思传统与价值重估中探索建设一个新中国，彰显了彻底反帝反封建的运动性质。然而，以上中国近代史上的爱国主义运动，并没有从根本上改变旧中国的性质和面貌。种种失败说明了中国人民从民族危亡到彻底站起来，迫切需要科学理论的指导，以及先进政党的领导。这为集体主义价值观的中国化提供了有利条件。

1931年9月18日，根据不平等条约驻扎在中国东北的日本关东军，悍然炸毁南满铁路铁轨，炮轰北大营，制造了震惊中外的九一八事变，中国人民抗日战争和世界反法西斯战争的序幕由此揭开。1931—1945年这14年里，中国人民在日军侵略下饱受苦难，民族危机空前严峻。正是在这种危急存亡之际，全国各族人民民族意识大觉醒，中国共产党和国民党也暂时搁置了党派斗争和阶级矛盾，团结一致，携全国各族人民共同担负起抵御外敌的历史重任。中国又一次将所有人的体能和精力"都收集到国家的气囊中，就像一只青蛙遇到一条凶狠的毒蛇时鼓起气囊保护自己一样。中国的任何资本、任何个人，都不可能保证自己在外国军舰和强盗爪牙下获得生存的安全和发展前景,只有投入到国家的气囊之中,才有可能度过劫难"①。由是观之,民族利益的保全和发展构成了共同体成员发展的前提条件,同时也只有全体社会成员团结一致,才能够形成强大的组织凝聚力和危机应对能力。应当肯定的是,14年的抗日战争既加深了国人对个人命运同国家命运相关性的理解,使之愿意为了保全集体利益和个人的长远利益而节制乃至牺牲个人眼前利益,又强化了人们对"真正的共同体"的渴望,使之愿意为构建这样的共同体而作出巨大牺牲。这些都使集体主义价值观伴随马克思主义的传播而传入中国时被迅速选中和践行。

总之,近代中国经历了一百多年苦难,但这些苦难在客观上淬炼了中国精神、历练了中华民族,凝练了集体主义价值观。近代中国历史上一次比一次声势浩大的爱国主义运动生动诠释了集体与个人"唇亡齿寒"的关系,说明了一个深刻的道理:"只有通过改变国家的整体命运,才能改变每个人的命运。而要改变国家的命运,又必须将所有人的力量、能量结成一体。这是中国人所探索出的一揽子解决问题的途径。"②中国能够一次次地面对外来势力的侵袭、杀戮和掠夺而不灭国灭种,很大程度上是因为中国人民有强烈的民族认同感,受到爱国主义精神激励,并有"群体本位"的传统思维,在一次次的革命斗争之中不断传播和践行马克思主义的集体主义价值观。值得注意的是,受到社会历史条件及客观环境的影响,国人彼时践行的集体主义价值观虽是社会主义性质的,但更多地带有革命色彩,"中国味道"突出。

三 社会主义制度的内在要求和现代化建设的需要

集体主义价值观的中国化不是一次性完成的,而要经历一个持续渐进的动态过程,既有生成,又有发展。如果说中国传统文化中的整

---

① 摩罗:《集体主义与近代中国的命运》,《社会科学论坛》2015 年第 12 期。
② 摩罗:《集体主义与近代中国的命运》,《社会科学论坛》2015 年第 12 期。

体主义思想和近代爱国主义运动的蓬勃发展是短期内促使集体主义价值观在中国得以生根的土壤与动力,那么,社会主义制度的内在要求和现代化建设的需要以及后文即将论及的中国共产党主体作用的发挥,则是在长时间内确保集体主义价值观实现中国化的有利因素。其中,社会主义同集体主义具有天然的紧密性,传承和弘扬集体主义价值观是建设社会主义制度的题中应有之义,是彰显和发挥社会主义制度优越性的需要,也是保证社会主义现代化建设健康发展、全面推进中国式现代化的内在要求,这就使得集体主义价值观具有中国化的必然性和必要性。

确保社会主义制度的生命力和领导力,需要传承和弘扬集体主义价值观。1956年年底,随着三大改造任务的完成,我国社会主义政治制度和经济制度基本确立,从此,"中国这个占世界1/4人口的东方大国进入了社会主义社会,成功实现了中国历史上最深刻最伟大的社会变革"①。可是,新生的社会主义文明却遭遇了资本主义的包围、封锁乃至绞杀,在意识形态领域资本主义与社会主义的渗透与反渗透、颠覆与反颠覆、破坏与反破坏的较量更是从未停歇。如何维护社会主义制度的生命力?必须让全体中华儿女坚持集体主义价值观,像石榴籽一样紧紧抱在一起,心往一处想,劲往一处使,如此才能形成磅礴之力以攻坚克难。从制度层面来说,有什么样的制度,就有什么样的价值观,只要我国仍坚持社会主义公有制,集体主义价值观的道德地位就不能动摇。当然,制度决定价值观并不是一成不变的真理,它具有一定的相对性,即便随着时代的发展,中国共产党结合实际对社会制度进行调整,如确立社会主义市场经济体制,也不能否定集体主义价值观的一元指导地位。相反,市场经济的逐利性及其可能诱发的诸多危机,更加凸显集体主义价值观在社会主义市场经济体制中发挥作用的可能

---

① 《中国共产党简史》编写组编著:《中国共产党简史》,人民出版社、中共党史出版社2021年版,第183页。

性与必要性。更何况集体主义价值观不仅在制度上同社会主义制度相适应，在社会观念上也已经贯穿于社会主义核心价值观之中。在这个意义上，加强集体主义的价值导向，有利于防止意识形态领域出现任何可能的价值泛化现象。

彰显并发挥社会主义制度的优越性需要传承和弘扬集体主义价值观。相较于以往社会制度，"社会主义最大的优越性就是共同富裕，这是体现社会主义本质的一个东西"①，也与集体主义价值观的价值导向趋于一致。如前文所述，集体主义价值观所谈论的"集体"是能够代表绝大多数成员利益与思想意志的"真正的共同体"。集体主义价值观的倡导分两种情况。一方面，在一般情况下坚持个人利益与集体利益的辩证统一；另一方面，在遇到利益冲突的特殊情况下强调集体利益优先。不管是何种情况，集体主义价值观最终都是"殊途同归"地表达一个诉求：争取最大限度的利益获得，避免最大限度的利益损失。由此，集体主义价值观同共同富裕在目标指向上趋于一致。因此，新时代背景下，党中央尤为强调共享发展理念，要求在两方面着力："一是充分调动人民群众的积极性、主动性、创造性，举全民之力推进中国特色社会主义事业，不断把'蛋糕'做大。二是把不断做大的'蛋糕'分好，让社会主义制度的优越性得到更充分体现，让人民群众有更多获得感。"②鉴于此，只有守住集体主义价值观的主导地位，才能保证中国特色社会主义事业的建设稳步向前，维护人民的价值创造者和价值享受者地位，最终为实现共同富裕目标提供价值观保障。此外，"社会主义同资本主义比较，它的优越性就在于能做到全国一盘棋，集中力量，保证重点"③。面对抗震救灾、抗洪抢险、抗击新冠疫情等自然灾害和突发事件，这种优越性尤为凸显。例如，面对突如其来的新冠疫情，"广大人民群众生死较量不畏惧、千难万险不退缩，

---

① 《邓小平文选》第三卷，人民出版社 1993 年版，第 364 页。
② 习近平：《在省部级主要领导干部学习贯彻党的十八届五中全会精神专题研讨班上的讲话》，《人民日报》2016 年 5 月 10 日第 2 版。
③ 《邓小平文选》第三卷，人民出版社 1993 年版，第 16—17 页。

或向险而行,或默默坚守,以各种方式为疫情防控操心出力","把个人冷暖、集体荣辱、国家安危融为一体",①最终促使国内疫情防控形势发生积极向好的转变,也使得集体主义价值观在国际比较中体现出优越性,由此进一步肯认并强化了集体主义价值观中国化的重要性。

保证社会主义现代化建设的健康发展、全面推进中国式现代化,需要传承和弘扬集体主义价值观。"沿着中国特色社会主义道路,集中力量进行社会主义现代化建设"是《中华人民共和国宪法》明文规定的国家根本任务。我们应当看到,中华人民共和国成立70多年以来,我国社会主义现代化建设业已取得显著成就,不断开创新的局面。但当前仍有一些人"没有国家观念、集体观念、家庭观念,不讲对错,不问是非,不知美丑,不辨香臭,浑浑噩噩,穷奢极欲。现在社会上出现的种种问题病根都在这里。这方面的问题如果得不到有效解决,改革开放和社会主义现代化建设就难以顺利推进"②。这表明,坚持弘扬和践行集体主义价值观依然是一项重要任务,要继续推进爱国主义、集体主义和社会主义教育。具体来说,一方面,要不断引导人们正确认识和处理各种利益关系,尤其是个人和集体的利益关系。力图激发人们的主动性,充分发挥个人在中国式现代化建设中的角色作用。另一方面,要持续提高集体的真实性,强调集体对个人发展的使命责任,尽可能地为个人提供生存保障,并为个人自由全面发展创造有利条件,促进个人自我实现。集体要充分关照个体的获得感,使发展成果由人民共享。现如今,我国已经迈入"十四五"时期,这"是我国全面建成小康社会、实现第一个百年奋斗目标之后,乘势而上开启全面建设社会主义现代化国家新征程、向第二个百年奋斗目标进军的第一个五年"③。与西方国家不同,我国的现代化"是一个'并联式'的过程,工业化、信息化、城镇化、农业现代化是叠加发展

---

① 《习近平谈治国理政》第四卷,外文出版社2022年版,第99页。
② 习近平:《在文艺工作座谈会上的讲话》,《人民日报》2015年10月15日第2版。
③ 《中共中央关于制定国民经济和社会发展第十四个五年规划和二〇三五年远景目标的建议》,《人民日报》2020年11月4日第2版。

的"①。这意味着,我国的现代化将面临更为错综复杂的风险挑战,包括意识形态领域和价值观层面的复杂情况,客观上要求必须对集体主义价值观进行创新性发展,使之更加适应中国式现代化建设的需要。

四 中国共产党的高度认同、主动传播和积极构建

任何一种理论,即使具有科学性和真理性,也不能自己发挥作用。它能否发挥作用以及在何种程度上发挥作用,主要取决于有没有人需要它、有没有人正确运用它。正如习近平总书记曾指出:"中国共产党为什么能,中国特色社会主义为什么好,归根到底是因为马克思主义行。马克思主义之所以行,就在于党不断推进马克思主义中国化时代化并用以指导实践。"②具体到集体主义价值观中国化,它不是一个自发的过程,而必须具备需要以这种价值观为指导并采取行动的人,需要一个坚定的领导力量,就是中国共产党。从历史逻辑看,集体主义价值观能够伴随马克思主义的传入而实现中国化,关键在于中国共产党。中国共产党在主体层面构成了集体主义价值观中国化的领导力量。离开党的领导,就无法将集体主义价值观与中国具体实际相结合,无法在总结经验的基础上实现集体主义价值观中国化的进一步飞跃。从实践逻辑看,中国共产党成立以来的百余年历史也是党不断认识和协调个人、集体与国家关系的历史,是党领导推进集体主义价值观中国化的历史。若没有党的高度认同、主动传播和积极构建,就不会持续推进集体主义价值观的中国化。

其一,中国共产党的高度认同是实现集体主义价值观中国化的逻辑前提。近代中国处于山河破碎、动荡不安、生灵涂炭的局面,这样一种局面却为各种社会思潮的涌现提供了有利环境,进而促使中国迎来思想文化的高峰。尤其是在新文化运动和五四运动时期,无政府主义、实用

---

① 中共中央文献研究室编:《习近平关于社会主义经济建设论述摘编》,中央文献出版社2017年版,第159页。
② 《习近平谈治国理政》第四卷,外文出版社2022年版,第29页。

主义、工团主义、基尔特社会主义等思潮纷纷登上历史舞台。马克思主义作为当时的社会思潮之一，因具有真理的力量而在与众多社会思潮的冲突和碰撞中取胜，日益流行开来。马克思主义的集体主义思想也传入中国，被中国的先进分子所选中。中国共产党之所以认同和选择集体主义价值观，并竭力推进其中国化，除了它符合中国国情需要以外，主要是因为，其价值诉求和最终指向与中国共产党的初心使命高度契合。概言之，马克思主义的集体主义价值观旨在通过协调个人和集体的关系，构建"真正的共同体"，从而实现每个人的自由全面发展。中国共产党则"不屑于隐瞒自己的观点和意图"①，他们"没有任何同整个无产阶级的利益不同的利益"②。这一阶级立场决定了其构建的社会价值观要真实反映社会大众所求，指向美好生活和美好社会的发展目标，这与集体主义价值观的旨趣是趋于一致的。事实上，中国共产党自成立之日起就确立了为人民服务的宗旨，就把"为中国人民谋幸福，为中华民族谋复兴"的初心使命写在了自己的旗帜上。后经过28年的浴血奋战，中国共产党团结带领人民逐步构建起中华人民共和国这个相对于以往的政权形式而言更真实的集体，实现了民族独立、人民解放。自兹以降，中国共产党又通过不同方式兑现庄严承诺，即"中国共产党执政的唯一选择就是为人民群众做好事，为人民群众幸福生活拼搏、奉献、服务"③。恰是因为集体主义价值观与中国共产党的初心和使命具有同构性，二者深度融合、彼此一致，才使得中国共产党自觉自愿地接受、传播和发展集体主义价值观。

其二，中国共产党的主动传播是实现集体主义价值观中国化的必要途径。价值观需要通过宣传才能转化为改造世界的"物质力量"，也才能避免陷入"酒香巷深"的困境。列宁指出，党员干部需要"既以理论家的身份，又以宣传员的身份……'到居民的一切阶级中

---

① 《马克思恩格斯选集》第1卷，人民出版社2012年版，第435页。
② 《马克思恩格斯选集》第4卷，人民出版社2012年版，第1页。
③ 《习近平谈治国理政》第四卷，外文出版社2022年版，第67页。

去'"①。中国共产党在推进集体主义价值观中国化的过程中就是这么做的，不断将集体主义融入治国理政体系之中，形成了以"对话式"传播、"体验式"传播和"显隐结合"传播为主的传播策略。一是"对话式"传播，即打破传统的"独白式"和"说教式"传播方式，重构传播者和受众之间双向互动、公开平等的关系。中国共产党传播集体主义价值观并非抽象地站在人民大众利益上对个体进行"价值填灌"，而是具体到每一个个体之上，晓之以理，动之以情，针对不同情况传播集体主义价值观。二是"体验式"传播，即赋予受众更多参与权，鼓励受众主动加入集体活动中，在集体劳动、集体学习、集体生活中感悟集体与个人的关系，彰显受众的主体性，帮助受众正确认识和处理个人、集体和国家之间的关系。三是"显隐结合"传播，不但通过宣传横幅、讲话讲座、报刊、广播电视等显性形式开展传播，而且通过塑造集体主义文化环境、话语引导等隐性形式开展宣传。另外，中国共产党还不断扩大集体主义价值观的宣传教育对象，使宣传范围从党内扩散到全社会，形成了"党风和公德两手抓"的中国经验。1996年10月，党的十四届六中全会上通过的《中共中央关于加强社会主义精神文明建设若干重要问题的决议》明确写道："社会主义道德建设要以为人民服务为核心，以集体主义为原则。"②这是集体主义首次被写入中共中央文件，并被抬升到了思想道德建设基本任务的高度，明确了它作为社会主义道德建设的原则之定位。此后，胡锦涛、习近平等国家领导人在诸多场合反复强调集体主义教育，要求不断"加强爱国主义、集体主义、社会主义教育，引导我国人民树立和坚持正确的历史观、民族观、国家观、文化观，增强做中国人的骨气和底气"③。中国共产党正是通过如此多样的传播方式，才推进了集体主义价值观的中国化。

---

① 《列宁选集》第1卷，人民出版社2012年版，第366页。
② 《中共中央关于加强社会主义精神文明建设若干重要问题的决议》，《学习月刊》1996年第11期。
③ 《习近平谈治国理政》第一卷，外文出版社2018年版，第162页。

其三，中国共产党的积极构建是实现集体主义价值观中国化进一步飞跃的有力保障。中国共产党在推进集体主义价值观中国化的过程中并不单纯扮演"传声筒"的角色，不是原封不动地搬用马克思主义的集体主义价值观，而是融入了自己对集体主义价值观的思考、理解和再创造。这一行为在某种意义上而言，本身就是对集体主义价值观的构建过程。此种构建主要体现为中国共产党不断丰富集体主义的中国释义，调整和扩充集体主义价值观的内容。卡尔·曼海姆（Karl Mannheim）指出："政党的出现把理性论证，如果可能的话在更大的程度上还把科学论证结合进了它们的思想体系，而且对它们作了更重要的贡献……他们不把自己的集体行动建立在对其信条的坦率表白之上，而是建立在可以理性地加以论证的观念系统之上。"① 中国共产党坚持在中国语境和现实境况中不断阐释集体主义的深刻内涵，引导社会价值观走向。例如，在新民主主义革命时期，我们党考虑到革命形势发展的需要，着重从政治角度阐释集体主义价值观，构建了革命型集体主义价值观；在社会主义革命和建设时期，我们党立足新时空丰富集体主义价值观的内涵，构建起兼顾型集体主义价值观；在改革开放和社会主义现代化建设新时期所构建的则是兼顾型集体主义价值观；步入新时代，集体主义价值观的阐释话语呈现出多样化和灵活化特征，其精神也被寓于不同表达之中。中国梦、社会主义核心价值观、人类命运共同体理念等一系列新思想新观点新战略均彰显了"发展依靠人民，发展成果由人民共享"的集体主义价值观，为集体主义话语注入了新活力。正是在一代代共产党人的努力下，集体主义的中国释义才得以不断完善，这一价值观的内容才得以日益丰富。

总之，"集体主义"并不是中国本土化的概念，但这并不妨碍我们使用它，并赋予它中国内涵。当然，我们所坚持和倡导的集体主义价值观，根源于马克思"真正的共同体"思想，本质上属于科学社会主义价

---

① ［德］卡尔·曼海姆：《意识形态与乌托邦》，黎鸣译，商务印书馆2000年版，第38页。

值观。这样一种价值观之所以能够实现中国化，与中国传统文化中固有的整体主义思想、近代爱国主义运动的蓬勃发展、社会主义制度的内在要求和现代化建设的需要以及中国共产党的高度认同与积极构建密切相关。面对现实生活中关于集体主义价值观的种种误解和偏见，我们需要明确集体主义价值观的根源及其中国化的内在机理，进而全面把握其中国化进程，而不是"被乱花迷眼""被浮云遮眼"。

第二章 革命型集体主义价值观

革命型集体主义价值观是集体主义价值观中国化进程的开端，在中国共产党的领导下，革命型集体主义价值观在革命与斗争的社会环境中孕育而生。近代中国面临着西方殖民入侵、封建专制压迫与官僚资本主义剥削等多重灾难，逐渐沦为半殖民地半封建社会。国将不国、民族危亡的现实困境使几乎所有人都意识到了个人命运和国家前途命运息息相关，无数中华儿女积极探寻"个人利益与国家利益相结合"的救亡图存道路。面对旧民主主义革命的失败教训，越来越多的知识分子和爱国民众认识到，必须把集体的智慧和力量融入真实的革命斗争中，把个人意志转化为集体智慧，充分运用集体力量来维护自身利益、捍卫民族尊严，走"个人利益服从于集体利益"的革命道路，才会取得真正的胜利和解放，由此形成了革命型集体主义价值观。

革命型集体主义价值观是中国共产党基于对中华优秀传统文化的批判性继承、对苏联集体主义理论与实践经验教训的积极吸收构建而成的。不仅如此，我们党还力求将集体主义价值观的精神内核和价值取向充分运用在政治、经济和思想文化领域等具体的革命工作中，以此增强人民群众对它的理解和认同。经过几十年艰苦卓绝的革命斗争，集体主义价值观充分汇聚了全国最广泛的力量，在促进新民主主义革命胜利的同时，其影响力和话语权显著增强，集体主义作为无产阶级道德原则的地位也得以巩固。我们应当秉持辩证的态度审视革命型集体主义价值观，既要看到其在革命战争年代蕴含的精神力量及其在集体主义中国化进程中的奠基地位，又要与时俱进，以动态发展的眼光看待它的历史发展。

第一节　革命型集体主义价值观的形成背景

革命型集体主义价值观的形成和确立与新民主主义革命的性质和使命密切相关。基于实现革命胜利的需要，集体主义价值观在此阶段呈现出强烈的革命性特征。纵观近代中国发展进程，地主阶级、农民阶级和资产阶级都曾进行过一系列"自救"运动，但都以失败而告终。究其原因，这些"自救"运动本质上缺乏科学理论的指导，未能脱离维护原有旧制度、旧观念的内在动机。所谓"救亡图存"的理念和行动无不是披着"进步"与"发展"的外衣欺骗人民群众的救国热情，讨好帝国主义来保全封建地主阶级专制。一方面，这些运动没有系统科学的革命理论做指导，面对内外反革命势力的双重打击和压迫，革命者缺乏成熟有力的革命精神支柱和思想纲领，无法应对随时可能出现的危机与问题，没有看到广大人民群众身上蕴含的巨大智慧和力量，也没有真正调动广大人民群众参与革命的积极性和能动性，最终走向失败。另一方面，这些"自救"运动的领导阶级具有软弱性和妥协性，致使他们在革命实践中未能得到社会的绝大多数群体——工农阶级的支持，仅凭少数人的斗争根本无力抵抗西方资产阶级和统治阶级的压迫，革命的火种迟迟无法点燃。虽然这些运动失败了，但群众"要革命、求解放"的愿望却日益强烈，无数中华儿女的爱国热情被国破家亡的困境所激发，越来越多的民众自觉地投身于救国运动中，为革命型集体主义价值观的构建提供了有利的生存土壤。中国共产党的诞生则使革命型集体主义价值观的构建有了明确的领导主体。加之，马克思主义传入中国后，马克思主义经典作家关于集体主义的论述以及苏联集体主义理论与实践，也为集体主义价值观在中国的形成和发展提供了借鉴，从而促进了革命型集体主义价值观的生成。

一　国家危亡的现实困境迫切需要凝聚思想共识

从第一次鸦片战争到中华人民共和国成立，在这一百多年的血腥屈辱史中，中华民族饱受西方列强的殖民入侵，中华儿女遭受残酷的剥削和压迫，整个民族也经历着前所未有的苦难。面对山河破碎、家散人亡的现实困境，中国一切具有爱国之心的仁人志士愤然而起，为救民族于危难、救人民于水火，组织并领导了太平天国运动、洋务运动、辛亥革命、五四运动、抗日战争等数次轰轰烈烈的爱国主义运动。这些爱国运动不仅唤醒了民智，使人们逐渐认识到个人的前途命运和国家的兴衰存亡息息相关，还促使一批批爱国先驱前赴后继，不懈探索，投身爱国主义运动，为国家和民族的复兴英勇献身。在此背景下，革命型集体主义价值观拥有了广阔的发展空间。

19世纪50年代爆发的太平天国运动代表着早期农民阶级的集体意识自觉，体现出中国人民反抗外国侵略者和本国封建统治者的革命精神和救国意识。在政治理念上，太平天国强调远古"天下为公"思想，主张先集体后家庭和个人，蕴含着较为朴素的集体主义价值观念。在心理建设上，太平天国是一个"高度建制化的心理群体，其心理纽带主要表现为认同关系"①，利用教会认同、血缘认同、偶像崇拜等形式，不断巩固太平天国的集体结构。尽管这种心理形式在后期呈现出病态发展，但在客观上也说明了集体主义价值观在中国农民阶级中具有牢固的认同基因。在经济建设上，太平天国颁布了《天朝田亩制度》，主张"凡天下田，天下人同耕"，"有田同耕，有饭同食，有衣同穿，有钱同使"，彰

---

① 魏万磊：《太平天国败亡的集体心理分析》，《史学月刊》2006年第10期。

显了集体主义价值取向。但太平天国运动也暴露出领导阶级自身的落后性，根本不能就当下中国实际问题提出可行性的议案和措施。太平天国成于早期农民阶级的集体自觉，败于对农民阶级集体利益的背离，由此说明了一个事实：国家危亡的现实困境迫切需要凝聚思想共识。

农民阶级的起义使封建地主阶级意识到，如果不推行改革方案进行自救来维护统治，政权将岌岌可危。于是，地主阶级领导的"自救""自强"运动登上历史舞台。其中最具代表性的是洋务运动。这场改革以"中学为体，西学为用"为指导思想，以"自强""求富"为运动目的。清政府通过学习西方先进生产技术、开办同文馆等培养洋务人才的新式学堂、公费派遣出洋留学人才等形式，达到维护封建统治的目的。但由于清王朝的腐朽和妥协，洋务企业和工业主要还是封建性和买办性的官府工业，内部管理充斥着贪污中饱、营私舞弊的腐败现象，仅仅触碰了现代化表皮，没有任何实质性突破。中日甲午海战后，洋务运动彻底破产，民族危机空前加剧，民众救亡图存的思想日益高涨。

资产阶级改良派提出公利公德思想，改造并推行集体主义观念教育。面对农民阶级和地主阶级的失败，资产阶级登上爱国救亡运动的领导舞台，高举救亡图存的旗帜，继续带领人民探索救国救民道路。以康有为、梁启超等为代表的改良派主张在不改变封建统治基础的前提下，实行君主立宪。梁启超反思道："欲求进化之迹，必于人群。使人人析而独立，则进化终不可期，而历史终不可起。盖人类进化云者，一群之进也，非一人之进也。"[①] 个人的努力并不能改变历史进程，只有集体的进步才能彻底扭转中华民族的命运。正是在这种集体力量的觉悟中，以康有为和梁启超为代表的"改良派"主张组建新式学堂、创办报刊、翻译西书等形式传播西方先进的政治学说和科学知识，通过宣传自由、平等的文化观念，批判僵化落后的封建君权和纲常伦理，力求改良旧社会的风俗习惯，拓宽人们的视野，解放人民的思想。在面向大众的政治教育方面，他们力求"一体化地型构'大同'社会政治道德体系，尤其是

---

① 李华兴、吴嘉勋：《梁启超选集》，上海人民出版社1984年版，第285页。

教育政治道德体系,以选择新型社会政治生活模式,建构新型集体生活秩序的终极旨归和政治诉求"①。但是,维新派的软弱妥协性在革命实践中充分暴露出来。百日维新的失败使人们意识到,要想获得解放,必须走上革命的道路。1911年,以孙中山为首的资产阶级革命派领导了辛亥革命,中国两千多年来的封建专制宣告终结,资产阶级的共和新政体登上历史舞台。但由于资产阶级的软弱妥协,既不敢发动广大工农群众共同革命,又不能提出一个彻底的反帝反封建的革命纲领维护革命成果,革命果实最终被军阀代表袁世凯窃取。

新文化运动推动人们重新反思集体与个人的复杂关系。辛亥革命的昙花一现使人们意识到,真正求解放、谋复兴的革命斗争必须是全民族的革命斗争,具有革命性和斗争性的领导阶级必须联合一切有革命力量的阶级和群众,选择科学的革命理论和救国方案,开辟出一条更彻底、更宽广的革命道路。正是在这个背景下,一批先进的知识分子吸取失败教训,试图用"新文化""新思想"帮助人们摆脱封建思想的捆绑束缚,破除蒙昧、唤醒民智。但现实中,新文化运动并没有沿着"集体路线"继续前进,反而将矛头指向了"集体","集体意识受到了主流知识分子猛烈的攻击,其中作为'群'核心观念的国家与家族,尤其受到严厉批判"②。究其原因,主要是太平天国运动与袁世凯政权丑化了人们心中的集体概念,"集体"日趋成为一个贬义词。但归根结底,新文化运动的这一趋势并非意在攻击集体主义价值观,而是以一种"批判"的形式重构集体主义价值观,他们所攻击的是专制主义与"坏集体"。新文化运动为马克思主义集体主义价值观的入场奠定了基础。

马克思主义集体主义价值观伴随五四运动的发生、发展而在中国大地上生根发芽。随着思想观念不断进步解放,人们清醒地意识到资本主义救国方案在中国行不通,民族存亡再一次处于十字路口。恰在这时,

---

① 葛洪:《晚清"君主立宪派"教育政治道德体系型构》,《教育研究》2015年第2期。
② 丘为君:《从"群性"到"个性"的价值转换——新文化运动知识分子批判传统家庭制度的历史意义》,《中国文化研究》2019年第2期。

马克思列宁主义从俄国传入中国,知识分子和革命志士在真理的光芒中领悟出拯救民族危亡的现实出路。以李大钊、陈独秀为首的革命知识分子广泛传播马克思主义思想,掀起了全社会思想进步的浪潮。与此同时,社会结构也发生了变化,不仅学生、教师、记者、作家等新式知识分子群体不断壮大,而且中国工人阶级和民族资产阶级的数量规模也飞速发展起来,为争取民族独立和解放的革命运动奠定了群众基础。"五四运动,爆发于民族危难之际,是一场以先进青年知识分子为先锋、广大人民群众参加的彻底反帝反封建的伟大爱国革命运动,是一场中国人民为拯救民族危亡、捍卫民族尊严、凝聚民族力量而掀起的伟大社会革命运动。"① 由五四运动孕育而生的爱国主义精神则成为革命型集体主义价值观最根本的精神基调。

五四运动之后,中国进入了新民主主义革命时期,中国共产党的诞生则使革命型集体主义价值观有了明确的构建主体。在进步的领导阶级和科学理论的指导下,全国各地的爱国运动如火如荼地开展着,各阶层人民的思想不断进步,全民族的斗争意识逐渐觉醒,抵御外敌、反抗压迫的力量日益壮大。抗日战争时期,九一八事变、"一二·九"学生运动等爱国救亡运动进一步点燃了全国人民的救国热情,全国规模的群众运动日益发展起来,革命迈入了新的高潮。在中国共产党的领导下,千千万万人民在革命斗争中舍家弃业、舍生忘死,培育出国家安危和民族利益高于个人得失的集体主义价值观念。

二 中国共产党团结人民的历史传统与初心使命

五四运动前后,先进的知识分子和爱国人士从前人失败的"救亡"运动和北洋政府懦弱外交的教训中清醒地认识到,现有的政治制度只是帝国主义压迫中国的傀儡工具,根本无法带领中国走向进步和新生。而俄国十月革命所倡导的马克思主义理论和社会主义制度,使人民看到了

---

① 习近平:《在纪念五四运动100周年大会上的讲话》,《人民日报》2019年5月1日第2版。

依靠工人阶级的力量，建立社会主义国家的可行性。随着马克思列宁主义的广泛传播，先进的知识分子逐步坚定了马克思主义的立场，并把马列主义与工农运动相结合，积极推动中国工人阶级知识化。随着工人阶级的思想觉悟有了很大进步，在中国建立无产阶级政党的计划被提上日程。中国马克思主义者开始了中国共产党早期组织的组建工作，陈独秀、李大钊和毛泽东等人分别在上海、北京、湖南等地成立了早期共产党组织，积极译介马克思主义专著、创办马克思主义刊物，利用各种形式组织进步青年和工人学习马克思主义。与此同时，他们还领导并创立了社会主义青年团、工人学校等群众组织，尽可能地扩大马克思主义的影响力，为中国共产党的建立夯实基础。

集体主义价值观奠基于早期中国共产党人团结人民群众的历史实践之中。恰如习近平总书记所说："一百年来，中国共产党团结带领中国人民进行的一切奋斗、一切牺牲、一切创造，归结起来就是一个主题：实现中华民族伟大复兴。"[①] 中国共产党一开始就把人民视为一个整体，注重发挥团结力量，在历史实践之中淬炼着集体主义价值观。早期中国共产党人领导工人罢工便是经典例子。邓中夏对工会曾有过非常细致的分析，他指出："首先我们应该弄清的，有两个重要的观念，这两个重要的观念是什么呢？一、工会是群众集体的；二、工会是阶级斗争的。什么叫群众集体？集体两个字，就是把许多东西集成一个东西的意思，即是说将所有的群众集合起来成为一个团体。"[②] 这其实是非常具有集体主义色彩的理解，工会作为一个"大集体"，是每个工人的利益代表，只有保护好工会、利用好工会，才能切实保障每个人的利益。李大钊在1922年分析中国工人运动时则指出："有这样一种集体团结力量，加上每个罢工成员那种团结心和坚韧力以及由此所取得的成就，所有这些都会直接间接地给中国各地的各种团体以强而有力的鼓励和支持。"[③]

---

① 习近平：《在庆祝中国共产党成立100周年的讲话》，《人民日报》2021年7月2日第2版。
② 邓中夏：《邓中夏全集》中，人民出版社2014年版，第817页。
③ 中国李大钊研究会编注：《李大钊全集》第四卷，人民出版社2013年版，第69页。

中国共产党既是无产阶级革命运动的急先锋和中国无产阶级的先锋队，同时又是全民族的先锋队，在革命斗争的各个阶段都注重吸收、吸引来自各个阶层、各个领域的爱国民众，使他们加入党的队伍，团结在党的周围，为国家富强、人民幸福增添集体的力量。马克思指出："在实践方面，共产党人是各国工人政党中最坚决的、始终起推动作用的部分；在理论方面，他们胜过其余无产阶级群众的地方在于他们了解无产阶级运动的条件、进程和一般结果。"①党的先锋队精神为争取革命胜利增强了民族凝聚力和向心力，我们党用民主革命的胜利与中华人民共和国的成立之伟大成就向人民群众昭示了无产阶级先锋队的革命意志和人民至上的价值立场。

中国共产党的初心使命决定了中国共产党人是集体主义价值观坚定的传播者和践行者。中国共产党始终心系人民，将维护好、实现好和发展好最广大人民的根本利益视为党的根本价值立场。在《共产党宣言》中，马克思和恩格斯指出，使工人群体成为自为阶级，进而以革命手段推翻资产阶级的统治是共产党的目标。无产阶级夺取政权，用生产资料公有制代替私有制，消灭阶级和阶级统治则是党的最高纲领。同时，他们认为："过去的一切运动都是少数人的，或者为少数人谋利益的运动。无产阶级的运动是绝大多数人的，为绝大多数人谋利益的独立的运动。"②中国社会中最受剥削和压迫同时也最具革命性和斗争性的工人阶级组成了中国无产阶级政党，他们不仅拥有马克思主义无产阶级政党纲领的思想武器，还能清醒地意识到中国的前途命运与广大人民的立场息息相关，更能设身处地地考虑人民群众的物质利益诉求和精神发展需要。建党之初，我们党就将实现社会主义、共产主义作为最高纲领，将推翻"三座大山"、建立真正的民主共和国作为现阶段目标，在现实的革命斗争中又把一切运动都深入广大群众中，做真正为群众奋斗的无产阶级政党。中国共产党的历史使命和角色定位决定了他们以满足人民的

---

① 《马克思恩格斯选集》第 1 卷，人民出版社 2012 年版，第 413 页。
② 《马克思恩格斯选集》第 1 卷，人民出版社 2012 年版，第 411 页。

要求为首要目标，以实现人民利益为行动原则。

中国共产党在组织建设方面自觉践行集体主义价值观。革命斗争与民族复兴彼此间共生互长，中国共产党带领人民进行了艰苦卓绝的抗争，并结合中国革命实际，联合工农群众的力量，探索出一条真正符合中国国情、具有中国特色的革命道路。这一成就的取得离不开中国共产党始终自觉践行集体主义价值观，尤其是在党的建设上坚持集体原则。恽代英在1928年递交给中共中央的报告中就针对党的组织问题指出："特别注重于切实执行集体化的原则。指出没有集体的指导，便是没有党。反对口头上承认了集体化的原则，而实际怀疑不执行的错误态度。"① 中国共产党自身正是集体主义价值观的自觉践行者，才为集体主义价值观中国化提供了强而有力的领导力量。由此可见，中国共产党将初心使命落实到实际斗争中，将集体主义的价值观念凝聚为"人民利益和民族利益至上，个人利益服从集体利益"的革命型集体主义价值观。

三 苏联集体主义理论与实践在中国的传播影响

中国共产党和先进的革命知识分子对集体主义价值观的探索既来自党和人民的现实革命实践，通过在革命斗争中总结经验，丰富集体主义价值观中国化的内在意蕴，为革命型集体主义价值观注入强大的内生动力；同时，受到俄国社会主义革命建设的宝贵经验以及苏联集体主义思想理论的影响启发，我们党对集体主义价值观的认识又经历了由浅入深的动态发展过程。

苏联无产阶级政党建设理论凸显了集体主义的政治立场和价值取向，为中国共产党推动价值观建设提供了理论支撑。列宁关于俄国无产阶级政权构建和政党建设的理论在借鉴马克思主义关于无产阶级专政理论的基础上，又融合了苏俄革命建设的具体情境，把集体主义价值取向融入无产阶级政党的建立目的、道德要求与组织原则等多个维度中。首先，在政党组织建设方面，列宁认为要想杜绝一切可能存在的阶级压

---

① 恽代英：《恽代英全集》第九卷，人民出版社2014年版，第80页。

迫，就必须让无产阶级成为统治阶级，只有无产阶级政党领导下的真实集体，才能实现人民真正的解放和自由。关于无产阶级政党领导下的"真实集体"，列宁曾有过一个生动比喻，他将集体比喻成"大音乐会"，要容许有刺耳的、不和谐的、不合拍的声音，"只有通过许多这样的公开讨论，才能使我们的领导者形成一个真正合唱得很好的集体；只有这样，工人才不会不再理解我们"①。列宁的党建思想启发了中国共产党联合一切被剥削、被压迫的阶级赢得革命的胜利，继而建立无产阶级领导下的、一切反帝反封建的人们联合专政的民主共和国。其次，在无产阶级政党和人民群众的关系方面，列宁强调无产阶级政党代表整个阶级的先锋力量，是最有革命精神和斗争精神的革命领导者，党员应坚持一切从工人阶级和最广大人民群众的根本利益出发等为正确处理党和人民的关系提供了参考。列宁在分析亚洲问题时指出："在亚洲，强大的民主运动到处都在发展、扩大和加强。……这个世界性的运动使一切懂得只有通过民主才能达到集体主义的觉悟工人多么欢欣鼓舞！"②中国共产党继承了集体利益优先的价值取向，始终代表中国最广大人民的根本利益，并带领人民群众开展列宁所说的"世界性运动"。最后，在政治结构原则的确立方面，列宁时期确立的民主集中制原则实现了"民主"和"集中"的有机结合，他在致"社会主义宣传同盟"书记的文章中说道："我们在自己的报刊上一向维护党内民主。但是我们从未反对过党的集中。我们主张民主集中制。"③民主集中制原则正确回答了国家政治结构视域下该如何处理个人与集体之间的利益关系，对中国社会集体主义价值观的构建产生了深远影响，中国共产党在革命实践中也把民主集中制作为根本的组织原则和领导制度，自觉站在人民的立场上想事情、办实事，在大大小小的事务中都坚持以人民群众集体的意愿为行动指向。

---

① 《列宁全集》第8卷，人民出版社2017年版，第89页。
② 《列宁全集》第23卷，人民出版社2017年版，第166页。
③ 《列宁全集》第27卷，人民出版社2017年版，第89页。

苏联集体主义理论首次明确了社会主义道德建设的基本原则，为中国集体主义价值观的构建指明了根本方向。在斯大林时期，苏联的集体主义理论逐渐发展成熟，斯大林第一次明确提出带有社会主义性质的集体主义概念。他的集体主义思想既是马克思主义经典作家集体主义思想的延伸，又是结合苏联社会现实发展情况，对个人利益和集体利益的关系进行的精准论述。面对当时无政府主义者对集体主义的种种非议和曲解，斯大林明确强调："个人和集体之间并没有而且也不应当有不可调和的对立，不应当有这种对立，是因为集体主义、社会主义并不否认个人利益，而是把个人利益和集体利益结合起来。"①这一论断明确了个人利益与集体利益之间的辩证关系，即在社会主义社会制度下，个人与集体并不是阶级间无法调和的矛盾，集体主义并不打压个人利益，而是要最大限度地确保个人利益和集体利益共同的实现。这一基本原则为中国集体主义价值观的构建和发展提供了基本遵循，以至于集体主义价值观随着时代的变化不断发展，其内在逻辑始终指向个人与集体的关系处理。

苏联集体主义教育理论凸显了集体教育的巨大优势，为中国集体主义教育留下了宝贵的历史资源。苏联在集体主义教育的理论和实践方面进行了首创性和奠基性的研究与探索，留下了丰厚的教育遗产。十月革命后，列宁提出建设共产主义新人的教育任务，他认为："工人在建设新社会，但他还没有变成新人，没有清除掉旧世界的污泥，他还站在这种没膝的污泥里。"②所以，必须提升工人的共产主义思想觉悟，培养其高尚的共产主义道德情操。在此基础上，以克鲁普斯卡娅、马卡连柯以及苏霍姆林斯基为代表的苏联教育理论家探索了在苏联开展集体主义教育的立足点、基本内容及方法，奠定了苏联集体主义教育的基本雏形，极大地推动了集体主义在教育领域的研究。例如，克鲁普斯卡娅提出开展集体主义教育的重要性，并从马克思主义的教育劳动起源论出

---

① 《斯大林选集》下卷，人民出版社1979年版，第354—355页。
② 《列宁全集》第35卷，人民出版社2017年版，第438页。

发，形成了集体主义教育要与生产劳动紧密结合的观点，并强调只有通过集体劳动，才能培养学生的集体意识和集体习性，从而发自内心地关心集体、爱护集体。马卡连柯在这一框架基础之上，提出了前景教育、纪律教育等方法，主张学校、家庭和社会三方形成教育合力，提升集体主义教育成效，构建了集体主义教育基本体系。而苏霍姆林斯基则在马卡连柯集体主义教育基本体系上指出，集体主义教育不仅要和劳动教育相结合，也要和智育、体育、美育等内容相融合，要培养全面和谐发展的人，实现人的德、智、体、美、劳相统一。从苏联集体主义教育理论的发展脉络来看，劳动教育贯穿于集体主义教育的全过程，同时前景教育、情感教育和纪律教育方法的运用增强了教育对象对集体主义价值观的认同，这些教育思想成为我们党在革命时期对自身及人民群众开展思想政治教育工作、宣传集体主义价值观念的理论支持。

概而言之，苏联集体主义价值取向深深融入国家政治建设、社会建设和教育建设等各个领域，并在具体实践中取得了不错的成效，这为中国共产党人和先进知识分子探索中国集体主义的理论谱系和构建方法提供了有益启发，促使我国革命型集体主义价值观不断发展、渐趋定型。

第二节 革命型集体主义价值观的主要内容

五四运动的爆发标志着中国革命迈入新的历史阶段，中国的革命运动拥有了全新的领导阶级和指导思想，前途命运焕然一新。中国共产党在领导新民主主义革命的实践中，因时制宜，随机应变，制定出不同的斗争策略，给敌人以沉重打击，在一次次斗争中总结革命经验教训，丰富无产阶级革命理论。而集体主义价值观是无产阶级意识形态的具体表现，是"反映集体与个体关系的集价值取向、道德原则、政治倾向、行为准则等于一体的系统的理论和主张"①,其精神内涵和话语表达形式也不可避免地受到党的时代使命和现实行动的影响,呈现出具有时代风貌的革命性色彩。因此,中国共产党在新民主主义革命时期逐步形成的革命型集体主义价值观,主要内容包括:人民群众根本利益至上,个人利益服从集体利益,集体主义就是党性。

一　人民群众根本利益至上

中国共产党始终坚持人民群众利益至上的价值取向和道德原则,并将之作为革命型集体主义价值观的重要内容。人民群众是强党之基、兴国之源,满足最广大人民群众的根本利益既是党所有工作的出发点和落脚点,也是中国革命、建设和改革的归宿。"历史充分证明,江山就是人民,人民就是江山,人心向背关系党的生死存亡。赢得人民信任,得到人民支持,党就能够克服任何困难,就能够无往而不胜。反之,我们将一事无成,甚至走向衰败。"②中国共产党立足于革命与解放的时代浪潮之巅,在一次次革命斗争之中批驳并解构了强调宗族利益至上、忽视个人利益的宗法集体主义价值观,也在反对自私自利和个人主义。毛泽东在 1947 年写给毛岸英的信中就指出:"一个人无论学什么或作什么,只要有热情,有恒心,不要那些无着落的与人民利益不相符合的个人主义的虚荣心,总是会有进步的。"③在党的章程中,我们党把全心全意为人民服务确定为党的宗旨,要求党员在任何时候都要把群众利益放在第一位,同群众同甘共苦,保持最密切的联系,这是保持马克思主义政党鲜明本色的应然要求。

人民利益不是凌驾于个人利益之上的虚假利益,而是代表个人长远利益与根本利益的整体利益,它是国家和民族根本利益的集中体现。是否坚持人民利益至上直接关乎国家和民族前途命运。可以说,坚持人民

---

① 朱小娟:《中国共产党建构集体主义价值观的历史进程和基本经验》,《思想理论教育》2022 年第 4 期。
② 《习近平谈治国理政》第四卷,外文出版社 2022 年版,第 512 页。
③ 《毛泽东文集》第四卷,人民出版社 1996 年版,第 306 页。

利益至上对社会和历史的发展具有决定性作用。毛泽东曾在1944年各部门战斗英雄代表大会上的讲话中指出："与人民利益适合的东西，我们要坚持下去，与人民利益矛盾的东西，我们要努力改掉，这样我们就能无敌于天下。"① 马克思和恩格斯在创立唯物史观的过程中意识到人民群众的重要性并形成群众史观。经其他马克思主义经典作家的发展，人民群众有了更丰富的内涵。他们不仅是历史发展进程的决定者，还是英雄人物的来源。马克思主义的群众史观揭示了广大人民群众对历史发展的影响力和感召力，也揭示了"只有人民利益得到满足，国家和社会才会长远发展"的客观真理。关于这一点，朱德在总结解放区抗战的经验时指出："这种解放区的力量，是属于全体中国人民所有的力量，正是因为有这样的力量，使中国人民有了胜利的展望，有了民主和光明的展望。……就是这样，把军民团结和官兵团结发扬到最高度……这个团结都是打不散、挑不开的。就是这样，实现了政治的统一、军队的统一以及政治与军事的统一，而打破了敌伪的'总力战'。"② 在危及民族存亡的生死关头，中国共产党之所以能够带领人民赢得革命胜利，就是因为他们正视广大人民群众备受剥削和屈辱的悲惨命运，始终将人民群众的利益摆在首位，坚持与人民风雨同舟，深深相信人民、紧紧依靠人民，才能以实际行动维护好、发展好人民利益。

人民利益是人民群众根本利益的集合体，个体利益与人民利益相互促进、相互保障。应当肯定，每个人都有私人的物质欲望和情感倾向，合理的物质与精神需要是应该被满足和保障的，这也是习近平总书记所强调的："人民不是抽象的符号，而是一个一个具体的人，有血有肉，有情感，有爱恨，有梦想，也有内心的冲突和挣扎。"③ 但是，还要明确人的社会性本质使其不能远离群体、脱离社会而独立存在，社会性本质使得人们在拥有实现个人正当利益这一权利的同时，也肩负着维护和实

---

① 《毛泽东文集》第三卷，人民出版社1996年版，第210页。
② 中共中央文献编辑委员会：《朱德选集》，人民出版社1983年版，第149—150页。
③ 《习近平谈治国理政》第二卷，外文出版社2017年版，第317页。

现人民集体利益的使命。党和人民在抵御内敌外侮、争取解放的危机与挑战中认识到，人民利益是个人根本利益的集合体，个人利益与集体利益相互作用。只有个人正当利益得到满足和保障，才能调动更多人参与集体活动，为实现人民利益贡献智慧和力量，只有让人民相信集体会保障个人的利益诉求，个人才能在集体遭遇困难时为集体牺牲小我，甚而无私奉献。集体利益与个人利益的相互作用，在革命战争时期表现得尤为突出，陈毅在1947年鲁南战役胜利后总结经验教训时说，"无论行军作战，都应照顾人民利益"①，中国共产党领导的军队正是以人民利益至上，因此才会得到人民的拥护，从而支持战争的胜利，使人民的利益与军队的利益相统一。个人的正当利益是民族利益的重要组成部分，只有民族利益得到保障，个人期待和愿望才能实现。

在革命战争时期，尽管每个人对于幸福生活的向往与物质利益的诉求各有不同，但群众对侵略者的痛恨、对和平的向往却十分一致，所有中华儿女都希望早日打倒西方侵略者和旧地主。而革命型集体主义价值观所重视的人民利益就真正代表了最广大人民群众的心愿和诉求，坚持群众根本利益至上性原则在现实的革命实践中虽然让少数人承担为国家民族大义付出与牺牲的风险，但其本质上是将绝大多数人民群众乃至整个国家民族的生存发展置于首位，其行动的目的也是维护和满足人民群众的根本利益和长远利益。

二 个人利益服从集体利益

集体主义价值观为正确认识和处理个人与集体的关系指明了正确方向，个人利益服从集体利益则是革命型集体主义价值观的基本原则。该时期集体利益更多地体现为国家利益和民族利益，而在重如泰山的国家利益和民族大义面前，个人的得失显得轻如鸿毛。所以，这一时期的革命型集体主义价值观更具革命性与利他性，具体表现为一种个人利益服

---

① 陈毅：《陈毅军事文选》，解放军出版社1996年版，第365页。

从集体利益的奉献意识和牺牲精神。

任何一种社会价值取向的形成都离不开广大人民群众的积极参与，只有被广大人民群众接受并认可，集体主义价值观才能够发挥出应有的调节引导作用。中国共产党要求全体党员干部以维护最广大人民利益为一切工作的出发点和落脚点，坚持个人利益服从集体利益，还在全社会范围内引导人民群众在个人利益与集体利益发生冲突时，坚持个人利益服从集体利益的集体主义价值取向。当个人利益与集体利益发生冲突时，要坚持集体利益至上，党员干部尤其要做好表率。刘少奇在谈论中国共产党人的党性修养时就指出："个人利益服从党的利益，地方党组织的利益服从全党的利益，局部的利益服从整体的利益，暂时的利益服从长远的利益，这是共产党员必须遵循的马克思列宁主义的原则。"[①]陈云在讨论共产党员的标准时也指出："每个党员必须对于民族、对于革命、对于本阶级、对于党，表示无限的忠诚，把个人利益服从于民族的、革命的、本阶级的和党的利益。但是在革命工作中，在党的工作中，可能发生党员个人的利益与党的利益的不一致。在这样的时候，每个党员必须依靠他对革命对党的无限忠诚，坚决牺牲个人利益，服从革命的和党的整个利益。"[②]如前文所述，集体利益所代表的是人民群众的根本利益，它与人民群众的个人利益紧密相连。中国共产党在带领人民进行新民主主义革命的斗争中，就充分认识到只依靠共产党人冲锋陷阵不可能取得全民族解放和胜利，人民群众才是革命的主力军，人民的精神风向和价值取向决定了中国共产党的奋斗方向。因此，只有人民群众和共产党人在精神上和行动上保持一致，才能取得胜利的果实。换言之，革命时期的集体主义价值观所坚持的个人利益服从集体利益的价值原则，就是要让人民真正明白个人的利益和诉求在民族存亡的危难面前无足轻重，个人的奉献和牺牲是为了全民族的幸福。只有在全社会倡导

---

① 刘少奇：《刘少奇选集》上卷，人民出版社2018年版，第129页。
② 陈云：《陈云文选》第一卷，人民出版社1995年版，第138页。

个人服从集体、个人利益服从集体利益的社会风气，人民群众才能真正将集体主义价值原则内化于心、外化于行，革命斗争精神和牺牲奉献精神所蕴含的精神伟力才能充分发挥出来。

当然，个人利益服从集体利益并不是个人被动地屈服或集体独断的权威。虽然革命型集体主义价值观要求在双方利益无法兼顾时，个人必须服从集体，甚至在危及集体利益的生死关头必须牺牲小我利益来维护和保全人民群众的集体利益，但这并不意味着对个人利益的约束和限制，而是要给予个人正当利益充分的保障。也就是说，基于革命斗争的现实需要，在危及革命的紧要关头，个人必须为了保全国家和民族大义牺牲自己的利益甚至生命。这种服从既不是个人在社会要求、群体规范或他人意志的高压下产生的违背自身意志的行为，也不是个人无意义的付出。它是以个人的奉献牺牲换取整个民族的长远发展，以中华人民共和国的成立满足更多人的正当利益诉求，让人民摆脱剥削和压迫，真正过上好日子。

三 集体主义就是党性

集体主义就是党性，这是革命型集体主义价值观针对全体党员提出的普遍性要求。共产党员的核心素养是为党和人民服务，在集体中发挥模范带头作用。正如"一个共产党员，应该是襟怀坦白、忠实，积极，以革命利益为第一生命，以个人利益服从革命利益"[1]。加强党员干部的党性修养，就必须将重集体、轻个人的观念渗透到每个党员的思想行为中。我们党通过一系列有效的革命实践，不断深化党员的党性原则。在抗日战争即将取得胜利之时，中国面临两种前途、两种命运的关键时刻，1945年中共七大会议上，毛泽东提出"一致的行动，一致的意见，集体主义，就是党性"[2]，以此号召全党同志提高党性觉悟，为取得革命胜利团结起来，做坚强的共产主义先锋战士。集体主义价值取向融入党

---

[1]《毛泽东选集》第二卷，人民出版社1991年版，第361页。
[2]《毛泽东文集》第三卷，人民出版社1996年版，第417页。

性修养，也使得党员干部在任何时刻都要且也能发挥好模范带头作用，明辨个人利益与集体利益的关系，克服一切艰难险阻，坚定革命信念，为争取集体的胜利奉献个人的力量，在任何时刻都能毫不犹豫地牺牲个人利益来保全集体利益。

加强党性教育是提升党性修养的主要手段，中国共产党运用党性教育不断增强党性修养。建党初期，我们党就通过出版发行书刊、创办党校、组织工会农会等方式对党员进行思想教育，引导工人群众树立集体意识、增强集体观念。延安时期，以毛泽东为代表的中国共产党人开创了党性教育的伟大实践。1941年党中央通过的《中共关于增强党性的决定》规划了现阶段增强党性修养的内容，明确提出："巩固党的主要工作是要求全党党员，尤其是干部党员更加增强自己党性的锻炼，把个人利益服从于全党的利益，把个别党的组成部分的利益服从于全党的利益，使全党能够团结得像一个人一样。"[①]针对党内出现的"左"倾教条主义、右倾保守主义、主观主义以及宗派主义等错误观念，毛泽东主张将实践调查研究上升到党风和党性的高度。他指出："粗枝大叶、自以为是的主观主义作风，就是党性不纯的第一个表现；而实事求是、理论与实际密切联系，则是一个党性坚强的党员的起码态度。"[②]刘少奇基于无产阶级的阶级立场则进一步阐释了党员党性的表现，也就是"为了党的、无产阶级的、民族解放和人类解放的事业，能够毫不犹豫地牺牲个人利益，甚至牺牲自己的生命"，"这就是共产主义道德的最高表现，就是无产阶级政党原则性的最高表现，就是无产阶级意识纯洁的最高表现"。[③]任弼时也将党性和无产阶级的阶级性结合起来，认为："共产党员的党性，就是无产阶级最高度的阶级觉悟和阶级意识。"[④]总体来说，

---

① 中共中央文献研究室、中央档案馆编：《建党以来重要文献选编（1921—1949）》第18册，中央文献出版社2011年版，第443页。
② 《毛泽东文集》第二卷，人民出版社1993年版，第361页。
③ 刘少奇：《刘少奇选集》上卷，人民出版社2018年版，第131页。
④ 任弼时：《任弼时选集》，人民出版社1987年版，第231页。

该时期中国共产党领导人对党员党性的阐释可以归结为对中国无产阶级政党阶级觉悟的要求，党员的党性修养蕴含着无产阶级政党为最广大人民群众服务奉献的道德原则。

尽管毛泽东将集体主义上升到党性的高度，提倡全党要随时做好为人民利益牺牲的准备，但同时也承认党员的个性差异性和发展个人正当利益的合理性。在处理党性和个性的关系上，他认为个人与集体是独立性和对立性双向发展的对立统一关系。"讲到个性与党性，党性就是普遍性，个性就是特殊性。没有一种普遍性不是建筑在特殊性的基础上的。没有特殊性哪里有普遍性？没有党员的个性，哪里有党性？"[①] 进一步揭示了社会主义集体是代表和涵盖了所有社会成员根本利益的真实集体，个人与集体是和谐一致的共同体关系。每名党员在党的纪律原则问题上和大是大非面前都要毫不犹豫地讲党性；当个人利益与人民集体的利益发生冲突时，要毫不犹豫地坚持党和人民利益至上的立场。同时还要在遵守党的章程和纪律、全心全意为人民服务的前提下，充分发扬自身的能动性和创造性，在自我净化、自我完善、自我革新、自我提高中提升自己的党性修养，使个体创造力凝聚成为集体的行动力，为取得革命胜利打下坚实的思想基础。

第三节　革命型集体主义价值观的构建方式

列宁曾指出："没有革命的理论，就不会有革命的运动。"[②] 任何一种理论或价值观念，都不会凭空产生，更不会为人民群众自发地掌握，观念的形成和发展，必定要依托一定的方式与途径逐步构建起来。只有通

[①]《毛泽东文集》第三卷，人民出版社1996年版，第340页。
[②]《列宁选集》第1卷，人民出版社2012年版，第153页。

过科学的思想灌输和具体的革命实践，人民群众才能真正理解并高度认同革命型集体主义价值观，从而将其要求内化于心、外化于行。新民主主义革命时期，中国共产党通过在社会政治领域领导爱国主义运动，在物质生产领域实施土地改革计划，在思想文化领域开展思想政治教育活动等方式，全方位构建革命型集体主义价值观。

一　领导爱国主义运动，增强民众对民族利益的认同

爱国主义运动是中国共产党构建革命型集体主义价值观最主要的方式之一，可以说，爱国主义运动贯穿于中国新民主主义革命始终。并且，中国共产党本身就是在爱国运动之中产生的，集体主义价值观融贯在政党基因里。胡乔木在回顾五四运动时指出："他（指李大钊——引者注）最早在中国举起马克思主义的旗帜，积极参加和指导五四新文化运动和五四爱国运动，教育团结了包括毛泽东、周恩来等一大批革命青年，引导他们走上了共产主义的道路，随后与陈独秀、毛泽东等一起发起和创建了中国共产党。"① 我们党始终把爱国主义运动作为唤醒民智、团结民心和推动革命胜利的重要手段，坚持在革命运动中联合并领导工人阶级、农民阶级和学生群体等集体力量，力争将救亡图存的革命精神内化到每个中华儿女心中，扩大革命的影响力，增强人民对民族利益和国家利益的追求，帮助人民在革命斗争中做出正确的价值判断和行为选择。质言之，新民主主义革命时期各阶段的爱国主义运动在奋斗目标、工作方法和革命路线等方面无不体现着国家利益、人民利益至上的价值取向，爱国主义运动成为培植群众集体观念、构建集体主义价值观的重要方式。

党领导的爱国主义运动以挽救民族危亡、实现民族独立为奋斗目标，凸显了民族利益至上的家国情怀。五四运动爆发之前，部分先进知识分子和爱国人士同西方侵略者与本国封建势力爆发了一系列旧式革命，但这些革命运动均以失败告终。新民主主义革命时期，爱国运动在

---

① 胡乔木：《胡乔木文集》第二卷，人民出版社2012年版，第290页。

党的领导下逐渐有了明确的奋斗目标，参与斗争的群体日益壮大。工农阶级、学生阶级以及民族资产阶级等几乎所有社会成员都参与到爱国运动中，工人运动、农民运动以及学生运动开展得如火如荼。新民主主义革命时期，爱国主义运动对于构建革命型集体主义价值观的重要作用和现实意义体现在以下几个方面。

首先，爱国运动贯穿于新民主主义革命时期的各个阶段，对赢得革命胜利发挥了关键作用。中国共产党诞生后，带领工人阶级进行了数次以反抗地主阶级和资本主义剥削压迫，争取自身利益和解放的革命斗争，掀起了两次全国工人运动浪潮。安源路矿工人大罢工、五卅运动等工人运动充分体现了工人阶级的解放精神和爱国热忱。其中，帝国主义和军国势力的霸行使多年来积压在中国人民心中的怒火喷涌而出，一时间学生罢课、商人罢市、工人罢工，全国各地爆发了反对帝国主义的民族运动浪潮，全民族的革命意识如星星之火般势不可当。北伐战争时期，工农群众运动以空前规模迅速高涨。在党的领导下，以湖南、湖北、江西三省为代表的工农运动的蓬勃发展激发了潜藏在农民阶级内部的革命精神，工农群众成为革命的中坚力量，纷纷投身爱国运动维护自身利益和集体利益。土地革命时期，党领导农民阶级在农村开展了以"打土豪、分田地"为口号的轰轰烈烈的革命运动。九一八事变后，中日民族矛盾上升为主要矛盾，抗日救亡运动在全国范围内兴起，工农群众、青年学生、民族资产阶级、城市小资产阶级和知识分子等各阶级群体都发出一致抗日、实行民主的呼声，"一二·九"爱国运动后，中国人民的爱国救亡运动迈入了新高潮，促进了抗日民族统一战线的建立，中华儿女为挽救民族危亡而斗争的团结意识进一步觉醒。抗战期间，我们党始终坚持动员人民、依靠人民，推动形成全民族抗战的历史洪流，全国人民为国家利益和革命利益奉献自我利益甚至生命的集体主义精神使日本侵略者陷入了人民战争的汪洋大海之中。解放战争时期，我们党联合国民党统治区的各阶级爱国群众开展了多次爱国民主运动，有力地配合了人民解放军军事战场的斗争，对推翻国民党反动统治、凝聚民族力量发挥了重要作用。

其次，我们党在领导爱国主义运动中确立了"一切为了群众，一切依靠群众，从群众中来，到群众中去"的群众路线，把维护人民利益和幸福作为一切工作的出发点和落脚点。习近平总书记指出："不论过去、现在和将来，我们都要坚持一切为了群众，一切依靠群众，从群众中来，到群众中去，把党的正确主张变为群众的自觉行动，把群众路线贯彻到治国理政全部活动之中。"[①] 中国共产党在长期的革命战争中形成了以人民解放为旨归的群众路线和工作方法，认为一切工作在党的讨论和商议下，都要经过群众路线去执行，并在践行群众路线的过程中引导民众更加认同和支持党的理论主张，从而在党的带领下积极参加爱国主义运动。党在各个阶段制定的纲领、路线、方针、政策都切实关注并保障群众的物质利益与精神诉求，无不体现了以人民为中心的发展思想。毛泽东指出要想号召群众参与革命斗争，就必须满足民众的现实需求，"一切群众的实际生活问题，都是我们应当注意的问题。假如我们对这些问题注意了，解决了，满足了群众的需要，我们就真正成了群众生活的组织者，群众就会真正围绕在我们的周围，热烈地拥护我们"[②]。只有人民的需要得到满足，才能最大限度地增强人们对党的工作和行动的认可与支持，爱国运动才能充分依靠群众力量、动员群众思想、凝聚群众智慧。

最后，爱国运动是我们党推进革命实践工作的重要途径。毛泽东在1944年陕甘宁边区参议会第二届第二次会议的讲话中强调："在大后方，我们必须援助被反动当局压迫的民主爱国运动，必须动员一切力量抵抗敌人的进攻，必须警惕投降主义者背叛民族投降敌人的阴谋活动。"[③] 爱国运动充分调动了群众对建立集体关系并加入集体生活的积极性，让人民切身地感受到个人前途与国家命运息息相关，能在现实的革命斗争中明辨个人与集体的关系，以实际行动践行"先集体、后个人"的价值取

---

① 《习近平谈治国理政》第一卷，外文出版社2018年版，第27页。
② 《毛泽东选集》第一卷，人民出版社1991年版，第137页。
③ 《毛泽东文集》第三卷，人民出版社1996年版，第235页。

向和行动准则。

二 实施土地改革计划，满足人民群众基本利益诉求

革命型集体主义价值观坚持人民利益的至上性，代表和维护每一个个体的长远利益和根本利益。这要求我们党实施土地改革计划，以满足广大人民群众的基本利益诉求。新民主主义革命时期，我们党根据具体的革命条件制定了多种土改计划，使土地真正掌握在农民手中，满足人民群众最基本最迫切的利益诉求。在土地改革的实践中，革命型集体主义价值观的内涵、价值进一步发展和完善，革命型集体主义价值观焕发出强大的生机与活力。

中国共产党深刻意识到农民问题是中国革命的基本问题，而农民最关心的是土地问题。1926年，毛泽东在《国民革命与农民运动》中指出："农民问题乃国民革命的基本问题。"[1]这一论断是结合了千百年来小农经济模式下中国社会的运行状况和农民生存境遇得出的科学结论。中国自古以来就是以自给自足为发展模式的农业大国，近代中国农民占全国总人口的80%，但半殖民地半封建的中国并没有让农民过上安居乐业的生活，社会生产力与经济命脉日渐衰微，农民也沦为社会的最底层，饱受摧残和压迫。随着民主革命不断深入，农民阶级的反抗意识和斗争精神逐渐觉醒，爆发出强烈的反封建要求。消灭封建地主阶级，实现土地制度的根本变革，将土地所有权真正还给农民，是中国新民主主义革命的主要内容。

土地改革极大地促进了民族团结，尤其是使人民群众紧紧团结在中国共产党身边，增强了集体力量。毛泽东在1958年写给华东野战军副司令员的信中对土地改革目的作出指示："依照全国土地会议的决议及其后中央及中央工委所发有关土改的指示，有步骤地启发群众的觉悟，团结全体农民。"[2]新民主主义革命爆发之前，农民阶级和资产阶级革命

---

[1]《毛泽东文集》第一卷，人民出版社1993年版，第37页。
[2]《毛泽东文集》第五卷，人民出版社1996年版，第35页。

派的自救运动也曾颁布相关法令政策变革土地制度，虽在土地分配和归属问题上体现出一定的进步性，但由于缺乏实施空间和计划，旧中国仍未跳脱封建地主所有制。中国共产党成立后，为了壮大革命力量，最大限度地孤立危害革命的敌人，便逐步制定和完善了符合农村阶级关系和经济状况、适用于中国农民生存和发展的土地政策。党在创建初期和国民大革命时期，对土地革命认识尚不成熟，直到国民革命失败后，我们党才确定了土地革命和武装反抗国民党的总方针。1928年颁布的《井冈山土地法》首次以立法的形式肯定了广大农民以革命的手段获得土地的权利，但其中没收一切土地归苏维埃政府所有、禁止土地买卖等规定具有明显的局限性，并不适合当时中国农村的实际情况。1929年颁布的《兴国土地法》中，将"没收一切土地"改为"没收一切公共土地及地主阶级的土地"，进一步保护中农的利益不受侵犯。1931年，毛泽东和邓子恢等人结合革命的现实任务，制定了以乡为单位，按人口平分土地，在原耕地的基础上抽多补少、抽肥补瘦的土地分配方法，从而保障了农民对所分割的土地的使用权和所有权。经过多番探索完善，我们党在土地革命时期基本形成了一条以维护人民权益、保障人民利益为准则的土地革命路线，极大地调动了农民阶级革命的积极性。

全民族抗战时期，为调动一切积极因素打击日本帝国主义的侵略，党主张在革命根据地内部施行没收地主土地的政策，普遍实行对农民阶级减租减息、对地主阶级交租交息的土地政策，以此来维护抗日民族统一战线。抗日战争取得胜利后，在1946年国共全面内战爆发前夕，党中央根据新的革命形势发布了《关于土地问题的指示》(《五四指示》)停止了减租减息政策，实行全新的土地方略。到1947年下半年，解放区大部分地区都基本实现"耕者有其田"，但还有近三分之一的地区没有进行土地改革，运动并不彻底全面。为进一步推广土地改革政策，1947年刘少奇在西柏坡主持全国土地会议，制定了彻底的反帝反封建的土地革命纲领——《中国土地法大纲》，要求"废除封建性及半封建性剥削的土地制度，实行耕者有其田的土地制度"，"废除一切地主阶级的所有权"。① 该大纲颁布后,党中央派出大批的土改工作队深入农村内部,挨家挨户走访当地村民,在深入了解农民生存困境后,发动农民群众进行一系列的集体活动,同时组织贫农团体和农会,支持贫农群众控诉地主霸行、维护自身权益,严惩地主恶霸,将土地真正还给农民,全国范围内掀起轰轰烈烈的土改热潮。广大农民分得土地做主人,农村生产力得到极大解放,农民群众的思想觉悟和集体意识显著增强,工农联盟的组织力和凝聚力日益提升。解放战争时期,大批青壮年农民积极响应"保田参军"的号召,踊跃参加人民军队,各地农民自发地为军队收集粮食衣物,并成立随军组织与民兵组织,倾尽民力保障战争的后勤服务、配合解放军作战,为革命胜利贡献了群众集体力量。

我们党根据革命时期各阶段不同的革命环境与革命任务,采取消灭封建剥削制度的土地革命政策,变封建地主的土地为农民所有和削弱封建剥削制度的减租减息的土地政策来维护人民利益,坚持"土地改革要和统一战线相结合"②,切实解决了与百姓息息相关的生存问题,给予了工农群众真正的实惠。土地制度改革为中国社会绝大多数人民谋取了实际利益,土地掌握在农民手中这一策略"让占中国人口绝大多数的农民进一步认识到中国共产党才是自己利益的坚决维护者,因而自觉地在党的周围团结起来,这就为打败蒋介石、建立新中国奠定了最深厚的群众基础"③。长远来说,土地改革从根本上摧毁了束缚中国千百年来的封建土地所有制,在经济基础层面破除了以剥削大多数民众利益来维护封建地主阶级这一虚假"集体"利益的个体农民经济,进一步解构了自然经济下中国传统社会形成的宗法家族集体主义,"集体利益至上"的价值取向深入更多民众心中,凝聚成更坚实的革命力量,革命型集体主义价值观得以建构发展。

---

① 罗平汉:《土地改革运动史(1946—1948)》,人民出版社2018年版,第271页。
② 《毛泽东文集》第四卷,人民出版社1996年版,第268页。
③ 《中国共产党简史》编写组编著:《中国共产党简史》,人民出版社、中共党史出版社2021年版,第124页。

三 开展思想教育活动，强化"集体利益优先"观念

革命型集体主义价值观的构建离不开理论灌输及思想教育活动，如此，才更有可能促使"集体利益优先"观念深入人心。毛泽东就曾态度鲜明地指出："我们要教育人民，不是为了个人，而是为了集体，为了后代，为了社会前程而努力奋斗。"①"思想政治工作是党的优良传统、鲜明特色和突出政治优势，是一切工作的生命线。"②新民主主义革命时期，我们党主要通过榜样教育、理论灌输、正向激励和行为示范等方式，面向党员干部、军队战士、工人农民以及学生群体开展了全方位、多层次与多角度的思想教育活动，促使"集体利益优先"观念逐渐内化于人民心中。

首先，注重对党员干部进行思想纪律教育，巩固全党上下人民至上的价值追求。党员干部的思想觉悟是全党全军思想和行为的"风向标"，故而，中国共产党高度重视对自身的思想教育工作。大革命失败后，我们党内部出现了部分分裂情绪，悲观主义、保守主义的不良风气蔓延，加上复杂艰难的革命环境，一些党员干部产生了畏难情绪，革命意志动摇，甚至有的党员干部处处利己、不顾大局，严重动摇军心，危害革命成果。毛泽东等共产党人认识到必须开展革命教育祛除全党内外利己畏缩的风气，端正党员思想，因此，采取加强党内纪律和阶级教育的思想政治教育策略。例如，毛泽东在《星星之火，可以燎原》一文中重申了无产阶级解放全人类的理想信念，并强调了"工农武装割据"的重要地位，彻底打击了党内思想混乱的僵态，使大多数党员干部认识到自己是人民利益和幸福的守护者，而不是掠夺者。红军长征期间，面对党的领导策略出现严重失误，党员干部之中出现思想与行动四分五裂的消极状态。对此，我们党在遵义会议上力挽狂澜、摆正思想，彻底否定了

---

① 《毛泽东文集》第八卷，人民出版社1999年版，第134页。
② 《中共中央国务院印发〈关于新时代加强和改进思想政治工作的意见〉》，《人民日报》2021年7月13日第1版。

"左"倾思想路线，使得政治战略和思想策略回到正确的轨道上。这一时期，我们党开展集中性学习教育，通过文字宣传、会议宣传等方式进行全方位、"地毯式"的宣传教育，加强阶级教育、爱国主义教育和革命思想教育，纠正党内出现的分裂主义，与人民群众建立密切联系，增强了革命的凝聚力和党对人民的影响力。抗日战争时期，党的思想政治教育活动旨在巩固抗日民族统一战线，打击日本帝国主义侵略者。延安整风运动纠正了党内长期存在的机会主义、教条主义和官僚主义思想倾向，解决部分党员思想不端正的问题，提升新老党员干部思想觉悟，认清楚谁是真正的敌人，充实革命力量。解放战争时期，我们党通过"三查三整"运动、政策和纪律以及理论教育使党员干部在思想上高度团结，带领各阶级民众共同打赢民主革命胜利的最后一战。

其次，强化对军队战士的榜样示范教育，塑造一支为人民利益奋斗的人民军队。政治工作是我军的生命线，军队思想建设始终被摆在各项建设的首位。为了增强军队的战斗力和凝聚力，培养战士革命利益至上的价值理念，军队内部开展了以革命英雄为学习对象的榜样教育和政治思想教育，关注革命英雄的示范作用和教育意义，主张通过榜样示范的方式激励部队战士，激发他们参与革命的热情和积极性。党的宣传队还通过报纸、宣传口号等形式向军民大力歌颂张思德、赵一曼、刘胡兰等革命英雄和先进分子的光辉事迹。此外，军队上下还广泛开展以"诉苦"运动为代表的阶级教育，提高军队为解放被剥削的劳动人民而英勇奋战的觉悟，坚定了全体战士在共产党的领导下坚强团结、英勇杀敌的决心。战士们在学习榜样的过程中以实际行动践行着"天下兴亡，匹夫有责"的义利观，全军战士身体力行"集体利益优先"的价值理念。经过长期的思想学习和道德感召，全军上下形成了不怕吃苦、敢于斗争、勇于牺牲的革命精神，成为维护集体利益最坚强的后盾。

最后，善用多种载体开展思想教育活动，提升工农群众对集体主义价值观的认同。工农群众是革命的主力军，也是思想教育活动的主要对象，他们虽有强烈的斗争性，但囿于视野的狭隘和理论水平的不足，也需要接受思想政治教育，进而坚定政治立场，发挥更大作用。"我党所宣传的理论、纲领、政策等，是符合于全民族与全国人民的利益的。我党的宣传鼓动工作就是为着全民族与全国人民的利益的。"① 鉴于此，我们党在新民主主义革命期间，注重将革命任务与人民群众切身利益相结合，运用多种教育载体开展教育工作，提升工农阶级这一中国最广泛的群体的道德品质，使其在思想觉悟上增强对集体主义价值观的理解和认同。除了运用书籍、报刊等传播媒介向人民群众介绍政治局势和基本的政治知识外，党中央还号召党员干部深入群众，以通俗易懂的话语启发群众思想，以文学作品、小品表演、口号标语等百姓喜闻乐见的形式对人民群众进行集体的思想政治教育，这些教育活动不仅在一定程度上消解了人们在革命实践中产生的不良情绪，凝聚了人民以革命利益为重的思想共识，还使得集体主义价值观在人民心中不再是冰冷抽象的教条，而是逐渐成为代表个人、集体、民族的精神气节，国家利益和人民利益高于个人利益的理念深刻地烙印在人民的文化基因中，成为人民行动的价值取向。

第四节　革命型集体主义价值观的运行状况

革命型集体主义价值观为近代中国实现民族独立和人民解放提供了强大的精神动力与道德滋养。其积极意义主要在于，汇聚了中国最广泛的阶级和民族力量，促进了新民主主义革命的胜利，对中国集体主义价值观体系的构建和发展亦产生深远影响。但在具体实践中，革命型集体主义价值观由于过度强调民族利益和人民利益的至上性，一定程度上忽视了个人利益，从而遮蔽了集体主义的本真含义，影响了人们对集体主

---

① 中共中央文献研究室、中央档案馆编：《建党以来重要文献选编（1921—1949）》第18册，中央文献出版社2011年版，第423页。

义价值观的全面把握和正确践行。因此，我们需要保持理性的态度，对革命型集体主义价值观的运行发展状况进行全面分析和把握，既肯定其积极影响，又正确看待其出现的问题，做出深刻反思。

一　汇聚全中国最广泛的力量，促进新民主主义革命的胜利

革命型集体主义价值观是集体主义价值观在新民主主义革命时期的表现形态，在新民主主义革命时期焕发出强大的生命力和感召力，无数仁人志士投身革命，为国为民、奉献自我。它唤醒了中华民族各阶级的反抗意识，激发了全民族推翻帝国主义、封建主义和官僚资本主义剥削和压迫的革命斗争精神，最大限度地汇聚了中国最广泛的阶级力量，为中国取得民族独立和人民解放提供了强大的精神力量。

革命型集体主义价值观强调民族利益、人民利益的至上性，支撑党和人民克服一切艰难险阻，发挥群众优势，在枪林弹雨中赢得革命胜利。这体现了革命型集体主义价值观非常显性的优势。新民主主义革命史是一部党领导全国各阶层人民争取民族独立与人民解放的斗争史，同时也是党和民众为家为国无私奉献的奋斗史。面对国家即将分崩离析、百姓颠沛流离的悲惨境遇，"国将不国、何以为家"的家国观深入每一名爱国人士心中，无数革命先辈身体力行，以血肉之躯铸铮铮铁骨，无数舍小家保大家、舍小我保大我的英雄事迹为我们展示了国家至上、人民至上的价值观念。新民主主义革命时期，我们党先后共选举产生了170名中央委员和中央候补委员，其中高君宇、瞿秋白、向警予、方志敏、陈延年、赵世炎等51位革命先驱牺牲在建立中华人民共和国的征途中。抗日战争和解放战争期间牺牲的党员干部和群众更是不计其数。李大钊被捕后，面对敌人的严刑拷打与威逼利诱，用生命诠释了对党和人民的忠诚大义；伟大领袖毛泽东一家为了中华人民共和国的革命事业付出了巨大代价，有6人牺牲；青年学生们不顾个人安危举行了多次爱国运动，不少人将自己的青春奉献给伟大的建国事业。"三·一八"惨案中，以刘和珍、杨德群为代表的青年学生为维护国家主权壮烈牺牲。全民族抗战期间，为了把日本侵略者逐出我们的家园，大批爱国民众不

图名、不图利,纷纷自发地捐粮捐物支援抗日,"船王"卢作孚在危急存亡的关键时刻,为了民族大义,在日寇狂轰滥炸下不计任何损失和利益,短短40天抢救了大批设备和物资、转移大量人员,为战乱中的中国极大地保留了有生力量。这些事迹都展示出中华儿女舍己为人、舍生取义的精神追求。正是在这种蕴含鲜明集体主义价值取向的精神指引下,全体中华儿女在党的旗帜下团结成"一块坚硬的钢铁",赢得了新民主主义革命的胜利。

革命胜利后,建立人民民主专政的新政权则是巩固革命胜利果实最坚实的政治保障,社会主义道路也是集体主义价值观中国化最直观的政治性成果。在对中国未来发展道路的探索过程中,中国共产党最终选择了民族独立、人民当家作主的政治道路。建党初期,我们党就把实现民主政治和民族独立的目标联系起来,把取得一切政治上的自由以及完全的真正的民族独立作为政治目标。大革命时期,我们党成立了中华苏维埃共和国临时中央政府,这是中国共产党建立人民政权的初步实践;全面抗战期间,中国共产党对"民主共和国"的构建立足于建立社会主义新中国的设想中,毛泽东在《新民主主义论》中提出了关于要建立"新民主主义共和国"的构想,并对新中国的国体和政体作出具体阐释,为建立中华人民共和国奠定了思想理论基础。抗战胜利以后,建立中国共产党领导的人民民主专政的新政权成为中国共产党和全体人民的迫切要求。只有人民民主专政才能"团结全国除了反动派以外的一切人,稳步地走到目的地"①。同时,共产党人坚信革命能够改变一切,"一个人口众多、物产丰富、生活优裕、文化昌盛的新中国,不要很久就能到来"②。可见,中国共产党对新中国的设想充分围绕人民民主这一核心基调,以维护和保障除反动派以外的一切人民的根本利益为目标,在满足群众物质利益的基础上,力求将自由平等、团结、互助、和谐的理念贯彻到每个人心中。新中国在人们心中也成为丰衣足食、安居乐业的象征,吸引

---

① 《毛泽东选集》第四卷,人民出版社1991年版,第1481页。
② 《毛泽东选集》第四卷,人民出版社1991年版,第1512页。

无数人为之奉献牺牲。

中华人民共和国的建立不仅彰显了人民利益至上的价值理念，也为个人全面发展提供了坚实保障。马克思主义经典作家曾设想共产主义社会之中人与人之间再也没有因利益冲突和阶级斗争而产生的隔阂，以自我为中心的个人主义价值取向逐渐走向衰亡，社会成员的集体观念及价值取向走向成熟，整个社会成为真正的自由人联合体。社会主义作为共产主义社会的第一阶段，是实现共产主义的必由之路。建设好社会主义国家，是实现个体自由全面发展的首要条件，为此，无数群众才会为实现这个美好愿景抗争到底。中华儿女怀揣着个体自由全面发展、共创美好生活的希冀，在争取解放的革命斗争过程中逐渐形成革命型集体主义价值观，并将其精神伟力充分运用到政治建设中，从而为实现中华民族的伟大复兴奠定了坚实基础，找到了正确道路。

简言之，正是因为无数中国人的奉献和牺牲，才换来民族的独立和人民的解放，人民革命才能胜利；正是因为广大人民群众选择了"先集体、后个人"的革命型集体主义价值观，以人民为中心的新政权才得以建立并发展。各阶层、各族人民心往一处想，劲往一处使，我们党才能汇聚起全国人民最广泛的力量，赢得革命胜利，实现民族独立和人民解放。

二　提升了集体主义影响力，巩固其无产阶级道德原则的地位

现实的革命运动催生了集体主义的价值取向，民众日益提升的集体观念又进一步巩固了集体主义在无产阶级道德体系中的地位。集体主义价值观诞生于无产阶级革命运动，是社会主义道德的基本原则。它之所以能够传入中国并在众多价值观念中脱颖而出，被中国共产党和中国人民所选择和信奉，不仅因为其倡导个人利益服从集体利益的价值理念适应了革命斗争的现实环境，还因为它更有可能使人们脱离为少数人服务的虚幻集体，走向自由人联合的真实集体，成为无产阶级解放全人类这一根本任务在道德层面上的集中体现。具体到当时的中国实际，集体主

义在党和人民进行生产斗争与阶级斗争中逐渐发展起来，并且成为联结整个无产阶级和人民命运的精神纽带。近代以来，饱受剥削和压迫的中华儿女在一系列救亡运动中不断探索能支撑中华民族真正站起来的意识形态力量。在这一探索过程中，中国共产党既充分认识了我国传统社会整体主义价值观的缺陷，又逐渐发现西方社会所谓的民主、平等、自由等思想的利己性和虚假性，因此，在革命实践中逐渐发掘了民众的集体性力量，在与群众的联系和交往中逐渐确立了个人利益服从国家利益和人民利益的集体主义政治倾向，并以此来指导现实的革命行动。通过爱国主义运动、土地改革等惠民政策和思想教育活动等传播方式，革命型集体主义价值观在无数人的心中生根发芽，其现实影响力和精神感召力逐渐增强。

革命型集体主义价值观的感召力和影响力主要体现在以下几个方面。

首先，新民主主义革命的胜利为建立人民当家作主的新政权提供了政治前提，使得中国人民洗清了千年来的压迫和屈辱，增强了人们对革命型集体主义价值观的认同与践行。由上可知，革命型集体主义价值观作为彰显人民立场的价值取向和行动准则，为推动新民主主义革命的胜利起到了不可替代的关键作用。革命胜利后，中国共产党人积极思考国家政权组织和治理的新路径，在实践探索与理论反思中充分考虑到人民主体地位，并在政治制度建设上进行了一系列伟大创造。例如，确立了人民代表大会制度这一根本政治制度，既充分保障了人民的权利自由，又全面动员了人民以主人翁的身份投身社会主义建设，将群众的智慧和力量充分凝聚起来，为集体的幸福生活付出集体的行动，充分体现了国家和民族的前途命运牢牢掌握在人民自己手中。这为革命型集体主义价值观的存续提供了政治前提，也进一步夯实了其群众基础。

其次，中华人民共和国的成立给民众带来了物质和精神上的多重实惠，提升了革命型集体主义价值观的现实影响力。伴随中华人民共和国的成立，集体利益被建构起来，这不仅解决了人们的基本温饱问题，还保障了妇幼老少学有所教、劳有所得、病有所医、老有所养、住有所居，这些看得见、摸得着的集体实惠重燃了人们自我奋斗、为社会服务、为国家奉献的心焰，集体主义精神逐渐成为凝聚集体力量的思想旗帜。

最后，革命型集体主义价值观的话语权在党和人民共同创造的一系列伟大成就中逐渐提升，集体主义作为无产阶级道德原则的地位得以巩固。无论是在革命斗争过程中还是在革命取得胜利后，集体主义价值观在国家政治制度建设和经济体制改革以及公民集体精神文明素养提升等方面，都发挥了重要作用。正是在集体主义价值观的精神引领下，党和人民才能将互惠互利的理念融入争取民主革命胜利和建设新中国的时代使命中。中华人民共和国成立后，集体主义价值原则同样指引党和人民在社会主义政治建设、经济建设、文化建设、社会建设以及生态文明建设中取得一系列伟大成就和丰富成果。集体主义作为无产阶级道德的基本原则之定位得到巩固。

三　因过度强调集体利益而在一定程度上忽视和消解个人利益

革命型集体主义价值观适应了新民主主义革命时期的时代任务，回答了革命战争年代该如何看待和处理个人与集体利益关系的问题，逐渐成为无产阶级首要的道德原则。但就革命型集体主义价值观现实的运行状况而言，它在凝聚全中国最广泛的力量以推动全民族胜利的同时，还在一定程度上忽视和消解个人利益。

一方面，"集体主义，就是党性"这一价值原则在一定程度上压制了党员个性的张扬及其创造性的发挥。尽管我们党一再强调，要正确处理党性和个性的关系，尊重和维护党员的正当利益诉求，但受制于当时革命环境的艰巨复杂性以及党员个体年龄、思想、阅历的差异性等主客观因素，现实中依然存在将维护党员正当利益误解为个人主义倾向的冒头、忽视党员个性和差异性的情况。必须肯定的是，我们党十分强调用无产阶级思想理论武装党员干部的头脑，祛除党员干部在思想上和行为上的个人主义倾向。毛泽东、刘少奇等共产党领导人曾多次指出，个人主义思想对党内外、对革命成果和人民福祉具有重大危害，要旗帜鲜明地反对个人主义倾向，倡导所有党员坚持"革命利益第一"和"全心全意为人民服务"的价值取向。这些要求虽然能使全党在思想上和行动上保持一致性和统一性，但在实践中对"集体利益至上""牺牲小我、保全大我"等内容的过分强调，在一定程度上也忽视了党员个人的能动性、创造性和灵活性，甚至为革命时期的右倾错误埋下了隐患。并且，我们党在革命斗争中也曾因为曲解党性与个性的正确关系，数次面临生死攸关的生存危机。例如，第二次国共合作建立以后，由于过分依赖共产国际的指令和相信国民党的革命性，党内思想严重混乱，'左'倾教条主义错误在党中央开始长达四年的统治。对中国的革命运动造成严重危害。再者，由于过分强调集体利益而导致部分党员在为人民服务的过程中下意识地依赖党中央的文件规章，而不愿、不敢发挥自己的能动性，无法以个人智慧灵活变通地解决实际难题。

另一方面，把革命型集体主义价值观所蕴含的对党员干部的崇高性要求当作普遍性要求推行到全社会，在一定程度上忽视和限制了人民群众正当个人利益的实现。全党上下推崇革命型集体主义价值观，要求全体党员以"集体利益高于个人利益"作为自己的价值取向，其主要目的是让党员干部率先发挥革命英雄主义和革命乐观主义精神，心甘情愿地为革命献身，从而更好地服务、引领人民群众，争取赢得惠及全体人民的革命果实。然而，随着革命形势的发展壮大，革命型集体主义价值观不仅是对党员干部特有的崇高性道德要求，还成为在全社会广泛推行的普遍性社会公德。但人民群众对"个人利益服从集体利益"的理解存有差异性，如果得不到及时正确的教育引领，必将影响人们对革命型集体主义价值观的践行，甚而影响国家的长治久安。而在革命取得胜利后，如何建设新政权成为中国共产党的首要任务。在社会主义革命和建设的初始阶段，受革命型集体主义价值观的影响，党和人民在思想上与行动上一度陷入"左"倾错误，给国家建设和发展带来了惨痛的教训。在社会主义建设初期政策路线的制定上，我们党对新中国实际的生产力水平和事物发展的客观规律缺乏深刻认识，犯了急于求成、浮夸无序的"左"倾错误，不仅极大地破坏了我国的生产力，使得人民的生活水平下降，打击了社会主义集体主义伦理原则所肯定并维护的正当的个体利益，且"集体"的领导者很容易成为"集体"的化身，在决策中夹杂个人主观情绪、无视集体诉求。人民群众很容易在激进冒险的政策指引下，以盲目的集体行动混淆"公"和"私"的边界，在实际工作和生活中甚至侵害他人利益，或成为为"集体利益"牺牲的工具。

革命型集体主义价值观适用于中国新民主主义革命这一特殊的历史环境，此时中国共产党的使命任务是要为中国走向现代化创造根本社会条件。革命胜利后，我们党带领人民建立了人民当家作主的新政权，此时党的任务就转变成了巩固人民民主政权，为现代化建设提供根本的政治前提和制度基础。于是，为了实现革命目标而把个人利益完全放置在集体利益之后的革命型集体主义价值观在新的历史环境下，越发具有不适用性。如果不能与时俱进，结合新的历史任务和时代使命为个人正当利益创造良好的发展空间，就是对社会主义集体主义价值原则的违背和扭曲，集体主义价值观也会丧失存续的意义。

总之，革命型集体主义价值观以个人利益服从集体利益为首要原则，以人民群众根本利益至上、个人利益服从革命利益和国家利益、集体主义就是党性为主要内容，为中国新民主主义革命的胜利提供了中国式的道德原则，更为集体主义价值观的中国化演进提供了丰富的实践经验。中华人民共和国成立以后，面对全新的时代潮流和历史任务，党和人民在建设社会主义事业的探索中对个人与集体的辩证关系进行了思考和摸索，对集体主义的内涵和特征有了更加深刻的理解，赋予了集体主义价值观更丰富的内容和语境。集体主义价值观完成了"革命性"的历史使命，应该也有必要朝着"个人利益与国家利益、集体利益兼顾"的方向转型发展。

第三章　兼顾型集体主义价值观

中华人民共和国成立后，个体、集体和国家关系发生了变化，广大人民群众不但仍保留参与国家发展、支持社会建设的积极性，而且产生了谋求和发展个人利益的需要，致使集体主义价值观在具体内容和要求上发生了新的变化，逐步从革命型集体主义价值观过渡到兼顾型集体主义价值观。

兼顾型集体主义价值观以统筹各方面利益关系为价值取向，有其特殊的形成背景。中华人民共和国的成立使得个人、集体与国家的利益关系发生了根本性变化，人民真正成为国家的主人，这是兼顾型集体主义价值观形成的前置性条件。随着社会主义革命和建设进程的推进，国家的中心任务逐步从阶级革命转向经济建设，个体与集体、国家的关系变得愈加复杂。与此同时，苏联农业集体化运动的失误使得中国共产党认清了完善集体主义价值观的着力点在于承认和兼顾个人利益。生产资料公有制和无产阶级专政的社会制度则为兼顾型集体主义价值观的形成奠定了经济、政治等现实基础；此后，通过"一体化"单位社会体制和强动员、高参与、政治化的发展模式，兼顾型集体主义价值观被逐渐构建起来。相较于以往，兼顾型集体主义价值观在保证国家和集体利益的前提下，更加注重各方面利益的共同发展，以动员一切积极因素进行社会主义建设。从历史影响看，兼顾型集体主义价值观妥善处理了个人与集体、中央和地方之间的利益关系，调动了个人建设集体的积极性，在确保社会系统稳定的同时提高其运转的灵活度，但也引发了平均主义和社会失序的风险。

第一节　兼顾型集体主义价值观的形成背景

不同时期的集体主义价值观均被烙上特定时代的印记。例如，宗法集体主义诞生于封建社会，道德教化、礼法规束色彩浓厚。革命型集体主义价值观诞生于新民主主义革命时期，强调牺牲精神。而兼顾型集体主义价值观诞生于新旧秩序变动的特殊历史时期，利益"兼顾"特征突出。具体而言，中华人民共和国的成立促使个体、集体与国家关系发生根本性变化，赋予兼顾型集体主义价值观以社会主义底色。中华人民共和国成立以来，随着阶级革命向经济建设中心任务的转变，隐藏着的利益矛盾浮出水面，这是兼顾型集体主义价值观之"兼顾"特征形成的现实要求。苏联农业集体化运动的失误则明确了利益兼顾的重点在于保障农民利益。

一　中华人民共和国的成立促使社会利益关系发生变化

依据马克思和恩格斯的观点，虚假的共同体"是一个阶级反对另一个阶级的联合，因此对于被统治的阶级来说，它不仅是完全虚幻的共同体，而且是新的桎梏。在真正的共同体的条件下，各个人在自己的联合中并通过这种联合获得自己的自由"[①]。这揭示了社会主义集体主义的运行范围是"真正的共同体"。"真正的共同体"与"虚幻的共同体"不同，它建立在个人自由联合的基础之上，代表共同体内绝大多数人的利益，是自由人的联合体。中华人民共和国的成立为构建"真正的共同

---

① 《马克思恩格斯文集》第1卷，人民出版社2009年版，第571页。

体"奠定了坚实基础，促使个体、集体与国家关系发生根本性变化，这是兼顾型集体主义价值观形成的现实土壤。

人民群众主体地位的确立，推动个体与集体、国家关系从被统治与统治关系转向建设与服务关系，改变了个体与集体、国家关系的内容。在旧中国，无论是清政府时期还是中华民国时期，统治阶级都是封建地主阶级、官僚资产阶级等占人口少数的反动阶级。在此基础上构建的国家，无论是封建专制国家还是资产阶级民主共和国，都不能改变国家的剥削性质，以及个体与集体、国家之间虚幻的从属关系。旧中国是为少数统治者服务的国家，尽管它以集体形式存在，但由于缺乏真实性，基础是脆弱的，个体与集体、国家的关系只能是被统治与统治的关系。中华人民共和国的成立确认统治阶级是以工农联盟为基础的革命阶级，是全中国的大多数，这就使得国家真实代表个体利益，进而从根本上改变了个人与集体、国家的关系。1949年9月29日，中国人民政治协商会议第一届全体会议通过了《中国人民政治协商会议共同纲领》（以下简称《共同纲领》）。《共同纲领》规定："中华人民共和国实行工人阶级领导的，以工农联盟为基础的、团结民主阶级和国内各民族的人民民主专政。"[①] 中华人民共和国解除被压迫阶级的禁锢，让广大劳动人民翻身做主人，形成了符合人民群众根本利益的自由联合，国家利益成为劳动者利益的集中体现。自由联合下，个体与集体、国家的关系从被统治与统治关系转变为建设和服务关系。这种关系的转变突出体现在，以宪法的形式确认公民的劳动权利和获得国家物质补偿的权利。例如，1954年《中华人民共和国宪法》第九十一条规定："中华人民共和国公民有劳动的权利。"[②] 第九十三条规定："中华人民共和国劳动者在年老、疾病或者

---

① 中共中央文献研究室编：《建国以来重要文献选编（1949—1965）》第一册，中央文献出版社2011年版，第2页。
② 中共中央文献研究室编：《建国以来重要文献选编（1949—1965）》第五册，中央文献出版社2011年版，第466页。

丧失劳动能力的时候，有获得物质帮助的权利。"①个体不再游离于集体和国家之外，个体通过劳动为集体和国家创造价值，参与集体和国家建设，相应地，集体和国家要反哺个体，为个体的生存发展服务。

　　向社会主义国家的过渡任务，推动个体与集体、国家关系从封建宗法的等级关系转变为社会主义的平等关系，改变了个体与集体、国家关系的性质。中华人民共和国成立之初，《共同纲领》规定我国是新民主主义国家，但这只是一个具有过渡性质的阶段，最终目标是要实现社会主义、共产主义。这是因为只有社会主义性质的国家，才能通过废除私有制建立个人与集体、国家之间的平等关系。长期以来，我国都存在宗法等级制度和宗族制度，宗法等级制度和宗族制度以血缘关系为纽带，将个体与集体的命运置于家国同构格局之中。家是缩小的国，国是放大的家。这就使得"中国的专制统治的集体主义政治从一开始就披上一层血缘的温情外衣"②。在以宗法等级制度和宗族制度为基础的封建专制统治下，个体形成了对集体的绝对依附。从个人到家再到国，亲疏有序的血缘关系网络遍布于社会和国家，像毛细血管一样维持国家机器的平稳运作。封建私有制下，个人与集体、国家关系的性质是封建宗法的等级关系，不具备为个体提供全面发展手段的可能。要解放人、促进人的自由全面发展，必须摧毁与封建宗法等级关系相适应的腐朽的旧经济基础，塑造社会主义的新经济基础。中华人民共和国成立以来，我国先是通过土地改革运动彻底铲除封建剥削性质的土地制度，建立农民的土地所有制。之后又通过农业、手工业和资本主义工商业的社会主义改造，建立了社会主义公有制，完成新民主主义向社会主义的过渡。在此基础上，个体与集体、国家的关系转变为社会主义性质的平等关系。"宗法

---

①　中共中央文献研究室编：《建国以来重要文献选编（1949—1965）》第五册，中央文献出版社 2011 年版，第 466 页。
②　耿步健：《集体主义的嬗变与重构——马克思主义视角下的集体主义研究》，博士学位论文，南京理工大学，2012 年。

伦理下所建构起的以家庭为单位的政治效忠秩序"①被否定,随着"个体义务直接指向集体或者国家"②,个体与集体、国家之间的关系变得更加紧密。

中华人民共和国的成立,促使个体与集体、国家的关系从形式从属转为实质从属,与之相伴的是集体真实性的不断增强。这种基于真实共同体的关系,要求摒弃过去的集体主义价值观,形成更加合理的兼顾型集体主义价值观。

二 国家中心任务开始逐步从阶级革命转变为经济建设

中华人民共和国成立之后,国家的中心任务开始逐步从阶级革命转变为经济建设,从而促使社会利益格局发生深层次变化。一方面,宏观层次的国家利益已初步形成,但还很不稳固、不充分,需要进一步巩固、发展,甚至在必要情况下需要个体牺牲既有利益以保全国家利益。另一方面,个人利益在革命战争摧残中损失惨重,尽管国家对人民作出了"让人民当家作主、实现自身幸福"的总体性承诺,但其实现是一个长期过程。如何处理和平衡不同层次的利益主体及利益关系,激发人民建设社会主义的积极性和主动性,成为亟待解决的问题。这一现实难题,成为了兼顾型集体主义价值观形成的源泉与动力。

国家中心任务的转变催生个人利益与国家利益共同增进的需要,这种需要促使集体主义价值观由革命型转为兼顾型。中华人民共和国成立初期,帝国主义、官僚资本主义和封建主义的长期统治和内外部战争,使社会经济遭到重创。党中央对经济形势作出科学判断,明确全国工作的重心要从国内战争转向经济建设。随着国家中心任务从革命转向建设,国民经济成分问题、私人资本和国家资本的"摩擦"问题愈加暴露。如何调节国营经济、合作社经济、个体经济、私人资本主义经济和

---

① 洪书源:《当代中国集体主义价值观的演绎理路》,《中共福建省委党校学报》2017年第11期。

② 洪书源:《当代中国集体主义价值观的演绎理路》,《中共福建省委党校学报》2017年第11期。

国家资本主义经济五种经济成分之间的关系，使之共同促进社会发展，成为棘手难题。党中央基于对公私关系清醒透彻的认识，制定公私兼顾的方针，统筹兼顾五种经济发展。之所以坚持统筹兼顾、公私兼顾，是因为从生产的激励因素来看，只重视公营而不允许私营，可能会抑制全国生产的积极性。"私营工厂可以帮助增加生产，私营商业可以帮助商品流通，同时可以帮助解决失业问题，对人民有好处。"[1]中华人民共和国成立初期，国民经济的调整，要求合理兼顾个人利益的"私"和集体利益的"公"，促使集体主义价值观从革命型过渡到兼顾型。

此外，社会主义改造也要求兼顾个人利益和国家利益，构成集体主义价值观转型的重要因素。1953年，中国革命开启了第二阶段的任务，即从新民主主义社会向社会主义社会过渡。过渡时期的总路线和任务，就是通过社会主义三大改造推动我国工业化建设。因此，要"扩大社会主义的全民所有制和合作社社员的集体所有制……发展社会主义工业和实行社会主义改造的任务是互相关联而不可分离的"[2]。也就是说，完成这一任务，不是通过"推翻现存的政权和建立新政权来实现的，而是由中国共产党和工人阶级领导下的人民民主专政的国家政权从上而下的领导，并取得广大人民群众首先是工人和农民基本群众从下而上的直接支持"[3]来实现的。这就注定了兼顾型集体主义价值观必须运用好群众的力量，兼顾好个人利益与集体利益，以社会主义建设为主线，将个体紧密团结成坚实的集体。

在国家中心任务转变的过程中，还出现了个人利益与国家利益难以兼顾的特殊情况。特殊情况规定了兼顾型集体主义价值观的特殊表现，提倡以暂时的个体牺牲换取个体的长远利益、根本利益。中华人民共和

---

[1] 中共中央文献研究室编：《建国以来重要文献选编（1949—1965）》第一册，中央文献出版社2011年版，第227页。

[2] 中共中央文献研究室编：《建国以来重要文献选编（1949—1965）》第四册，中央文献出版社2011年版，第603页。

[3] 中共中央文献研究室编：《建国以来重要文献选编（1949—1965）》第四册，中央文献出版社2011年版，第597—598页。

国成立初期的经济建设面临财政状况紧张和妥善安置旧军队、旧文教人员的两难问题,个人利益与国家利益实难两顾。一方面,国家财政紧张,用于经济建设的资金本就有限;另一方面,多达 900 万的旧军队、旧文教人员的安置是不小的费用。如果不对这批人员进行妥善处置,就容易引起社会动荡,破坏生产建设环境。因此,人民需要承担旧军队、旧文教人员成为"公家人"的必要开支。从短期看,个体利益受到损失;但从长期看,国家包下了这几百万人,不仅有利于稳定社会大局,还可以对他们进行劳动改造,使之成为生产建设的补充力量,更好地服务于新中国建设。社会主义改造时期,我国面临财政赤字和工业化资本不足的难题,作为农业国要实现工业化,只能从农业中提取资金。这就造成农民利益和国家利益的矛盾冲突。中共中央于 1953 年发起增产节约运动,在增加农业生产、征收相应农业税的同时提倡粮食节约,动员农民将更多余粮卖给国家。这种做法在当时显然加重了农民负担。但是,"尽力增产节约,去建设我国的工业特别是重工业,才能大规模地发展农业,才能从根本上改善工人、农民和全体人民的生活,这是长远的利益所在"[①]。我们党在个人利益和国家利益发生冲突时,提倡个人利益服从集体利益,从表象上看,好似背离了兼顾型集体主义价值观的要求,但实际上在一个真实的集体中,集体利益代表的就是个人的长远利益和根本利益。若要真正地兼顾个人利益,必不能放弃集体利益。这就塑造出兼顾型集体主义价值观的特殊表现,即利益冲突面前提倡个人以集体利益、国家利益为重。

三 苏联农业集体化运动的失误给中国共产党带来了教训

兼顾型集体主义价值观的产生还受到苏联农业集体化运动的影响。20 世纪 20 年代,苏联正处于调整期。在新经济政策实施后的几年,苏联的农业生产水平得到较大提高,农民生产积极性有所增强。然而长期

---

① 中共中央文献研究室编:《建国以来重要文献选编(1949—1965)》第四册,中央文献出版社 2011 年版,第 358 页。

以来，俄国深厚的封建传统和现代化潮流之间的矛盾，以及新经济政策实施引发的投机倒把等负面现象和社会问题，将新经济政策推上风口浪尖。苏联要不要继续推行新经济政策？围绕这个问题，苏联党内出现了斯大林和布哈林两条路线之争。斗争的结果是以斯大林为代表的一批人支持的农业集体化路线取得了胜利。此后，苏联开始自上而下发起集体经济运动，且在运动实施过程中采取了很多极端措施。例如1928年，斯大林提出用"非常措施"进行粮食收购。所谓"非常措施"，就是"农民必须严格按照国家定价交售全部余粮，否则将按《中华人民共和国刑法》第一百零七条判罪，粮食由国家没收"①。1929—1933年，苏联开始实行农业全盘集体化和消灭富农举措，这直接引发了"大饥荒"。20世纪30年代末，苏联又开始对农业领域进行清洗和镇压，不仅限制集体农庄个人经济的发展，还强迫残余个体农民加入集体农庄。这些极端措施极大地损害了农民利益及其生产积极性，导致经济运转逐渐陷入僵局，埋下经济危机的种子。

　　针对苏联农业集体化运动中出现的失误，中国共产党进行了深刻反思，吸取经验教训。一是谨慎对待富农，对其留有余地。苏联农业集体化进程出现失误的原因之一在于错误地估计了富农阶级的势力，打击富农阶级过火，甚至波及不少中农。在斯大林的指示下，苏联对富农阶级采取了极其严厉的清扫措施，以至于要重新制定富农标准才能完成计划的清洗指标。这样一来，许多稍富裕的中农乃至贫农也被列为打击对象，以至于到最后，"不缴纳个人所得税、不愿意完成粮食收购任务或不愿意参加集体农庄的人都被划为富农，不管他是否富裕"②。此外，"苏联的办法把农民挖得很苦"，"把农民生产的东西拿走太多"③。这样做的

---

① 吕卉：《苏联农业集体化运动研究（1927—1939）》，博士学位论文，吉林大学，2010年。
② 吕卉：《苏联农业集体化运动研究（1927—1939）》，博士学位论文，吉林大学，2010年。
③ 《毛泽东文集》第七卷，人民出版社1999年版，第29页。

直接后果就是"使农民的生产积极性受到极大的损害"①,激化阶级矛盾。因此,我国在农业集体化运动中,更加强调维护农民利益。《中共中央关于土地改革中应注意防"左"倾危险的指示》强调:"侵犯中农利益,忽视联合中农的重要性,破坏富农经济……乱打乱杀,在工作方式上强迫命令"②等"左"倾错误是一定要避免再犯的,务必要"既能放手发动群众……又不犯或少犯左的错误"③,反对不关心群众利益的官僚主义。二是充分贯彻农业集体化改造的自愿原则。斯大林尽管强调不能用强权建设集体农庄,要以自愿原则为依据,但在实践中,却没有落实这一点,误判了农业集体化运动的形势,比较激进地推行农业集体化。吸取这一历史教训,我国在组织农业生产合作中高度重视农民的自主意愿。例如,1953年通过的《中国共产党中央委员会关于发展农业生产合作社的决议》就将"农民自愿"作为发展农业合作化的根本原则,认为决不能使用强迫命令或剥夺手段把农民的生产资料公有化,"要采用说服、示范和国家援助的方法使农民自愿联合起来"④。三是重视保护地方利益。20世纪30年代中期,苏联农业集体化节奏过快,集体农庄以一种自上而下的方式被强行建立起来。为保证集体农庄的正常运转,联共(布)中央委员会不断加强农业生产的直接监管和干预,对农业生产活动进行统一规划。全苏联范围内的农业统一规划,"无视幅员辽阔的苏联各地区之间自然条件和经济条件的差别"⑤,造成农业生产的巨大浪费。因此,毛泽东指出:"我们不能像苏联那样,把什么都集中到中央,把地方卡

---

① 《毛泽东文集》第七卷,人民出版社1999年版,第30页。
② 中央档案馆、中共中央文献研究室编:《中共中央文件选集(1949年10月—1966年5月)》第四册,人民出版社2013年版,第400页。
③ 中央档案馆、中共中央文献研究室编:《中共中央文件选集(1949年10月—1966年5月)》第四册,人民出版社2013年版,第400页。
④ 中共中央文献研究室编:《建国以来重要文献选编(1949—1965)》第四册,中央文献出版社2011年版,第574页。
⑤ 吕卉:《苏联农业集体化运动研究(1927—1939)》,博士学位论文,吉林大学,2010年。

得死死的，一点机动权也没有"①，不能"把什么东西统统都集中在中央或省市"②。我国农业的社会主义改造，更加注意发挥地方积极性，为地方留足政策调整空间。

中国共产党在避免出现苏联农业集体化运动失误的实践中，依据中国实际情况，在成立农业合作社方面进行了诸多有益探索。这些探索无一例外地都强调尊重农民意愿，合理考量个体农民的利益，在坚持国家主导的同时不能打击农民积极性。这显然改变了过去革命型集体主义价值观那种只强调牺牲不谈或少谈物质利益的观念，进一步促进兼顾型集体主义价值观的形成。

第二节　兼顾型集体主义价值观的主要内容

站在新的历史起点上，兼顾型集体主义价值观完成了对革命型集体主义价值观的扬弃。革命型集体主义价值观坚持个人利益服从集体利益，把集体主义上升到党性的高度，在非常时期确立革命利益、民族利益绝对优先的原则。然而进入社会主义革命和建设新阶段，非常时期确立的原则显然不足以应对已经变化了的现实情况。因此，中国共产党与时俱进地调整和发展集体主义价值观的理论内涵与话语叙述风格，以保证各方面利益共同发展为前提，构建了更庞大的利益基本盘。与此同时，我们党吸取苏联的经验教训，着重保护农民利益、地方利益。而在处理利益冲突和矛盾方面，由于集体利益、国家利益尚未巩固，从长远计，需以国家利益作为解决冲突的标准，这些构成了兼顾型集体主义价值观的主要内容。

---

① 《毛泽东文集》第七卷，人民出版社1999年版，第31页。
② 《毛泽东文集》第七卷，人民出版社1999年版，第29页。

一 以保证各方面利益的共同发展为前提

维护和保障各方面利益的共同发展是兼顾型集体主义价值观存续的基础。马克思曾直言道:"人们为之奋斗的一切,都同他们的利益有关。"①抛开物质基础,形而上地、空泛地谈奉献是虚伪和不切实际的。这也是马克思与恩格斯一再强调"真正的共同体"是集体主义价值观存续的前提的原因,因为"真正的共同体"有利于个体利益的实现。在社会主义社会,个体与集体、国家利益在根本上是一致的,但三者之间仍然会偶发冲突,这一结构性的矛盾表征为利己行为和牺牲行为的相互对立。当然,在社会主义社会中,这种对立仍在可控范围内,而解决这种"对立"的关键在于消除"对立"产生的物质根源。因此,在扩大集体利益基本盘的同时,应该给予个体实实在在的利益,促进各方面利益共同发展。

首先,兼顾国家和集体单位的利益。这里的"集体"主要是指工厂和合作社。毛泽东在《论十大关系》中指出,工厂要在国家的统一领导下发展,但并不是完全包办,"把什么东西统统都集中在中央或省市,不给工厂一点权力,一点机动的余地,一点利益,恐怕不妥"②。原则上工厂受国家的指导和监督,但在实际生产运营中工厂应具有自主性。毛泽东将国家指导和工厂自主运营形象地比喻为"开会"和"散会",认为只开会、不散会,是不符合常理的。此外,毛泽东还在《关于正确处理人民内部矛盾的问题》中强调,合作社在服从国家统一领导的前提下也要有灵活度。在分配问题上,要注意调解国家税收和合作社积累之间的矛盾,国家要积累,合作社也要有积累。

其次,兼顾国家和个人的利益。这里的"个人"主要是指工人和个体农民。在工人待遇问题上,毛泽东认为要结合工人的实际劳动和付出给予其相应的回报,即生产力提高了,工人的基础待遇也要有相应的提

---

① 《马克思恩格斯全集》第1卷,人民出版社1995年版,第187页。
② 《毛泽东文集》第七卷,人民出版社1999年版,第29页。

振幅度。具体来说，要在工作环境、职工福利和工资待遇等方面下功夫，以切实的利益回报激发工人的劳动积极性。在提倡工人艰苦奋斗的同时也要关切群众在劳动和生活中的难处，反对脱离群众的官僚主义。国家还应处理好和农民之间的关系，不能过度损害农民的利益。毛泽东将农民和生产的关系比作母鸡生蛋、马儿吃草，认为不给农民留一点好处，就像不给下蛋的母鸡吃米，不给马儿吃草一样，这样怎能指望母鸡下蛋、马儿跑得快呢？正确的做法绝不是像苏联那样搞义务制交售，而是兼顾国家和农民的利益，按正常的价格统购农产品，搞等价交换，甚至在供应工业品方面还要补贴一些，缩小农工业剪刀差。在收入分配方面，则要给予农民一定的可支配收入，"尽可能使农民能够在正常年景下，从增加生产中逐年增加个人收入"①。

最后，兼顾集体单位与个人的利益。这里的兼顾主要是指妥善处理合作社与农民、工厂与工人的利益关系。大原则是提高集体当中的个人福利，以调动个人建设集体的积极性，最终以集体利益的增进为目标。关于合作社收入分配，国家、合作社与农民的分配比例要恰当。合作社的各项公共开支与收入，都需在各方商议协调之下得出合适的分摊比例。其中，生产费、管理费要节约，公积金、公益金要控制，好事慢慢做。除了合作社等由国家计划和掌控的集体经济外，自留地以及部分个体经营经济可以由个人做出适当规划，最好使得"百分之九十的社员每年的收入比前一年有所增加，百分之十的社员的收入能够不增不减"②。这样一来，就能够更加体现出合作社的优越性，吸引个体农民积极加入和参与。工厂要关心和改善工人福利、修订奖励制度，在调查研究的基础上进行工资工时改革，逐步扩大计件工资范围。但改革以绝大多数工人增加工资为底线，在此基础上调整工资，既不能过高，影响生产积极性，也不能过低，以免产生"等、靠、要"等懒惰思维和懒汉现象。此外，推进厂矿企业等单位签订集体合同，以保证生产计划的稳定实施和

---

① 《毛泽东文集》第七卷，人民出版社1999年版，第221页。
② 《毛泽东文集》第七卷，人民出版社1999年版，第30页。

工人物质生活条件的改善。

由此可见，国家与集体单位、国家与个人以及集体单位与个人三对利益关系得到妥善处理，就构成了国家、集体单位与个人之间的利益闭环和正向循环，确保国家、集体和个人多方面利益共同发展，充分反映出兼顾型集体主义价值观在处理利益关系方面的智慧。

二 以保护农民利益以及地方利益为重点

保护农民利益和地方利益是兼顾型集体主义价值观的重点内容。农业、农民和农村问题是历朝历代统治者致力于解决的重大问题。中国自古以来就是一个农业大国，小农经济根基深厚，农民始终占总人口的多数。历史上王朝的更迭兴衰，也与农业发展状况息息相关。农业兴则天下安，农业衰则天下乱。毛泽东一再强调要避免苏联、东欧国家在处理重工业、轻工业和农业问题上犯的原则性错误，即过分重视重工业，忽视农业和轻工业。在他看来，重工业属于生产资料的生产，农业属于生活资料的生产，离开生活资料的生产，重工业发展纯属空谈虚妄。而发展农业，离不开农民主观能动性的发挥。只有保护好农民的利益，才可以更多地激发农民的生产热情。除农民利益之外，地方利益也需要重点关注，平衡好中央和地方的关系。农业和工业的发展，都要依靠地方。同时发挥中央和地方的积极性，中央和地方商量办事，更符合复杂流变的实际情况。因此，在很长一段时间内，中央政策的制定、调整和实施，都是围绕维护和发展农民利益与地方利益进行的。

关于农民利益的保护，体现在农业合作化运动、粮食统购和国家征用建设土地等工作中。1953年，农业合作化运动出现急躁冒进倾向，集中表现在打击单干的个体农民，强迫其编入互助组，错误地对待个体利益和公共利益的关系，以发展社会主义为名侵犯农民的私有财产，引发农民顾虑。为此，邓子恢在《农村工作的基本任务和方针政策》中指出，必须坚持自愿互利原则，尊重农民的土地财产所有权，土地要在农民自愿联合的基础上从私人生产资料转为公共生产资料。而农具、牲畜等其他生产资料，则仍归私人所有，合作社如有需要，必须通过租用、收买等方式进行，不能白白充公。对于粮食统购，则是合理调整粮食收购价格，与农民就平级价格进行协商，缩小工农产品价格剪刀差。对于价格过低的给予提高，让农民有利可图，以免打击其生产积极性。同时，加强农村物资供应，确保农民出售农产品所得能够购买生产和生活的必需物资。另外，国家对征用农业用地方面，也做了相应调整。从前存在忽视农民利益、随意占用土地且对被征用者缺少补偿的情况，严重地影响了农民的生产积极性。中共中央针对这一情况给各级党委下指示，要求坚持贯彻既保证国家建设所需土地，又照顾群众切身利益原则，对被征用的土地及土地上的房屋、农作物等给予合理代偿，安排好被征用土地农民的生产和生活。这些措施使农民利益得到保护，巩固了我们党的阶级基础和群众基础，有助于在广大农村中更有效地落实路线、方针和政策。

关于地方利益的保护，则体现在一定程度上扩大地方权力，提高地方的自主性。毛泽东在《论十大关系》中专门论述过中央与地方的关系。在他看来，央地关系是一对矛盾，理想状况是在巩固党中央集中统一领导的同时维护地方利益。当时出现了中央插手地方事务过多的问题，许多中央部门越过地方省委，直接给地方厅局单位下命令，各种报表泛滥成灾。这种做法打破了央地关系的平衡，使地方压力过大，对社会主义建设很不利。因为无论是工业、农业还是商业政策，都需要依靠地方落实，"中央要巩固，就要注意地方的利益"①。在这一问题的解决上，毛泽东鼓励地方争取应得权益，"正当的独立性，正当的权利，省、市、地、县、区、乡都应当有，都应当争。这种从全国整体利益出发的争权，不是从本位利益出发的争权，不能叫做地方主义，不能叫做闹独立性"②。此外，他还提倡中央同地方商量办事的作风，鼓励适度学习和借鉴发达国家的管理经验。毛泽东关于保护地方利益的思想在随后的中共八大会议上得到了确认，会议上通过的《关于发展

---

① 《毛泽东文集》第七卷，人民出版社 1999 年版，第 31 页。
② 《毛泽东文集》第七卷，人民出版社 1999 年版，第 33 页。

国民经济的第二个五年计划的建议》提出:"应根据统一领导、分级管理、因地制宜、因事制宜的原则,改进国家的行政体制,划分企业、事业、计划和财政的管理范围,适当地扩大各省、自治区、直辖市的管理权限。"①1958 年,我国进行中华人民共和国成立以来第一次大规模分权实验,实验内容包括"调整企业隶属关系、允许地方留存企业利润、增加地方物资分配权和人事管理权、缩减中央计划指标以及给予地方财政结余的自主处置权和地方预算的编制权"②。分权使得地方在经济建设上的自主性得到发挥,释放了地方经济发展的活力,当年地方财政收入大幅提高。

从实际效果来看,保护农民利益和地方利益,缓和了中央与地方、国家与农民的利益矛盾,这是兼顾型集体主义价值观在解决时代难题方面的内容创新和实践探索。

三 以国家利益作为解决利益冲突的标准

在社会主义社会,虽然个人、集体与国家利益一致的情况更多一些,但仍然无法完全避免偶尔发生矛盾,甚至发生激烈冲突的情形,对此,兼顾型集体主义价值观认为国家利益应当是解决利益冲突的标准,倡导个人利益服从国家和集体的利益。所谓国家利益,是能够满足国家生存和发展基本需要的总体利益。对内它囊括了国家的经济利益、文化利益等,对外则主要是指国家政治利益和国家安全利益。在历史发展的各个阶段,国家利益的侧重有所不同。中华人民共和国成立伊始,国家利益主要是指安全利益,此后经济利益和政治利益依据形势变化而占有不同比重。本章中谈到的国家利益,主要是指社会主义革命和建设时期国家的政治利益、安全利益和经济利益。这一时期,我国虽然已经是独立自主的国家,但根基未稳。而历史告诫我们,当今世界的国际竞争

---

① 中共中央文献研究室编:《建国以来重要文献选编(1949—1965)》第九册,中央文献出版社 2011 年版,第 319 页。

② 李康:《新中国 70 年来经济发展模式的关键:央地关系的演进与变革》,《经济学家》2019 年第 10 期。

以国家为单位，国家利益覆灭将会给个体带来颠覆性灾难。不仅如此，国家利益代表集体利益、整体利益、长远利益，它是"一"，没有这个"一"，个人利益保障根本无从谈起。正因如此，当各方主体利益发生冲突时，才倡导以国家利益作为协调利益冲突的标准。纵观中华人民共和国成立以来的各个时期，我们党都很好地践行了这一原则，赋予国家发展坚韧、稳定的底色。

当人民的眼前利益和国家安全利益发生冲突时，中国共产党将国家安全利益视为全局性谋划和战略性布局的首要任务。国家安全利益是国家存在和发展的根本，只有保障国家基本安全，国家才有存续发展的可能。例如，20世纪50年代，朝鲜战争爆发，尽管未得到苏联明确的援助承诺，毛泽东仍从维护国家基本安全的立场出发，下达了派遣志愿军入朝作战的命令。这一命令的下达实际上面临很大压力，它要处理的是人民现有利益和国家安全利益的冲突问题。在各方努力下，新中国经济形势有所好转，国内环境渐趋安定。若作出兵决定，必会打破现有的稳定局面。战争所需人力、物力、财力，对老百姓而言是沉重负担。然而在毛泽东看来，要想和平建设，就不能害怕眼前的战争，只有以战止战。"如果要我写出和平建设的理由，可以写有千条百条，但这千条百条的理由不能抵住六个大字，就是'不能置之不理'。"[①]他将帝国主义的阴险战略比作三把尖刀，朝鲜战争就是尖刀之一，若退缩，进攻将从四面八方而来，那样中国就会陷入极度危险的被动境地。顺应指导思想，中央调整了抗美援朝的财经工作，将恢复经济的方针转为战争第一方针。战争第一，就是要求财政预算尽可能满足战争需要，"农民的负担，不但不能减少，还要增加一点，这是不得已的办法"[②]。此外，还削减了增进民生福祉的经济建设和文化建设投资，以满足军事需求。这些做法表面上看损害了人民群众尤其是广大农民的利益，但这种牺牲从长远来

---

① 中共中央文献研究室编：《毛泽东年谱（1949-1976）》第一卷，中央文献出版社2013年版，第230页。
② 中共中央文献研究室编：《建国以来重要文献选编（1949—1965）》第一册，中央文献出版社2011年版，第410页。

看是值得的，抗美援朝战争的胜利保证了国家基本安全利益，进而保护了人民的根本利益。

当个人利益和国家政治、经济利益相矛盾时，中国共产党将国家政治、经济利益置于首要位置。实现国家安全利益之后，国家政治利益和经济利益也逐渐发展起来。尽管国家政治、经济利益和个人利益根本一致，但在具体问题上二者难免产生一定冲突。中华人民共和国成立之后，社会主义积累与消费的关系是矛盾的主要体现。若重视经济积累，会降低人民消费，若重视人民消费，会减少经济积累。在这对关系的处理上，我们党选择以经济积累为第一要务。人民消费固然重要，但只有一定的经济积累才能实现扩大再生产，提高生产力水平，从根本上解决人民的消费问题。毛泽东批评苏联片面强调个人物质利益，认为其"实际上是最近视的个人主义"①。在国家经济利益发展面前，个人利益需要作一些让步。20世纪50年代后期，中国共产党在捍卫人民眼前平稳生活和谋求国家政治独立的两难境地中，依然选择暂时牺牲人民物质生活利益以换取中国政治上的完全自主。当时，赫鲁晓夫向中国提出建立长波电台、联合舰队，美其名曰"中苏共同建设和使用"，实则是将苏联国家利益置于中国国家利益之上，谋求对中国的控制。倘若接受，就会使中国受到长期钳制，从根本上损害中国的政治利益。但是拒绝，不仅会失去苏方一直以来的经济援助，还会面临偿还巨额外债的压力，这些都将影响国家的长远安宁和人民生活。多方权衡之下，中国共产党决心以国家政治利益为先，走独立自主的发展道路，以免受到外部势力的掣肘。由此可见，我们党在关键问题上异常清醒，优先保全国家政治利益和经济利益，以国家利益促成利益矛盾的化解。这充分体现了兼顾型集体主义价值观的原则性和前瞻性。

四　以集中力量进行社会主义建设为目标

兼顾型集体主义价值观无论是以保障多方面利益共同发展为前提，

---

① 《毛泽东文集》第八卷，人民出版社1999年版，第134页。

还是以保护农民和地方利益为重点,抑或将国家利益作为处理利益冲突的标准,本质上都是为了集中力量进行社会主义建设。这是因为,中国从封建旧社会到新民主主义社会再到社会主义社会的初级阶段,已经完成新民主主义革命和社会主义革命的历史任务,社会主义建设成为未来发展的长期计划。兼顾型集体主义价值观必须面对和回应时代提出的重要课题。因此,兼顾型集体主义价值观的前三部分内容归根结底都是围绕社会主义建设目标展开的。不仅如此,相较于革命型集体主义价值观,兼顾型集体主义价值观面临更加深层的利益矛盾和复杂问题,要集中力量进行社会主义建设,就不能回避对现实利益关系的处理。兼顾型集体主义价值观正是通过指导人们精准把握和科学分析社会矛盾,才有序有效地推动了社会主义建设。

  兼顾型集体主义价值观坚持调动一切积极因素推动社会主义建设。其一,妥善处理国家、集体与个人的关系,保证各方面利益的共同发展。毛泽东在《论十大关系》中强调:"苏联方面暴露了他们在建设社会主义过程中的一些缺点和错误……现在当然更要引以为戒。"[①]苏联在社会主义建设的具体实践中过于强调集体、国家利益,忽略个体利益的实现,久而久之,导致个人笼罩在集体阴影之下,阻碍个体积极性和创造性的发挥,社会主义建设动力不足。中国共产党吸取经验教训,以促进社会主义建设为关键点,协调国家、工厂合作社集体、工人农民个体之间的利益矛盾,从而调动国家、集体、个人三方面的力量进行社会主义建设。其二,注重保护农民及地方利益,将农民及地方作为社会主义建设的基本力量和重要力量。我国是农业大国,农民基数最大,对农民合理利益的保留极大地促进其生产积极性,夯实了社会主义社会的农业基础。对地方利益的保护则促使地方对经济发展路径做更多探索,激发地方经济发展的自主性和创新性,从而达到促进社会主义建设的目的。其三,以国家利益作为利益取舍的首要考虑因素,通过化解不同层次的具体利益冲突,将消极因素转化为积极因素,将力量集中到社会主义建

[①]《毛泽东文集》第七卷,人民出版社1999年版,第23页。

设上。通过思想教育、说服教育和社会动员，人民群众认识到国家集体利益的重要性，支持保护国家利益优先，从而为社会主义建设创造了良好的政治、经济和国际环境。

兼顾型集体主义价值观在分析和化解社会矛盾的过程中，不断推动社会主义建设。这里首先涉及以什么标准界定"人民"这一概念。1957年，毛泽东在《关于正确处理人民内部矛盾的问题》一文中明晰社会主义建设时期的"人民"概念："在现阶段，一切赞成、拥护和参加社会主义建设事业的阶级、阶层和社会集团，都属于人民的范围；一切反抗社会主义革命和敌视、破坏社会主义建设的社会势力和社会集团，都是人民的敌人。"①他将是否支持社会主义建设作为划分"人民"的重要标准，这样就构建起以社会主义建设为目标的人民集体，人民集体内部在共同建设社会主义方面达成一致。在清楚"人民"范畴之后，社会矛盾划分就显而易见，一类是非对抗性的人民内部矛盾，另一类是对抗性的敌我矛盾。对于人民内部矛盾，我们党采用民主的方法，即"团结—批评—团结"，以团结为出发点和落脚点，适当地运用批评的方法促进矛盾的充分暴露和彻底化解。对于敌我矛盾，则采用专政的方法，由工人阶级团结农民阶级等其他支持社会主义建设的阶级，对其实行专政。这样就使人民内部不同层次的利益关系得到较好协调，在社会主义建设方面形成合力，而敌我矛盾的解决则减少了社会主义建设阻力，从而更利于集中力量进行社会主义建设。

第三节 兼顾型集体主义价值观的构建方式

历史唯物主义原理表明："意识在任何时候都只能是被意识到了的

---

① 《毛泽东文集》第七卷，人民出版社1999年版，第205页。

存在，而人们的存在就是他们的现实生活过程。"①兼顾型集体主义价值观不是自发产生的，而是有其对应的现实基础，由中国共产党构建而成。在政治上，它被嵌入人民民主专政的国家政权，人民代表大会制度、民族区域自治制度以及中国共产党领导的多党合作和政治协商制度等，为兼顾型集体主义价值观的形成奠定了根本的政治前提。在经济上，兼顾型集体主义价值观在生产资料公有制的构建中发挥利益整合的智慧。在组织上，一体化单位管理体制和运行机制为兼顾型集体主义价值观的运作提供了良好的社会关系基础。其中，生产资料公有制及人民民主专政的国家政权性质是兼顾型集体主义价值观形成的根本前提，我国政治制度是兼顾型集体主义价值观的基础保证，单位体制和政治动员则是兼顾型集体主义价值观运行的关键环节。

一　坚持人民民主专政以及生产资料公有制

"人们在自己生活的社会生产中发生一定的、必然的、不以他们的意志为转移的关系，即同他们的物质生产力的一定发展阶段相适合的生产关系。这些生产关系的总和构成社会的经济结构，即有法律的和政治的上层建筑树立其上并有一定的社会意识形式与之相适应的现实基础。物质生活的生产方式制约着整个社会生活、政治生活和精神生活的过程。"②经济基础是生产关系的总和，决定政治上层建筑，进而影响观念上层建筑作用的发挥。兼顾型集体主义价值观作为意识形态的体现，离不开社会主义经济基础和政治制度的支撑。在我国，最广大人民的根本利益具有至上性，因此，我们党在政治上实行人民民主专政，在经济上实行生产资料公有制。人民民主专政的政治制度和生产资料公有制的经济制度，共同孕育了兼顾型集体主义价值观。

中国共产党团结带领人民建立新的国家政权，实行人民民主专政，

---

①《马克思恩格斯选集》第1卷，人民出版社2012年版，第152页。
②《马克思恩格斯选集》第2卷，人民出版社2012年版，第2页。

为兼顾型集体主义价值观的构建创设了政治条件。具体体现在三个方面：第一，人民民主专政改变了国家和人民的政治关系。旧中国军阀割据、派系林立，各方势力角逐不止，国家处于一盘散沙的状态。劳动群众被排除在国家政治生活之外，在各类统治势力的鞭笞下艰难维系生活。旧中国不是人民的中国，人民对国家的未来没有任何话语权。直至中华人民共和国成立，恶况才得以扭转。1954年《宪法》的颁布，从法律上确认了人民主权："人民行使权力的机关是全国人民代表大会和地方各级人民代表大会。全国人民代表大会、地方各级人民代表大会和其他国家机关，一律实行民主集中制。"① 这种制度规定以人民本位为逻辑起点，以民主集中制为原则，规定人民代表大会为国家的权力机关，选举产生国家的行政、监察和司法机关，这些机关对人民负责、受人民监督，体现了人民意志的至高无上和被充分代表，是"对资本主义民主个人本位的根本性超越"②。第二，人民民主专政实现了个人、集体和国家利益的结合。在解决民族问题方面，我们党充分运用了人民民主的智慧。党在早期工作中主要是声明民族有自决权，但至于是在联邦制还是单一制的架构之下进行则没有定论。中华人民共和国成立之后，我们党逐步解决了这个问题，在坚决维护国家统一的前提下照顾少数民族的意愿，实行民族区域自治制度，并通过《宪法》将之确认和保留下来。《宪法》规定："中华人民共和国是统一的多民族国家……在各少数民族聚居的地方实行民族区域自治制度。"③ 统一的多民族国家下的民族区域自治这一政治架构，兼顾了国家整体利益和少数民族的利益，充分体现了兼顾型集体主义价值观在促进民族团结方面的优势。第三，人民民主专政实现了作为执政党的中国共产党和作为参政党的民主党派之间的联

---

① 中共中央文献研究室编：《建国以来重要文献选编（1949—1965）》第五册，中央文献出版社2011年版，第451页。
② 王宗礼：《全过程人民民主：人类政治文明新形态》，《西北师范大学学报》（社会科学版）2022年第6期。
③ 中共中央文献研究室编：《建国以来重要文献选编（1949—1965）》第五册，中央文献出版社2011年版，第451页。

合。早在抗战时期，中国共产党就积极联合政团民主人士共同抗日。中华人民共和国成立以来，中国共产党和各民主党派的根本利益一致，都指向中华民族伟大复兴，但各党派由于在政治纲领和阶级基础方面存在不同，因而在具体利益上也有差异。为了维护根本利益一致前提下的特殊利益，我们党提出，和各民主党派之间是"长期共存、互相监督"①的关系，保留人民政协作为统一战线的组织以加强统战工作。这样一来，中国共产党和民主党派在新时期再一次形成稳定联合。人民民主专政不仅贯彻集体主义原则，还与时俱进地在国家建构、民族关系、政党关系方面进行灵活调整，兼顾共同利益和特殊利益，为兼顾型集体主义价值观的形成和发展提供了政治保障。

中华人民共和国成立以后实行的生产资料公有制的基本经济制度，为兼顾型集体主义价值观的构建创设了经济条件。中华人民共和国成立初期，国民经济有所恢复，但所有制成分比较混乱，个体小农经济、私人资本主义经济、社会主义国营经济兼有。尽管私有制经济成分在国民经济恢复时期发挥了重要作用，但由于以生产资料私有制为基础，无法克服生产方式的弊端。如不对其进行社会主义改造，必然会困扰和阻碍公有制经济的发展，进而影响国家建设计划。于是，1953年，我国开启了社会主义三大改造的历史进程，目标是将农业、手工业、资本主义工商业中的资本主义所有制和个体所有制改造成全民所有制、集体所有制。具体而言，第一，通过推进农业合作化，将个体小农经济改造成社会主义集体经济。中华人民共和国成立初期土地改革的顺利完成为农业合作化奠定基础，当时按照自愿互利原则，在农村中已建立具有社会主义萌芽性质的临时互助组和常年互助组。1953年，国家通过了《中共中央关于发展农业生产合作社的决议》，指出农业合作化的具体道路就是将农业生产合作组先发展成土地入股、统一经营的初级农业生产合作社，并最终发展成集体公有制的高级农业生产合作社。第二，将个体手工业改造成集体所有制经济。国家有计划地在手工业供销生产小组的基

---

① 《毛泽东文集》第七卷，人民出版社1999年版，第34页。

础上，发展出手工业供销合作社和手工业生产合作社。第三，将资本主义工商业改造成社会主义公有制经济。国家通过和平赎买政策，将资本主义企业逐步改造成社会主义企业。全行业公私合营前，采用"四马分肥"利益分配方案，将国家资本主义企业利润分为工人的工资及福利、国家税收、扩大再生产的资金以及一小部分的资本家利润。全行业公私合营后，对私股采取定息方法。和平赎买政策不仅减少了改造资本主义企业的阻力，还有利于将资本家改造成自食其力的劳动者。三大改造的顺利完成，使我国顺利过渡到社会主义公有制。实行生产资料公有制的集体经济，改变了从前个体分散的生产关系，使集体集中的生产关系得到发展和巩固，成为兼顾型集体主义价值观最深厚的土壤。此外，三大改造中化解利益冲突的实践经验，即多方面利益共同发展、保护农民利益及地方利益等，也上升为兼顾型集体主义价值观的重要内容。

二 遵循强动员、高参与、政治化发展模式

如果说人民民主专政的政治制度和生产资料公有制的经济制度是兼顾型集体主义价值观在宏观层面的构建方式，那么，社会主义革命和建设时期的动员工作就是兼顾型集体主义价值观在微观层面的践行方式。

所谓动员，一般指的是军事或战争动员，即集合人员作战，将平时状态转为战备状态。但在实际生活中，除了军事领域的动员，政治、经济、社会等领域也广泛地存在动员实践，因此，由动员概念又衍生出政治动员、经济动员、社会动员等概念。中华人民共和国成立伊始，出于巩固新生政权的需要，我们党在人民中间进行了军事和政治动员。随着社会主义革命和建设的推进，我国的动员工作从以军事动员和政治动员为主转向以政治动员为主，同时加强经济动员和社会动员。尽管不同时期的动员工作内容重点不同，但均以政治动员为依托，且在实施过程中坚持走群众路线，遵循强动员、高参与、政治化的发展模式。这一动员工作的发展模式在潜移默化中影响和塑造兼顾型集体主义价值观。

首先，"强动员"模式增强了人们对兼顾型集体主义价值观的认知

程度和接受程度。中国共产党在社会主义革命和建设时期高度重视政治动员,旨在通过政治动员的方式获取民众的理解和支持,政治动员的力度大、范围广、频率高。具体来说,我们党采取物质性动员和精神性动员相结合的办法,不仅完成了既定政治任务,同时促进了兼顾型集体主义价值观的传播。物质性动员,主要是指给予人们适当的物质利益以完成动员。我们党以土地和财产作为条件号召农民参加土地改革,顺应农民的利益要求,在推动土地改革顺利完成的同时使民众感受到国家对个人利益的兼顾。精神性动员,则是通过思想教育方法改造群众思想,进而完成动员。土地改革完成之后,农村中出现了以李四喜为典型的"只顾生产、不干工作"现象。这一现象后被引申为"李四喜思想"①。随后,《新湖南报》针对这一现象发起了"李四喜思想"大讨论,采取讨论交流的方式对农村基层群众及干部进行思想教育。农民及农村干部围绕"分田后回家生产、不干工作应不应该""当干部是否吃亏"等问题,开展热烈讨论。通过充分讨论、有效引导和深刻反思,农民逐渐明白,只顾生产、不关心国家大事是错误的,必须兼顾个人利益和集体利益。"光土地改革还不够,还要向社会主义前进,农民才能真正保险不穷困。看到大处,就要看到国家不建设好,个人的一切就靠不住。"②"李四喜思想"大讨论使农民及干部更加深入地认识个人利益与集体利益的关系,形成正确的利益观。兼顾型集体主义价值观也随之得到人们的认可,深入人心。

其次,"高参与"特点提高了人们对兼顾型集体主义价值观的践行力度。社会主义革命和建设时期的政治动员以群众运动为载体,坚持群众路线,激发民众参与的热情和信心。以人民公社化运动期间的政治动员为例,当时采用了"比先进、学先进、赶先进、超先进的社会主义劳

---

① 简单来说,"李四喜思想"指代的是土地改革之后农民和农村基层干部不求上进、松懈麻痹的思想。
② 王瑞芳:《"李四喜思想"讨论:建国初期中共教育农民的尝试》,《史学月刊》2006年第9期。

动竞赛"①的群众运动形式,将个人和生产小组挂钩,以小组为单位进行生产评比。劳动竞赛使人民群众能够清晰地看到自己在集体生产中的进度和位次,是属于先进梯队、中间梯队还是落后梯队。先进梯队的生产小组遥遥领先,会受到集体表彰,从而更加鼓足干劲;落后梯队的生产小组,看到先进梯队后,有了真实具体的学习榜样,于是奋起直追;而中间梯队的生产小组,看到落后梯队的大力追赶,也不敢放松对自己的要求。如此,每个梯队的生产小组及生产者都被发动和组织起来,你追我赶、力争上游,生产积极性有所提升。为了更好地保护人民群众的生产积极性,发挥劳动竞赛对集体生产的正向促进作用,单位集体还提倡发扬共产主义的互帮互助作风,在推广先进的同时帮扶落后。通过群众运动式的政治动员,劳动人民不仅感受到了集体的力量,还以实际行动践行了兼顾型集体主义价值观,顾及他人及集体利益,自觉投身于社会主义建设。虽然此后因急于求成,人民公社运动遭受巨大的挫折和失败,但全体人民高度参与的群众运动式政治动员在当时的生产条件下仍然发挥了积极作用,并在实践中展现出兼顾型集体主义价值观的巨大优势。

最后,"政治化"色彩浓厚保证了兼顾型集体主义价值观的稳定运行及其有效性。中华人民共和国成立初期的政治动员具有高度的组织性和行政计划性,是一种自上而下的动员模式,政治化色彩浓郁。这种政治色彩体现在动员主体、动员结构和动员流程等方面。从动员主体看,动员的发起者是中国共产党及其领导下的党政机关。从动员结构看,形成了中央到地方的严密的组织结构。当时《中国共产党章程》第三十条规定:"企业、农村、机关、学校、医院、科研院所、街道社区、社会组织、人民解放军连队和其他基层单位,凡是有正式党员三人以上的,都应当成立党的基层组织。"②横向上,党领导一切;纵向上,从县委、

---

① 中共浙江省委党校资料室编:《论党的群众路线》,浙江人民出版社1959年版,第23页。
② 参见刘燕《毛泽东社会动员思想研究》,硕士学位论文,曲阜师范大学,2011年。

地委、省委再到中央，逐级向上进行常态化汇报。横纵交叉的组织网络顺畅了动员渠道，有利于动员直达基层和基层信息向上反馈。从动员流程看，首先由中央发起，然后是各级党政机关响应，最后是群众参与。社会主义改造时期的政治动员，有很多由毛泽东亲自发动，有关部门继而根据其讲话精神形成中央文件，各级干部再依照文件精神实施动员。动员过程中注重向群众宣传政治口号或社会理想，在扩大个人利益和集体利益交汇点的基础上采取规劝和强制兼有的手段，完成既定的政治动员计划。这种带有"政治化"痕迹的动员模式降低了混乱发生的概率，确保政治动员的稳步推进及动员过程中对群众的价值观传播。此外，由于"政治化"的动员过程本身具有集体主义性质，因此也实现了兼顾型集体主义价值观在组织内部的稳定运行。

三 实施"一体化"的单位管理与运行机制

"单位"是诞生于计划经济时代的社会组织体系，其实施有利于保障个体的正当合法权益，从而进一步推动兼顾型集体主义价值观的运行与发展。"单位是中国社会中的一个高度整合和低度分化的基本组织形态。"[①]作为国家进行社会调控的基本单元，单位具有高度统合性，可以在短时间内完成力量整合。而作为人们赖以生活的组织形态，单位又具有低度分化的特征，它是集体的具体表现形态，是集体在社会生活中的投射。单位体制可以说是中国特有的现象，扎根于中国独特的社会主义土壤。它的特征在于伞状结构，这种结构"把基于分工而形成的行业结构与基于行政力量而形成的等级结构有机地结合在一起"[②]，从而实现社会力量的整合和资源的有效配置。单位体制和社会主义建设时期的政治经济环境高度融合，叠加历史文化影响，具有明显的"一体化"特征，为兼顾型集体主义价值观打造新的社会组织关系，具体体现在以下两

---

① 李汉林：《转型社会中的整合与控制——关于中国单位制度变迁的思考》，《吉林大学社会科学学报》2007年第4期。
② 刘建军：《中国单位体制的构建与"革命后社会"的整合》，《云南行政学院学报》2000年第5期。

方面。

一方面，单位体制打破了原有的国家社会结构，缔造出国家与个人之间的有效联结。中华人民共和国成立之前，国家对社会的治理是通过家庭、家族、宗族等集体实现的。家庭是一种血缘共同体，它基于人与人之间的自然联合。每个人都身处小家庭之中，从家庭到家族再到国家，血缘关系构成社会关系的基础。个人要依赖家庭、家族才可获得在社会上行走的资格和身份，在凭借血缘关系获取利益的同时，也相当大地受到了血缘关系的限制。这是地方社会自治的基本逻辑。封建社会的中国，虽然在中央设置大量官僚机构，依靠官僚集团实现对国家的控制，但在基层社会却依靠德行自治以及乡贤、长老等非正式权威。从这一点来看，原有的国家社会结构并没有实现对基层社会的组织化治理，国家机构的触角无法直接延伸至基层社会。对于普通老百姓而言，"天高皇帝远"，国家利益模糊而遥远，宗族利益反而确定且真实。这种松散的国家社会结构实际上消解了国家形式的集体概念，国家集体利益尚未形成。中华人民共和国成立之后，单位体制的形成突破了"国家—家庭—个人"的原有结构，重新构建"国家—单位—个人"的社会结构，个人在被重新赋予国家意义上的社会身份的同时，重新认识国家集体的存在。在单位体制下，个人与国家之间形成更加直接的利益关系，以单位为中介，扩大国家与个人的利益交汇点。单位体制较为直接地呈现出国家、集体与个人之间紧密的利益关系，为兼顾型集体主义价值观倡导统筹各方面的利益关系提供了现实依据。

另一方面，单位体制创造新的共同体，拓展单位成员的集体利益及其情感和交往空间。单位集体不仅是物质利益共同体，更是情感共同体和交往共同体。国家以单位形式划分集体利益的范围，在个人建设集体的同时也实现集体对个人的回馈，满足个人物质利益需求。这主要体现在统一工资制度和国家负责的就业制度方面。1956年，国务院颁布了关于工资改革的决定，"将工资分、折实单位统一改为货币单位，全国党政机关、事业单位工作人员实行统一的职务等级工资制"①,省、自治区、直辖市参照中央执行。如此,全国范围内就建立了统一的工资制度。统一工资制厘清了单位集体与个人的利益关系,以国家发放工资的形式确定了个人的劳动报酬。国家负责的就业制度则强化了单位与个人的利益捆绑。国家负责的就业制度肇始于中华人民共和国经济恢复时期,为了应对和缓解一部分人因体制更替而失业的困境,毛泽东提出"包下来"的临时就业政策。临时就业政策后来逐渐演变为国家统一包分配的就业制度。这一就业制度下的编制、户籍、工龄制度,使个人无法脱离单位而生存,个人必须通过单位才能拿到应得利益。除满足个人的利益需要外,单位还通过福利制度为个人创设了交往空间,升华了集体情感。单位福利除交通补贴、生活补贴、生育补贴、分配住房和养老费以外,还有面向"残疾、伤残、退休和因公死亡的家属",以及"新生育小孩的父母和工人的殡葬"的福利基金。②国家发放的各种福利,回馈和补偿了为集体奉献和牺牲的集体成员,增强了单位成员对单位的归属感。而与福利配套的基础设施的建设,客观上也创造了单位成员的集体交往空间,增强了集体情感交流。

总之,早期单位体制的发展较好地汇聚了社会力量,使人们更容易被调动和组织,完成国家布置的各项任务,自觉投身社会主义建设。而在后期由于单位组织内部的封闭性,单位体制的弊端逐渐暴露。"以单位利益为核心,违背制度规则,腐败寻租,对国家及单位外社会造成损害"③的单位现象,诱发平均主义和利益固化风险,对兼顾型集体主义价值观的运行产生了不良影响。

---

① 国家经济体制改革委员会历史经验总结小组编:《我国经济体制改革的历史经验》,人民出版社1983年版,第193页。
② 何重达、吕斌:《中国单位制度社会功能的变迁》,《城市问题》2007年第11期。
③ 田毅鹏、胡东淼:《"单位本位"现象的发生及其与单位衰减的关联》,《江苏行政学院学报》2021年第1期。

第四节　兼顾型集体主义价值观的运行状况

从中华人民共和国成立到改革开放是一个相当长的历史跨度，这期间经历了新民主主义社会、向社会主义社会的过渡改造和跌宕起伏的社会主义建设时期。该阶段形成的兼顾型集体主义价值观在社会主义革命和建设前期实践中发挥了重要作用，调动了个人投身于集体建设的积极性，提高了社会生产力，在很大程度上改变了中华人民共和国成立时一穷二白、三贫四洗的面貌，进而完成了社会主义工业化资本的初始积累，展现出社会主义生产关系对于生产力的巨大优势。不仅如此，兼顾型集体主义价值观还维持着社会系统的良好运转。通过抓主要矛盾、留利益空间等方式，兼顾社会系统的稳定性和灵活性，进一步巩固了社会主义事业的基础。但遗憾的是，兼顾型集体主义价值观在社会建设后期出现了"异化"，从利益兼顾、个人与集体两端平衡滑向了天平的一端——集体，个人利益甚至一度消解于集体利益之中，引发了平均主义和社会失序的风险。

一　调动了个人投身集体建设的积极性

依据唯物史观的观点："我们首先应当确定一切人类生存的第一个前提，也就是一切历史的第一个前提，这个前提是：人们为了能够'创造历史'，必须能够生活。但是为了生活，首先就需要吃喝住穿以及其他一些东西。"[①] 革命型集体主义价值观提倡个人利益服从集体利益，要求党员及人民群众为了革命事业奉献一切，这不仅没有分裂集体，反而增强了集体的力量，发展了集体利益。这看起来好像违背客观规律，实

---

① 马克思、恩格斯：《德意志意识形态（节选本）》，人民出版社2018年版，第23页。

际上，人们是将特殊环境下无法实现的需求投放到未来，对集体作出的利益牺牲也是基于人们对美好生活的期待。个人服从集体原则或许适用于革命战争年代，但未必完全适用于和平建设年代。兼顾型集体主义价值观在已经变化的时代背景下，将个人利益服从集体利益原则的大前提更改为各方面利益共同发展，这是对革命转向建设新常态的正确解读。各方面利益共同发展原则适用于普遍、一般的情况，在此原则下，集体需要兼顾和保障个人利益。兼顾型集体主义价值观打消了人民群众对无条件牺牲个人利益的顾虑，将个人利益与国家利益、集体利益相结合，极大地激发了个人投身于集体建设的积极性。

第一，促使个人参与经济建设，解放和发展了社会生产力。兼顾型集体主义价值观兼顾集体利益和个人利益，使个人物质利益在集体物质利益中得到充分体现，有利于调动个人建设集体经济的积极性、主动性和创造性。兼顾型集体主义价值观调动个人参与经济建设的成效主要体现在推动社会主义农业、工业和基础设施建设三个方面。在社会主义农业建设方面，农业合作化运动基本完成，农业生产取得丰硕成果。土地改革之后，农业互助组迅速发展，比例从1952年的40%增长到1954年的58%。[①] 1956年，农业合作化达到高潮，参加农业生产合作社的农户达到一亿二千万户，占全国农户总数的96%；参加高级合作社的农户达到一亿多户，占全国农户总数的88%。[②] 农业合作化的基本完成使得农业总产值大幅增长，从1949年的325.9亿元增长到1956年的582.9亿元，农业生产指数增长70%。[③] 社会主义工业建设方面，资本主义工商业的改造以较快速度实现了工业总生产值的增长。1956年，国家工业基本都被改造成社会主义工业和国家资本主义工业。在此

[①] 国家统计局编：《伟大的十年——中华人民共和国经济和文化建设成就的统计》，人民出版社1959年版，第24页。

[②] 国家统计局编：《伟大的十年——中华人民共和国经济和文化建设成就的统计》，人民出版社1959年版，第25页。

[③] 国家统计局编：《伟大的十年——中华人民共和国经济和文化建设成就的统计》，人民出版社1959年版，第104页。

期间，工业总产值平均每年增长 28.1%，到 1958 年，工业总产值达到 1170 亿元。① 在基础设施建设方面，农林水利设施、交通设施、公路建设等规模空前。1950—1958 年，全国水利建设完成的土石方工程共达 700 多亿立方米。② 相较 1949 年，1958 年全国铁路通车里程增长 42%，全国公路通车里程增长了 4 倍。③ 由此可以看到，随着个人积极主动地参与集体经济的各项建设，个人的工作效率有所提升，集体经济发展迅猛，国家经济发展的潜力得以释放。这是兼顾型集体主义价值观在促进个人投身集体经济建设方面的成果。

第二，促使个人参与文化建设，推动了社会主义文化教育事业的发展。中华人民共和国成立之前的文化教育具有阶级壁垒，只有少数上层人士才有机会接受教育、享用文化资源，底层的劳动者则身处文化生活的沙漠状态。中华人民共和国的成立打破了教育资源壁垒，为普通人民群众参与文化建设提供了良好环境，使民众能够较为平等地接受教育。兼顾型集体主义价值观则保证了各方面利益的共同发展，助推文化大众化、教育普及化，使人民共享文化教育成果。随着文化、教育真正惠及普通民众，人民所具有的文化创造作用才得以充分发挥，继而积极参与集体文化和教育活动，促进社会主义文化教育事业发展。兼顾型集体主义价值观调动个人参与文化建设，具体表现在：一是各层次教育在人民群众中得到了进一步普及。1958 年的全国高等学校、中等专业学校、普通中学、小学在校学生相较于中华人民共和国成立前，分别增长 8 倍、2.8 倍、4.7 倍、2.6 倍，县级基本普及小学教育。④ 工农群众子弟入学人数大幅增加。二是群众性扫盲运动风起云涌，工矿企业和人民公

---

① 国家统计局编:《伟大的十年——中华人民共和国经济和文化建设成就的统计》，人民出版社 1959 年版，第 71 页。
② 国家统计局编:《伟大的十年——中华人民共和国经济和文化建设成就的统计》，人民出版社 1959 年版，第 42—43 页。
③ 国家统计局编:《伟大的十年——中华人民共和国经济和文化建设成就的统计》，人民出版社 1959 年版，第 42 页。
④ 国家统计局编:《伟大的十年——中华人民共和国经济和文化建设成就的统计》，人民出版社 1959 年版，第 166 页。

社成立大量业余学校。许多农民、工人利用业余时间进行文化课学习和马克思主义理论学习。1958年的学习人数高达8000万,共扫盲4000万。① 三是出现了群众性的科学研究热潮,全国科研机构和科研人员大幅增长。农业生产与科学研究紧密结合,涌现了大量发明和创造。四是文化艺术事业蓬勃发展。报纸、杂志、图书的出版发行量增速较快,农村建立了广播网络。国家与群众共同创办的文化馆、文化站和公共图书馆数量均有所增长,从1949年的896个、55个、21个,增长到1958年的2616个、922个、360个。② 由此可见,兼顾型集体主义价值观在一定程度上调动了个人投身于文化建设的热情,推动了集体文化教育事业的进步。

二 兼顾了社会系统的稳定性和灵活性

马克思在1867年版《资本论》序言中指出:"现在的社会不是坚实的结晶体,而是一个能够变化并且经常处于变化过程中的机体。"③ 换言之,社会作为有机体,是富于变化的多要素构成的动态系统。在"社会"这个母系统之下,存在经济、政治、文化等多个子系统,这些子系统的状态,或多或少地影响社会系统的稳定或变革。健康的社会系统必定处于动态平衡之中,既要保持基本的稳定性,使各部分处于正常的运转状态,又要有一定的灵活性,能够容纳子系统变化及其带来的连锁反应。中华人民共和国成立前后,我国社会经历总体性变革,形成社会主义经济基础、政治制度和意识形态。但由于意识形态的相对独立性,不少人未认清社会主义的前进方向,对集体利益的重要性估计不足,阻碍了社会主义建设。要解决这一问题,靠集体强行压服个人不是治本之

---

① 国家统计局编:《伟大的十年——中华人民共和国经济和文化建设成就的统计》,人民出版社1959年版,第167页。
② 国家统计局编:《伟大的十年——中华人民共和国经济和文化建设成就的统计》,人民出版社1959年版,第181页。
③ 《马列著作选读·政治经济学》编辑组编:《马列著作选读(政治经济学)》,人民出版社1988年版,第6页。

策，而放任不管势必会放纵自发的个人主义倾向，无论哪一种后果都会导致思想混乱，继而引发社会系统的震荡。幸运的是，中国共产党及时认识到个人利益与集体利益结合的重要性，根据当时的具体历史条件和思想条件构建兼顾型集体主义价值观，依照实际情况灵活调整政策，兼顾社会系统的稳定性和灵活性，在实践中产生了积极影响。

首先，兼顾型集体主义价值观在保证集体利益的同时，留出一定利益调整空间，科学地进行社会主义管理和分配。在追求公平和统一规划的同时，允许合理差别存在，以灵活促稳定。具体而言，就是在不损害集体利益的前提下，让地方和农民保有自己的特殊利益。社会主义建设期间，中央先后于1957年和1970年两次向地方放权，均取得了预期效果。1957年，国务院全体会议通过了《关于改进工业管理体制的规定》《关于改进商业管理体制的规定》和《关于改进财政管理体制的规定》。这三项规定均是围绕中央与地方关系进行的调整，目的在于缓解集中统一体制带来的僵化问题。在工业管理体制改革中，中央除下放给地方更多领导权、物资分配权和人事管理权外，还将工业利润大部分归属地方（原地方管理企业利润归地方所得，原中央下放至地方企业利润，中央和地方是二八分成）。商业管理体制和财政管理体制改革也大致沿用了这种思路，不仅开放给地方更多生产管理权限，还使地方有充足利润盈余以用于再生产和消费。这次改革的结果自然是非常成功的，由于地方拥有更多自主权，当年工业生产效率提升，经济发展活力增强。1970年，中央开始了第二次放权。这次放权的主要内容是将部直属企业下放到地方，"包括大庆油田、长春汽车厂、开滦煤矿、吉林化工等关系到国计民生的大型骨干企业在内的2600多个中央直属企业、事业和建设单位"[1]。同时给予地方投资、生产及物资分配权，设立80亿专项资金用以支持地方工业的发展。两次向地方放权的改革均为地方利益留出空间，缓和了中央与地方的利益矛盾，在稳定地方发展秩序的同时激发了

---

[1] 邵丁、董大海：《中国国有企业简史（1949—2018）》，人民出版社2020年版，第237页。

发展活力。除此之外，无论是农业改革还是农业集体化运动，考虑农民阶级的保守性和局限性，我们党并没有一下子把农民的利益全拿走，而是留有个体农业发展的余地，不至于直接引发与农民的大面积尖锐对立，并在发展集体农业的过程中改造小农思想，让农民在集体经济发展中受益。这种对地方、农民等个人、小集体进行适当妥协让步的做法，不仅抑制了体制更迭过程中的不安定因素，也使政策方针在施行过程中有转圜的可能。

其次，兼顾型集体主义价值观在处理社会矛盾的过程中坚持抓主要矛盾，促进了社会系统的稳定运行。土地改革前夕，我国社会矛盾比较复杂。一方面，革命刚刚胜利，各类反动势力蠢蠢欲动，企图借机挑起事端；另一方面，战争与社会经济变革也引起了群众的不满。比如，因工商业变革而损失利益的民族资产阶级和手工业者、对收公粮有意见的农民阶级以及大批失业的工人和知识分子。错综复杂的利益矛盾的突破点在哪里？应该如何解决？毛泽东在《不要四面出击》的讲话中作出了回答："当前的总方针是肃清国民党残余、特务、土匪，推翻地主阶级，解放台湾、西藏，跟帝国主义斗争到底。"[①]他主张将人民与反动势力的矛盾作为社会主要矛盾及矛盾的主要方面加以认识和解决，对于民族资产阶级、手工业者、农民阶级、工人和知识分子，则要作出必要的让步。例如合理调整工商业，拿出20亿斤粮食解决农民的吃饭问题，开办军政革命大学教育和改造年轻知识分子，同时保障年老知识分子的基本生活。这种抓主要矛盾和矛盾主要方面的解决方案团结了多数人，巩固了以工农联盟为基础的人民集体利益，维护了国家政治安全和社会稳定。而依照实际情况处理人民利益问题的方法，以迂回方式增强人民群众对社会主义建设的信心，体现了政策调整灵活机动。此后各个时期，我们党都继承和沿用了抓大放小思路及实事求是方法，降低政策施行引发的系统性风险，彰显了制度韧性。

---

① 《毛泽东文集》第六卷，人民出版社1999年版，第74页。

三 引发了平均主义及利益固化的风险

社会主义革命和建设时期形成的兼顾型集体主义价值观在具体实践中也出现过偏误。如果说1956年之前的社会主义改革和建设还比较突出兼顾型集体主义价值观的"兼顾"特征，那么1956年之后，"兼顾"就开始一边倒向了"集体"，从按劳分配变成吃"大锅饭"。之所以会发生这一变化，既有现实原因，也有理论原因。从现实原因看，三大改造后确立了公有制的经济制度和计划经济体制，政治、经济、社会的一体化趋势加强，集体利益空前壮大，为平均分配提供了可能。从理论原因看，兼顾型集体主义价值观并未清楚地划定集体和个人的边界，只是笼统地说明个人归属集体，集体保障个人，以此为依据得出二者发生冲突时以集体利益为重。"个人""集体"概念模糊，使得社会主义建设后期个人的个性消解于集体的共性之中。而集体中的个人，也成了无差别的个人，滋长集体中的平均主义，继而引发社会利益固化的风险。

社会主义革命和建设中期，集体主义在集体—个人利益分配方式上之所以会呈现出平均主义的特征，根源于中国传统文化中的朴素公平正义观念。但在社会主义建设后期，平均主义越发走向绝对平等，逐渐演变为全局性问题和制度性建构，成为经济发展方式的痼疾，阻碍生产力进步。20世纪50年代末期，人民公社化运动遭受严重挫折，暴露出以"共产风"为代表的平均主义弊病。人民公社以"一平二调"的方式调拨生产资料和分配消费资料，实行公共食堂制度和供给制度，看似实现均等，实则是对农民劳动成果的剥夺。与此相伴的，还有政策指导上的平均主义和主观主义，背离等价交换原则，以强迫手段损害农民的基本利益，造成中国共产党与农民关系的紧张。从《关于在农村建立人民公社问题的决议》颁布到基本实现人民公社化，仅用一个月时间，这显然超出合作化运动的正常推行速度。其中有多少是农民的自主意愿，又有多少是自上而下的强制命令，不言自明。政策上的平均主义是后果最恶劣的一种平均主义，因为它不只是某一场运动暴露出来的问题，而是蕴含某种制度性因素。制度性的平均主义对我国经济发展方式和道路产生深刻影响,它将平均计划生产方式和发展目标深度捆绑,使我国长期陷入追求平均发展的困境。平均主义拒斥经济发展中个体差异性和创造性,导致生产力发展停滞不前。

除了影响生产力发展外,平均主义还在一定程度上引发社会利益固化风险。以单位制度为例,彼德·布劳在《社会生活中的交换与权力》一书中提出了制度成本的概念,他说:"建立一个正式程序要求一种资源投入,它保存社会行为和关系的模式并使它们固定化。单单使一个已变成习惯的行动变明确就需要努力并使该行动过程稳定化。要建立人们将一贯遵守的规则涉及更大的成本并使行动模式进一步具体化。"① 也就是说,任何制度的形成都要付出相应的成本。平均主义否定了市场规则,代之以行政计划,那就要付出行政成本。由于中华人民共和国早期政治运行并没有以制度为准则,人治色彩浓厚,平均主义的单位制度下的行政成本就必然包含人治带来的负面影响。具体表现在:一是破坏规则制度。平均主义表面看好像促成单位成员的人人平等,但实际施行仍诉诸组织领导者,也就是具体的人来实现。组织领导者承载集体成员对其公正无私的期望,但作为个体的局限性使其很难做到这一点。长此以往,个人好恶影响规章制度效力,甚至凌驾于规章制度之上,以人治代替法治。二是权力寻租和结构性腐败。由于决定集体内部公平和平等的是组织领导者,组织领导者拥有至高的权力,而单位集体内部成员虽与其名义上平等,但由于权力对比悬殊,又缺少有效的第三方监督,二者之间实际上是单向服从的不平等关系。实质不平等关系易衍生以组织领导者为核心的利益集团,高喊集体主义和公平分配,实际却不断利用无人制衡的权力谋取私利,集体利益遭到蛀蚀。规则破坏和权力腐败的滋生,最容易激化社会矛盾,引发不小的风险。

---

① [美]彼德·布劳:《社会生活中的交换与权力》,孙非、张黎勤译,华夏出版社 1988 年版,第 315 页。

综上所述，我们党既要肯定兼顾型集体主义价值观在社会主义改革和建设前期发挥的积极作用，又要正视其在社会主义革命和建设后期，衍生出权力的高度集中及利益分配过程中的平均主义方式越来越压抑个体的劳动积极性，导致国民经济发展的迟滞。这表明，兼顾型集体主义价值观还有继续完善的必要与可能，需要向更加合理的契约型集体主义价值观过渡。

第四章　契约型集体主义价值观

契约型集体主义价值观的形成与发展是一条充满荆棘的冒险之路。刚从"文化大革命"十年动乱中走出来的集体与个人有无限可能，但又颇有"拔剑四顾心茫然"的迷惘；改革开放为集体与个人打开广阔的发展空间，但集体与个人利益相冲突的新的道德危机也在潜滋暗长；告别20世纪迈向21世纪的中华民族迎来了思想解放的曙光，但也遭遇到了享乐主义、拜金主义、极端个人主义等不良社会思潮的多重挑战。正是在这种错综复杂的时代条件下，集体主义价值观开始从"传统集体主义价值观"迈向"新型集体主义价值观"[①]，走上了中国化的新征程。

契约型集体主义价值观是集体主义价值观在改革开放新时期的崭新呈现样态。契约型集体主义价值观直面改革开放以来出现的分配正义问题、社会利益冲突难题、社会价值观念混乱等状况，强调契约精神之下

---

① 本书将集体主义价值观的中国化历程划分为四阶段：革命型集体主义价值观（1921—1949年）、兼顾型集体主义价值观（1949—1978年）、契约型集体主义价值观（1978—2012年）、真实型集体主义价值观（2012—）。此外，学术界有不少学者以改革开放或党的十六届六中全会（1978年）为中界线，简明地将集体主义价值观的中国化历程划分为"传统集体主义"和"新型集体主义价值观"，参见王岩、郑易平《当代中国市场经济条件下价值观变迁与新型集体主义建构》，《马克思主义与现实》2004年第3期；陈占友、陈燕《西方社群主义与新型集体主义价值观的确立——以麦金太尔为例》，《求索》2008年第5期；伍万云《当代集体主义价值观的历史反思与现实重构》，《科学社会主义》2012年第4期。

的利益互惠，注重个体的创收权利与奉献义务，推动市场理性与集体理性的有机融合。中国共产党在改革开放新时期构建契约型集体主义价值观，主要途径包括推动经济体制改革带动社会思维进步、引导社会大讨论、采取行政手段巩固社会主流价值观等，为更好地培育和践行集体主义价值观积累了丰富的历史经验。契约型集体主义价值观的构建和传播有效地推动了社会的个体化解放、个体劳动观的进步、社会生产力的发展，但也在一定程度上产生了集体主义功利化与社会冷漠化等现象。由此可见，契约型集体主义价值观绝不是集体主义价值观中国化漫漫长征路的终点，而是构建更加完整和科学的集体主义价值观的必要"驿站"。契约型集体主义价值观与过去的革命型集体主义价值观、兼顾型集体主义价值观，共同构成了集体主义价值观中国化历史长卷不可缺失的重要版图。

第一节　契约型集体主义价值观的形成背景

　　契约型集体主义价值观生发和布展于改革开放的大画卷之中。在分配制度层面，契约型集体主义价值观根植于改革开放以来社会大众对平均主义分配方案的不满与对分配正义的期待；在经济体制层面，契约型集体主义价值观面临经济体制改革带来的社会利益格局变化与人的契约精神自觉；在价值观念层面，契约型集体主义价值观遭遇了个人主义、享乐主义、拜金主义等西方资本主义思潮的侵袭。这些现实难题与挑战共同构成了契约型集体主义价值观的生成背景，正是在回应和解决这些问题与挑战中，集体主义价值观的内涵越来越清晰、魅力越来越明显。

一 平均主义的利益分配方式引发了分配正义之争

公平正义是中华民族孜孜不倦追求的理想状态，也是贯穿集体主义价值观构建全过程的价值主题。改革开放以来，中国 GDP 呈现指数型增长，随之产生的突出问题是：创造出来的财富如何在不同群体之中分配，以及依据什么样的原则分配？这构成了改革开放以来构建集体主义价值观应当回答的分配正义问题。在本书的讨论中，分配正义主要涉及"集体利益与个人利益如何分配才是好的"的问题。对这一问题的不同解答形成了不同的价值立场。整体主义强调集体利益先于个人利益，个人主义强调个人利益先于集体利益。就本质而言，这两种倾向都是一种基于功利主义的简单排序和利益计算，而集体主义追求和倡导一种更公平、更符合实际、更能够彰显人道主义精神的分配方案。"如果说，个人应该牺牲个人利益来解决个人利益和集体利益的冲突，那么集体应该通过分配正义来解决这种冲突，分配正义是集体主义对集体行动提供的实质性道德要求。"[①] 那什么样的分配方案才是符合正义的？这是我们国家始终在探索的一个现实问题。尤其是在改革开放之后，现实的问题已经从"如何发展"转化到了"如何更好地发展"，社会生产力的相对超前性与集体—个人利益分配方案的相对滞后性构成了无法忽视的社会矛盾。因此，摆脱过去平均主义的利益分配方式，寻求一种更加符合市场经济逻辑的集体—个人利益分配方案，成为改革开放新时期构建集体主义价值观的前置性要求。

极端平均主义严重阻碍了近代以来中国的发展。中华民族素有"均贫富"的思想观念和道德意识，自古以来就有"不患寡而患不均，不患贫而患不安"（《论语·季氏》）的警世训条，近代的太平天国运动还以"有田同耕、有饭同食、有衣同穿、有钱同使，无处不均匀，无人不饱暖"为革命口号。可以说，平均主义对于中华民族有极大的吸引力，至今仍在一定程度上影响我们的思维方式和行为选择。自中华人民共和国

[①] 李英、曹刚：《论作为集体行动原则的集体主义》，《湖南社会科学》2015 年第 3 期。

成立起，寻求集体与个人的充分发展及和谐共处就是中国共产党的工作线索，也是社会主义赋予我们党的时代任务。这一时期"社会平等"成为一条被运用到各个领域的基本原则，我国在兼顾集体利益与个人利益关系之中稳妥推进社会主义建设。但在"文化大革命"时期，平均主义逐渐走向极端化，社会陷入一种寻求绝对平等的狂热氛围之中。在这一时期，集体主义被异化为抹去个体差异性和寻求集体绝对同一性。这种极端的、抽象的、落后的集体主义在经济上表现为"大锅饭"，过去建立起来的"按劳分配""八级工资制"原则被遗弃。劳动者的生产积极性因此大受打击，仅 1966—1968 年，国家财政收入就从 558.71 亿元跌至 361.25 亿元，相当于回到 1963 年的财政水平[①]。客观来说，"文化大革命"实现了人与人的利益均等，打造了形式上"公平的集体"，但这一切都是建立在极低的生产力水平之上的。历史证明，极端的平均主义并不会给中国开辟一条致富新路子，而是带来了"贫困的集体"和"痛苦的个人"。这种"贫困的集体"和"痛苦的个人"也不是集体主义所期待的集体—个体理想样态，更不是马克思所畅想的"真正的共同体"。相反，它是阻碍中国改革开放的巨石，是需要在思想观念上破除的拦路虎。

　　破除平均主义的社会趋向为构建契约型集体主义价值观奠定了思想基础。唯物史观认为，社会意识具有相对独立性，它与社会存在的发展不具有同步性。改革开放后，中国的生产力、经济和社会结构已经发生颠覆式变化，但社会意识仍然徘徊于历史大门之前。一方面，部分人的财富观、分配观等观念还停留于改革开放之前，还没有从"等、靠、要"的懒汉思维转变过来；另一方面，敢为人先的一批人已经开始创业，通过自己的劳动创造财富。因此，破除不适合当前社会发展的平均主义思想，为建立契约型集体主义价值观清扫思想战场变成了首要目标。1984 年，《中共中央关于经济体制改革的决定》指出："历史的经验

---

① 国家统计局：《国家财政收支总额及增长速度》，https://data.stats.gov.cn/easyquery.htm?cn=C01&zb=A0801&sj=2021，2024 年 6 月 5 日。

告诉我们：平均主义思想是贯彻执行按劳分配原则的一个严重障碍，平均主义的泛滥必然破坏社会生产力。"[①] 这一论断直接将平均主义定性为需要被扫除的"严重障碍"，并提出："鼓励一部分人先富起来的政策，是符合社会主义发展规律的，是整个社会走向富裕的必由之路。"[②] 改革开放之后，时代的主题已经从平均主义走向了共同富裕，而共同富裕有两重内涵："共同"表达了人人皆共享、集体共进步的原则，"富裕"则体现了社会主义的本质要求，即"贫穷不是社会主义"的深刻道理。从这个意义上来说，共同富裕是接替平均主义的原创性分配方案，且是符合分配正义要求的全新方案。

构建契约型集体主义价值观是进一步解放生产力和实现共同富裕目标的精神动力。历史正面临这样的局面：一方面，平均主义无法满足人们对于分配正义的追求，另一方面，改革开放使得人们对个性发展和财富追求的需要不断扩大；一方面，如果出于社会公平考虑对每个个体"一碗水端平"会重蹈整体主义，另一方面，如果放任个体追求个人利益又将陷入个人主义陷阱。此时国家亟须在全社会形成一种价值观，这一价值观既能推动个体发展，又能实现社会生产力的发展，在科学处理集体与个人利益关系之中实现共同富裕的目标。契约型集体主义价值观正是在这种背景之下孕育的。

二 经济体制改革致使社会利益格局发生深刻变化

在党的十一届三中全会确定改革开放政策后，国内经济体制改革便拉开了帷幕。农村经济体制改革、所有制结构改革、国有企业改革和财税体制改革等如火如荼地开展，改革成果影响工业体系、经济制度、管理体系、企业所有制等各个领域。经济体制的变动使社会利益格局发生了深刻变化，同时也带动了社会思想观念从计划思维转向市场思维。在价值观层面，过去的兼顾型集体主义价值观已经难以适应这种经济的

---

① 《中共中央关于经济体制改革的决定》，人民出版社1984年版，第29页。
② 《中共中央关于经济体制改革的决定》，人民出版社1984年版，第30页。

大变动，也难以解释在市场经济逻辑之下出现的种种集体—个人利益冲突，因此，构建一种新型集体主义价值观成为现实需要。

所有制改革推动集体利益充分发展，释放了个人利益的发展空间。党的十四届三中全会明确了坚持以公有制为主体、多种经济成分共同发展的方针。党的十五大第一次明确提出，公有制为主体、多种所有制经济共同发展是我国社会主义初级阶段的一项基本经济制度。之后，党的历次会议都强调要坚持和完善公有制为主体、多种所有制经济共同发展的基本经济制度。这一所有制改革是具有跨时代意义的改革，国内呈现出从过去的公有制转变为公有制和非公有制并存的经济景象，国有企业、私人企业、民营企业、外资企业、合资企业等不同形式的现代企业管理形式如雨后春笋般出现。所有制改革之于集体主义价值观的意义主要在于：第一，首次在法律层面赋予了非公有制经济以合法性，使得追求个人利益成为一种正当行为。在这之前，人作为集体的"一分子"参与到经济活动之中，所创造的财富归公共集体所有，个人所得由集体统一分配，任何为了个人利益参与到经济交换之中的活动都是难以想象的。改革开放之后的所有制改革释放了合法合规谋求个人利益的法律空间，个人利益与集体利益在市场上同样是被允许的。第二，允许公有制与多种所有制并存发展，昭示了集体利益与个人利益并不是冲突的。在改革开放初期，仍然有不少人有这样的担忧：追求个人利益是不是意味着与原有的集体利益"抢蛋糕"？代表集体利益的国有企业会不会与代表个人利益的民营企业产生内斗？但随着所有制改革的不断深入，历史证明这样的担忧是多虑的。市场并没有陷入集体与个人利益的对立，相反，国有企业在民营企业的竞争刺激下不断进行自我改革，进而推动公有制和多种所有制经济的共同健康发展，实现了集体与个体的"双赢"。

劳动合同制的推广使得契约精神深入人心，重塑了人的思维习惯。经济所有制改革调整了国内经济格局，一方面，国有企业改革客观上掀起了"下岗潮"，社会上出现了大量待就业人员；另一方面，大量民营企业亟需闲置劳动力，社会劳动力分流进入民企成为大势所趋。但一个新的历史问题也随之出现，在公有制经济下，个人为集体创造价值，集体按劳分配给予个人工资，这一套雇工体系是建立在国家公信力之上的。而在改革开放后，民企作为一个"小集体"，应当以什么样的角色和立场去雇用劳动力，如何将集体利益与个人利益保持在受国家认可和保护的关系状态之中？① 正是在这个背景下，1995年1月1日，《中华人民共和国劳动法》（以下简称《劳动合同法》）颁布实施，劳动合同制度正式确立，标志着"劳动关系开始由行政隶属式转向市场契约式"②。劳动合同制的确立和推广对于构建契约型集体主义价值观有重要意义，它在客观上培养了公民的契约思维方式，从而使得人们得以在契约精神之下反思集体与个人的关系。在契约精神中，集体与个人的关系不再是一种基于道德义务式的应然构建，而是一种基于利益交换和双方满足的自由构建。如果说过去的革命型集体主义价值观和兼顾型集体主义价值观是基于时局需要的一种道德呼吁，那么当下契约精神的觉醒则代表了一种"反思性"介入，集体与个人的关系不再是一种超现实和超经济的纯粹伦理，而是一种充分尊重集体与个人"双主体"利益的契约关系。经济上的劳动合同化融合并彰显观念上的价值规范，从而为构建契约型集体主义价值观提供了一种现代思维方式。

股份制改革重新解释了集体利益与个人利益的分配逻辑。股份制伴随改革开放的春风一并吹入了国内，1984年国家体改委召开城市经济体制改革试点工作座谈会，会议指出："职工工资实行多种形式，全额浮动，上不封顶，下不保底。允许职工投资入股，年终分红。"③ 员工持股是国企混合所有制改革的重要探索，由此改变了企业单一的工资配

---

① 应当说明的是，国家早在1954年就颁布了《劳动合同法（草案）》，但诚如上文所述，中华人民共和国成立初期的雇工体系由国家公信力和社会主义体制背书，劳动合同法一度被认为是资本主义的东西，因此，该草案实际上并没有被执行。这一情况也就导致改革开放之后企业是否有权利雇工、如何雇工等问题缺乏法律依据。
② 宋士云：《改革开放以来中国企业劳动关系变迁的历史考察》，《当代中国史研究》2018年第1期。
③ 王振川主编：《中国改革开放新时期年鉴（1984年）》，中国民主法制出版社2015年版，第340页。

额制度。股份制的突出意义在于，它将改革开放后分散的集体和个人重新聚拢起来，构成了一个新的利益共同体。劳动合同制明确了作为集体的企业和作为个体的员工构成契约双方的角色地位，这种基于契约逻辑构建的集体—个人关系充分肯定了集体与个人的独立性，但也引发了集体与个人相互冷漠，按契约规则办事的对立危机。股份制的智慧在于将总的利益配额分发给集体和个人，使得持股员工对于集体有了更加强烈的归属感和认同感，集体与个人并不是纸面的甲方与乙方关系，而是共进退的共同体关系。因此，个人利益与集体利益均得到了法律庇护，个人的奋斗也是集体的奋斗，集体的利益也是个人的利益。这种全新的利益格局构成了构建和弘扬契约型集体主义价值观的社会背景。

三　个人主义在一定程度上造成价值观领域的混乱

改革开放使中国向世界打开大门搞建设，也使得社会利益逐渐多样化、价值观念渐趋多元化。改革开放吸引了大量的外资进入中国，同时也让许多资本主义思想观念有了乘虚而入的可能。其中最具代表性的是西方个人主义思潮在中国的潜滋暗长，试图否定集体主义价值观。"一方面，中国经济高速增长，社会财富不断增加；另一方面，财富差距扩大引发分配正义之争，西方个人主义价值观冲击传统集体主义价值观，享乐主义、拜金主义、道德滑坡等问题层出不穷。"[①]个人主义是资产阶级的道德价值观，强调"个人至上"，将集体视为个人实现自身利益的手段和工具。个人主义在中国潜伏已久，但一直到20世纪80年代后期，社会经济领域发生重大变化，追求个人利益和寻求个人发展被合法化和正当化，个人主义才真正构成挑战集体主义价值观的一股思想潮流。在世纪之交的时候，甚至有不少人认为："集体主义不利于个体自立品格的确立，且有悖于市场经济关于'劳动力自由'的精

[①] 张彦、陈炜枫：《论中国式现代化的独特价值观及其创新贡献》，《思想理论教育》2024年第6期。

神，有悖于经济学的'理性人'假设，甚至有悖于'个性全面而自由的发展'这一马克思主义的根本精神，因此，当前应以个人主义取代集体主义。"①时至今日，集体主义与个人主义的斗争依然没有终结，甚至有愈演愈烈的趋势。在改革开放初期，这种思想观念的冲突和对立在一定程度上造成了价值观领域的混乱，个人的生活阅历和思维惯性使人们仍然坚持集体主义价值观，但现实经历和情感直觉又使之倾向于个人主义。

利己主义是极端个人主义的集中表现。如果说从人类思想史的角度看，个人主义（作为个性自主、自力更生的行为倾向）是一种人皆有之的"人性设定"，那么利己主义则是完完全全的错误观念，并且对集体主义价值观的冲击也是最直接的。法国历史学家托克维尔就曾指出："利己主义可使一切美德的幼芽枯死，而个人主义首先会使公德的源泉干涸。但是，久而久之，个人主义也会打击和破坏其他一切美德，最后沦为利己主义。"②改革开放时期，不少人被利益冲昏了头脑，被金钱蒙蔽了双眼，集体在他们眼中是束缚个人发展的"专制主义"，无约束逐利是个人的"天性"，这样一种观念是纯粹利己主义的。就其本质而言，利己主义并没有意识到人是"一切社会关系的总和"③，相反，他们将自己从公共交往网之中摘除出去，淡化自身的社会责任，不断强化以自我为中心的行动理性。并且，由于在改革开放初期相关的法律法规和监管机制还未配置到位，这样的利己主义者往往能游移于灰色地带获取大量的金钱财富和社会地位，因而具有很大的市场，对社会价值观产生了极大的冲击。经济上的"成功"很快就扩散为理论上的"正义"，尤其是社会刚刚从改革开放的物欲压抑状态之中走出来，人们对财富的渴望使这种利己主义成为"不证自明"的正确价值观。利己主义很快就蔓延到社会其他领域，在企业、官

---

① 沈斐：《一定要用个人主义取代集体主义吗》，《唯实》2004年第Z1期。
② [法]托克维尔：《论美国的民主》下卷，董果良译，商务印书馆2013年版，第682—683页。
③ 《马克思恩格斯文集》第1卷，人民出版社2009年版，第501页。

场、学校、社会组织乃至家庭之中都出现了精致的利己主义者,享乐之风盛行、道德滑坡、违法违纪等问题层出不穷,社会陷入了法国哲学家萨特所描述的"我的原始的堕落就是别人的存在"①这样一种"他人就是地狱"的异化景观。从根本上来说,个人主义和利己主义并未很好地把握住"个体逐利"和"集体贡献"之间的平衡点,批判和克服个人主义价值观特别是利己主义倾向,成为构建契约型集体主义价值观的前提性条件。

与此相对,集体主义价值观在实践中仍然过度强调集体利益,未能较好地回应市场经济条件下"如何保障个人发展"的问题。改革开放使得社会体系从国家计划逻辑转向市场自由逻辑,但在改革开放早期,集体主义价值观显然还没适应这种社会风格的突变,仍然停留于计划经济之中的传统集体主义价值观。尽管过去的兼顾型集体主义价值观强调综合统筹各方面利益关系,但在1956年之后"兼顾"原则逐渐被极端化为平均主义,利益分配向集体发生偏移,要求个人对集体单向度地、无条件地、绝对地服从。这样一种带有命令式的伦理训条显然与市场经济强调的自由平等价值观相违背,因此,在个人主义大行其道期间,集体主义价值观实则处于失语的尴尬处境,亟须一场内部革新来提升集体主义价值观的吸引力和战斗力。

社会价值观的混乱生发了集体虚无主义的风险。诚如上文所述,一方面是异军突起的个人主义大行其道,另一方面是作为"官方价值观"的集体主义失语失声,社会思想观念处于极度割裂状态,社会上开始出现质疑集体主义的声音,一股集体虚无主义思潮正在悄然兴起。一项发表在《中国社会科学》的社会调查结果显示②,有74.8%的人对党政官员的道德状况最不满意,并且这一数值远高于其他群体(2005年数据)。这一项数据直接说明了民众对公权力的不满与不信任,在一定程

---

① [法]萨特:《存在与虚无》,陈宣良等译,生活·读书·新知三联书店2014年版,第330页。
② 樊浩:《当前中国伦理道德状况及其精神哲学分析》,《中国社会科学》2009年第4期。

度上反映了集体虚无化倾向。集体虚无主义①是指质疑集体主义的理论自洽性和现实适配性，怀疑集体存在的合法性和必要性。集体虚无主义明确区分于个人主义，是对集体的怀疑或不信任，但它未必直接步入个人主义，只是对集体的虚无，而不是对个体的崇拜。尽管集体虚无主义介于集体主义与个人主义之间，但不可否认的是，集体虚无主义是滋生个人主义的病灶，并有进一步演变为价值虚无主义、历史虚无主义的趋势。

集体主义、个人主义、集体虚无主义，多种社会思潮在改革开放初期混杂出现，一个人可能原先是信奉集体主义的，但在巨大利益和不良风气的诱导下则会偏向于个人主义，后来又陷入集体虚无主义，不同价值观相互穿插共同构成了这一时期公民的道德画像。价值观领域的混乱会导致个人行动混乱，降低社会凝聚力，不利于中国特色社会主义的建设发展，亟须在社会层面树立新型集体主义价值观。这种新型集体主义价值观，既要满足改革开放期间个人的脱贫致富需要，又要保障集体的神圣性不受质疑。质言之，构建一种符合改革开放新情况的新型集体主义价值观已经成为不容忽视的重要任务。契约型集体主义价值观正是在这个背景下应运而生的，它既有效地回应了个人主义的尖锐挑战，又通过对以往集体主义价值观的扬弃避免了虚无倾向，使得集体主义价值观呈现出新面貌。

---

① "集体虚无主义"这一提法较早见于邹诗鹏所著的《虚无主义研究》。邹诗鹏将集体虚无主义归结为价值虚无主义的一大症型，集体虚无主义将组织理解为专制统治，缺乏对共同体的基本理解和认同，参见邹诗鹏《虚无主义研究》，人民出版社 2017 年版，第 283—302 页。宋德孝认为集体虚无主义从三个层面质疑集体主义：第一，在理论层面怀疑集体主义不能促使集体与个人利益达到"辩证平衡"、怀疑集体不能代表"至善"和正义；第二，在现实层面怀疑集体主义作为一种"社会意识"不能切中中国市场经济改革的"社会存在"；第三，通过虚无中国特色社会主义进而虚无集体主义的合理性。参见宋德孝《集体虚无主义批判与大学生集体主义精神建设》，《思想教育研究》2018 年第 11 期。应当说明的是，集体虚无主义首先表征为质疑集体和集体主义，但未必持有个人主义立场，不能将集体虚无主义与个人主义混为一谈。

第二节 契约型集体主义价值观的主要内容

契约型集体主义价值观以契约逻辑重塑了集体与个人的利益关系。在过去的研究中，契约精神往往被认为是个人主义文化的产物，个体正是处于"暴力死亡的恐惧和危险中，人的生活孤独、贫困、卑污、残忍而短寿"①。因此，个体出于自我保护需要而签订契约。但是近年来，随着研究的不断深入，有论者试图论证"集体主义文化与市场化发育及契约精神的内在统一性"②，认为集体主义同样存在甚至内在孕生契约精神，并且契约精神在一定程度上形塑了集体与个人的新型关系。据本书的考察，以契约逻辑研究集体主义价值观至少可以追溯到韩东屏在1998年发表的《市场经济中的集体主义问题》。他在文中指出："用契约来规范和调整个体与集体的关系应该说是一种历史的进步。"③尽管学术界有以契约逻辑研究集体主义的传统，但较为遗憾的是，并没有文章对契约型集体主义价值观的内涵作出详细阐释。本书结合前人研究，进行纵向对比与横向借鉴，认为契约型集体主义价值观的主要内容是：强调契约精神之下利益互惠，注重创收权利与奉献义务对等，坚持市场理性与集体理性相融。

一 强调契约精神之下的利益互惠

集体利益与个人利益之间的关系是集体主义价值观涉及的核心内容。契约型集体主义价值观相较于革命型和兼顾型集体主义价值观的突

---

① [英]霍布斯：《利维坦》，黎思复、黎廷弼译，商务印书馆2009年版，第95页。
② 罗必良、耿鹏鹏：《"稻米理论"：集体主义及其经济解理》，《华南农业大学学报》（社会科学版）2022年第4期。
③ 韩东屏：《市场经济中的集体主义问题》，《江汉论坛》1998年第9期。

出特征在于强调利益互惠，并且是建立在契约精神之上的互惠关系。兼顾型集体主义价值观也强调集体利益与个人利益的双向兼顾，但这种价值观是建基于社会主义经济建设任务之上的，个体对集体的服从和集体对个体的保障依靠道德自觉。契约型集体主义价值观强调集体与个人的关系是一种建立在双方认同的"社会契约"之上，将双方的互惠关系契约化，赋予集体主义秩序性、规则性、理性化。本书同意这样一种说法："契约是主体之间达成的合意，具有自由、平等、诚实、守信的基本内涵。基于契约关系产生的契约精神是社会主体主动、善意地遵守约定和规则，尊重他人合法权益、公共利益的思想观念。"[1] 社会契约本是西方启蒙思想家探索出的政府组织和社会架构的现代方案，但其内蕴的契约精神却是具有普遍性意义的人类智慧。本书认为，契约精神蕴含三重内在规定：双方平等、互惠共赢和补偿规范，这三者共同构成了契约型集体主义价值观得以构建和运行的基石。

第一，契约型集体主义价值观强调集体与个人的原初平等地位。改革开放以来，个人的自主意识逐渐觉醒，任何忽视个人自由意志的价值观都不能被社会所接受。正因如此，契约型集体主义价值观肯定了"个人自觉自愿"的基本状态和"集体发展"的基本目标，"双重肯定"意味着集体与个人处于一种平等状态。就学理而言，契约签订的前提无疑是相互平等且独立的自由人格，并且这样一种平等是罗尔斯"原初状态"意义上的平等，即抽离出一切特殊性事件和价值预设立场的原始状态，构建不带主观偏见和特殊意图的签订现场。在资本主义社会，作为"虚假共同体"代表的资产阶级与作为个体的无产阶级签订契约，但这种契约关系内透着不平等的剥削关系，因而最终必然以暴力革命收场。资本主义的雇佣关系没能确认集体与个人的平等地位，遮蔽了个人追求应得利益的自由权利，就其本质而言是披着集体主义外衣的剥削主义。因而，改革开放以来所建立的契约型集体主义价值观首要内容是对集体与个人平等地位的确证。事实上，也只有在"原初状态"之中赋予

---

[1] 王滨、陈律：《新时代契约精神的传承与创新》，《人民论坛》2021年第23期。

集体与个人的平等地位，之后所确立的利益互惠才是"自由意志"所认可的、可被执行的原则。应当注意的是，强调集体与个人的原初平等地位，并不意味着一种绝对的、机械的平等。当发生利益冲突时，由于集体利益代表个体的长远利益和根本利益，因此，我们提倡个人利益尽可能让位于集体利益。从这个意义来说，集体与个人在契约精神之下的平等关系，是一种地位性确立，而不能理解为一种绝对性执行。

第二，契约型集体主义价值观强调集体利益与个人利益的辩证统一、互惠共赢。双方获利是契约签订的必要前提，一方剥削和压榨另一方利益的条约不是契约。契约型集体主义价值观强调集体利益与个人利益共同发展，辩证统一。所谓辩证统一，即两者相互联系、互为前提，集体利益由个人利益组成，而个人利益的取得又受益于集体利益的大成。在契约精神下，这样一种关系不再单独由良心维系，而是具有更规范的约束。一方面，集体与个人以"社会信用"作为担保参与到"契约"之中，现阶段社会信用已经成了一种"社会资本"（social capital），个人信用度与政府公信力是保障集体利益与个人利益辩证统一的最好筹码；另一方面，新兴的"第三空间"（公共媒体、司法体系、社会组织、志愿协会，等等）作为第三方"公证人"监督集体利益与个人利益的动态关系。当下，不少农民工讨薪无门第一时间想到的是找记者曝光，企业员工被恶意裁员上诉法院进行劳动仲裁……这些现象都说明当个体利益被集体非法侵害时，寻求"第三空间"庇护已经成为一种趋势①，公民的自我维权意识越发成熟。换言之，集体与个人通过"信用贷款"的形式签订契约，而"第三空间"则作为外部监督秩序维系契约关系，集体或个体的强势违约将导致"信用破产"，这将是对违约者的惩罚。如此，

---

① 在樊浩主持的2013—2017年全国伦理道德调查中，"如果发生利益冲突，你会选择哪种途径解决"调查结果显示，家庭成员之间、朋友之间、同事之间、商业伙伴之间通过第三方协调的比率分别是62.7%、75.5%、73.7%、58.9%，可见，寻求"第三空间"进行利益协调已经成为当下中国的伦理文化。参见樊浩《中国社会大众伦理道德发展的文化共识——基于改革开放40年持续调查的数据》，《中国社会科学》2019年第8期。

集体与个体利益的辩证统一有了更加稳定的保障。契约型集体主义价值观不能再立足于革命战争需要或国家整体利益强制个人利益让位集体利益，而是在充分尊重集体利益与个人利益的基础上，合理合规处理两者关系，在促进集体利益的同时保障个人利益，在促进个人利益之中推进集体发展。

第三，契约型集体主义价值观内蕴着补偿规范。尽管集体主义价值观勾画了集体与个人互惠共赢的美好图景，但在现实生活中集体利益与个人利益总是不可避免地发生利益冲突。依据契约精神，契约型集体主义价值观不能简单立足于道德高地大声呼喊个人利益让位于集体利益，而是要给予利益受损者相应的补偿，这也是契约型集体主义价值观超越过去集体主义价值观的独特魅力。对此，邓小平有深刻的认识："不重视物质利益，对少数先进分子可以，对广大群众不行，一段时间可以，长期不行……如果只讲牺牲精神，不讲物质利益，那就是唯心论。"[①] 单方面地要求个人牺牲自我利益，以"小我"成全"大我"有违社会主义原则，不利于每个人自由而全面地发展。事实上，契约型集体主义价值观所强调的补偿规范与西方理论界强调的"两个正义原则"有异曲同工之妙，实现"有德者有福"的"德福一致"是人类社会的道德共识。补偿手段包括物质补偿和精神补偿，如给予一定的奖金补贴或者进行公开宣传表彰，等等；补偿性质包括受损性补偿和奖励性补偿，如补偿拆迁户一定的拆迁费、奖励献血者一定的补贴；补偿原则包括等额补偿和超额补偿。应当说明的是，不能将补偿异化为"以德易物"和"以金代德"，补偿的目的在于将集体与个人的利益关系保持在一个动态稳定的状态，避免集体利益与个人利益发生剧烈冲突，并以此激励更多的个人在面对利益冲突时自觉主动牺牲个人利益。此外，本书认为，契约型集体主义价值观还包括惩戒规范，既然存在契约签订，也必然存在"违约"现象，对于部分强制侵犯个人利益的"恶集体"或牺牲集体利益成全个人利益的"坏个人"，都应当给予相应的惩罚。但集体主义价值观

[①]《邓小平文选》第二卷，人民出版社1994年版，第146页。

本身作为一种标明"应当如此"的道德规范,需要谨慎涉入法律审判等"硬性手段",避免"道德失控",因此,需要有更加细致和谨慎的讨论。

二 注重创收权利与奉献义务对等

用权利和义务规定契约型集体主义价值观是其鲜明特征。权利是个人作为主体天然享有的做某事的自由;义务是人作为个体应当承担的责任。费尔巴哈曾指出:"义务是自我克制,而自我克制无非是使我服从别人的利己主义。"① 权利与义务是一对历史范畴,在不同的社会形态和历史阶段,权利与义务的内容都不同,但从人类思想史的角度看,权利分为法赋权利与自然权利,前者应当顺应后者,这也是我们所强调的法律制定应当充分尊重公序良俗。改革开放以来,集体主义价值观作为一种道德规范,与立法形成良性互动:一方面,集体主义价值观成为法律法规的立法表达;另一方面,法律法规通过规范人的行为弘扬集体主义价值观。也就是说,随着我国法律体系日益完备,集体主义价值观具有法律法规的新形态,具体表现为在法律层面注重创收权利与奉献义务的对等统一。在法律层面确证和维护集体主义价值观,这是契约型集体主义价值观的突出特征。在革命型和兼顾型集体主义价值观中,虽然也在一定程度上强调权利与义务的统一,但这种表述仍然是在权利与道德义务层面的,而未上升到国家法律法规体系之中。并且在过去很长一段时间里,国内意识形态受"左"倾思想的影响,集体主义价值观一度被误用,只突出集体利益,而对个人权利并没有作过多强调。事实上,通过法律进行价值观叙事也符合马克思对人类社会发展规律的总结。改革开放带来了社会巨变,社会利益格局千变万化,集体主义价值观受到严峻挑战,亟须通过法理阐释和法律保护,使得自身更好地服务现实社会建设。

创收权利充分肯定个人追求利益的合法性。创造收入是人之为人

---

① [德]路德维希·费尔巴哈:《费尔巴哈哲学著作选集》上卷,荣震华、李金山等译,商务印书馆1984年版,第432页。

的基本权利，也是人生存发展的基础。马克思一早就指出："为了生活，首先就需要吃喝住穿以及其他一些东西。"① 这些需要使人进行劳动和物质生产，奠定了基本的生存条件，并且，"任何人如果不同时为了自己的某种需要和为了这种需要的器官而做事，他就什么也不能做"②。习近平总书记同样指出："生存是享有一切人权的基础，人民幸福生活是最大的人权。"③ 创收自古以来就是人类的自然权利。作为一个好的集体，应当充分保护和保障个人的创收权利，将"理论上的权利"转化为"事实上的权利"④。创收权利在我国《宪法》之中表述为"合法的私有财产不受侵犯"。个人创收所得必须受到集体和法律的保护，但这一规定直到2004年才被正式明文写入《宪法》，而在这之前，我国《宪法》并未明确对"个人财产"作出保障承诺。究其原因，在于"个人财产"涉及"私有权"问题，一度被认为是同资本主义相关的"尾巴"。因此，尽管改革开放如火如荼地开展，个人"下海"创业，创造个人财富，但始终是处于"走一步看一步"的状态，他们担心自己的个人财产被集体收归公有，被追究责任。因此，2004年《宪法》修正案正式确立了"合法的私有财产不受侵害"，充分肯定了个人创收的权利，彰显了一个好的集体对个人权利的保护。这是契约型集体主义价值观随着时代发展不断自我更新的一大表现。但是，集体保障个体的创收权利，是在合法合规基础之上的，对于个人的非法收入，一个好的集体不仅不能允许，甚至要对其进行制止、没收、惩罚、追究法律责任，以此弘扬积极、健康、正向的创收观念，构建良好的个体合法创收环境。

奉献义务要求个体尽己所能为集体作出贡献。当个体享受集体赋予

---

① 《马克思恩格斯文集》第1卷，人民出版社2009年版，第531页。
② 《马克思恩格斯全集》第3卷，人民出版社1960年版，第286页。
③ 习近平：《坚定不移走中国人权发展道路，更好推动我国人权事业发展》，《求是》2022年第12期。
④ R.T.诺兰曾将权利分为"理论上的权利"与"事实上的权利"，其中，当社会认为某种条件是必不可少的时候，这种条件就成了一项理论上的权利；当社会使这种条件变成人人都可得到的时候，它就成了一项事实上的权利。参见[美]R.T.诺兰等《伦理学与现实生活》，姚新中等译，华夏出版社1988年版，第17页。

个体的创收权利时，个体也需要履行相应的奉献义务，由此才能形成权利与义务的对等。毕竟，"没有无义务的权利，也没有无权利的义务"①。作为集体之中的个体，需要为社会贡献自己的一份力量，用无数个"小我"推动社会的整体进步。集体主义价值观强调当发生利益不一致乃至矛盾时，要首先顾及集体利益，这是一般性义务规定。但改革开放以来，随着个体自我意识的觉醒，这种义务表达从一开始的"牺牲"型要求逐渐转向"倡议"型呼吁，再到现在的"鼓励"型号召，个人义务的表达形式更加多样和灵活，人们的认同和接受程度普遍提高。质言之，个人为集体作出贡献的义务性规定，从一开始的"强制责任"逻辑逐渐转向更加科学合理的"应尽义务"逻辑。

注重创收权利与奉献义务对等，核心在"对等"。所谓对等，即集体保障个人的创收权利，个体履行为集体作贡献的义务，两者不能顾此失彼，应当处于动态平衡的天平之上。契约精神讲究双方的地位平等以及收益平等，如果单方面强调个人的自我创收或者为集体作贡献，都会陷入"强盗逻辑"之中。更进一步地说，契约型集体主义价值观所强调的对等是一种"质性对等"，而不是一种"量性对等"。在人类思想史中，"对等"始终是一个令人反复琢磨的概念，因为事物价值不可量化，我们无法用数学准确测量某个人为集体作出了多少贡献，也无法准确测量某个人在集体的庇护下实现了多大的发展。因此，集体主义价值观从来不是一个量化范畴，而是一个质性范畴。因此，契约型集体主义价值观的突出优势在于：强调集体与个人双方的"主观满足感"。集体保障个体物质上的创收权利，从而培养个体对集体的认同感；个体从而发自内心地、自觉地为集体作贡献（而不再是一种外部强制性），从而保障集体利益。因此，契约型集体主义价值观通过构建"主观对等"实现了集体利益与个人利益的双向对等，保证了创收权利与奉献义务的动态对等。

---

① 《马克思恩格斯文集》第3卷，人民出版社2009年版，第227页。

三 坚持市场理性与集体理性相融

契约型集体主义价值观是富有市场理性与集体理性的价值观念。所谓市场理性，是指市场经济体系运行的底层逻辑，人作为个体参与到市场活动之中都会有意或无意地接受市场理性的支配和控制，使得主体活动符合市场规律，是主体意识在客体的映射，如等价交换、利益最大化、自由平等、市场规范等。契约型集体主义价值观作为改革开放大背景下的价值观，必须直面国内正在发生的市场理性，在与市场理性的协调之中构建现实所需所求的价值体系。所谓集体理性，是指从集体立场出发考虑的价值逻辑，在社会主义制度之中，集体作为一个涵盖人民性、团结性的概念，是高于个人的独特表达，如人民至上、集体优先等。应当说明的是，市场理性与集体理性并不是一对对立概念，尽管两者在某些场合存在冲突，但从本质上来说，市场理性与集体理性是构建美好生活的不同表达形式。在契约型集体主义价值观之中，市场理性与集体理性得到了很好的融合。

市场理性伴随着国内市场经济体制改革而生。如果用一个较为形象的比喻来说，市场理性就是亚当·斯密所说的"看不见的手"。改革开放以来，追求财富成为一股不可抵挡的潮流，人们逐渐习惯了社会主义市场经济的运行规律，在市场理性的推动下追求正当合法的利益。与此相应，人们的生活方式和思维结构也发生了巨大变化，人们从计划经济时代的"标准化生活"之中挣脱出来，过上了可以自我选择的"多样化生活"，追求差异性的、丰富多彩的生活成为一种"被允许"的选择。与此同时，人们由传统"由公及私"的思考模式转换成了"从我出发"的自由意志。借用阿尔都塞的说法，急速的市场经济发展询唤（interpellation）出了富有市场理性的主体。应当承认，市场理性的觉醒有其合理性。正如马克思在分析资本主义制度时肯定了资本将人们从封建主义的旧制度之中解放出来的积极意义一样，市场理性使得一部分国民在较短时间内实现了思想解放和经济解放。但也正如马克思指出的那样，资本主义在推动生产力大发展的同时也带来了人的异化与无尽剥削。市场理性在后续发展之中展现了不可遏止的"恶果",具体表现为漠视集体的个人主义行动方式、不计代价发展的"唯GDP论"、走私贪腐的丑化人性……市场理性是市场经济的加速器,也是欲望的放大器,若不加以遏制,则将导致理性的工具化和价值的虚无化。

集体理性是集体主义价值观中国化历程中隐而不显的价值主线。自构建革命型集体主义价值观起,集体优先便始终被反复强调,但此时的集体理性还隐于多重表达之中,表现为绝对强调集体利益优先。直到改革开放之后,集体理性逐渐成熟化。虽然此时仍强调集体利益优先,但这种优先是建立在平等关系之上的"双方同意",也即个体出于理性考虑自觉将自我利益让位给集体利益。这也是亚当·斯密所揭示的"个人理性会导致集体理性"的"社会第一定律"。为了更好地说明这一点,我们可以基于一个历史观察进行论证:1978年11月24日晚上,安徽省凤阳县小岗村的一处小破茅屋里18名农民签下了"生死状",探索一种在当时不被允许的集体劳动模式,这就是后来的家庭联产承包责任制。这个案例几乎完美地诠释了什么是集体理性,当个体自觉主动参与构成一个集体,这个集体又按照约定给予个体劳动分成,这就已经构成了一种契约型共同体。这种集体的生成逻辑并不是外部加赋的,而是个体自觉选择的,正因如此,集体的行动也将是基于全体成员利益考虑的理性行动,集体理性由此便从时代的胞体之中孕生出来。因此,严格来说,集体理性是对过去"集体不理性"[①]的反思与扬弃。但是,集体理性同样陷入了指摘,具体表现为和平年代和经济稳健发展过程中的保守主义,集体理性失去了改革开放初期的探险激情,用更加时髦的话来说,集体陷入了"维稳陷阱"之中。

契约型集体主义价值观坚持市场理性与集体理性相融。如前所述,市场理性与集体理性并不是对立的概念,甚至具有互补的关系。改革开放以来,我们构建的契约型集体主义价值观既有市场理性的探险求进精

---

① "集体不理性"是指集体名义上代表个体,但实际上却做出有违集体或个人利益的行动。集体不理性的高潮表现在"文化大革命"十年大动乱期间。

神，又有集体理性的美好共同体愿景；既从集体出发寻求整体利益最大化，又充分考虑个人利益并保证个人应得。从根本上说，契约就是市场理性与集体理性相融的产物。契约是市场理性主导下的主体交往形式，这一交往形式包含主体对自我利益的充分考虑，同时通过交往又把主体权利让渡给集体，个体理性生成并认可了集体理性，契约过程才能完成。因此，基于契约精神之上的集体主义价值观，是符合市场理性与集体理性的价值体系。具体到中国语境，共同富裕理念是契约型集体主义价值观的时代表达，包含市场理性与集体理性的双重内涵。邓小平指出："社会主义不是少数人富起来、大多数人穷，不是那个样子。社会主义最大的优越性就是共同富裕，这是体现社会主义本质的一个东西。"[①] 共同富裕的实现不仅是基于集体理性的"共建共享"，也是基于市场理性的"财富创造"，没有集体理性便没有"共同"，没有市场理性便没有"富裕"。从这个意义来说，市场理性与集体理性共同构成了"共同富裕"主题，充分彰显了契约型集体主义价值观的本真意涵。

第三节　契约型集体主义价值观的构建方式

在全社会构建契约型集体主义价值观是推动社会道德规范转化为人们思想观念的最终落脚点。正如马克思曾指出："理论一经掌握群众，也会变成物质力量。"[②] 契约型集体主义价值观不能仅仅停留于社会道德倡导，而是要将其内化为每个公民的思想观念，只有这样，集体主义价值观才能发挥应有的作用。换言之，构建集体主义价值观不仅仅是一项理论工作，更是一项宣传教育工作。如何在改革开放的复杂社会环境中

---

① 《邓小平文选》第三卷，人民出版社1993年版，第364页。
② 《马克思恩格斯文集》第1卷，人民出版社2009年版，第11页。

传播集体主义价值观，推动社会思维进步，这是契约型集体主义价值观面临的课题。因此，中国共产党探索出了一系列措施，主要包括：用经济体制改革带动社会思维进步，通过社会大讨论增强集体主义认同，用国家手段强化集体主义主导地位。

一 用经济体制改革带动社会思维进步

改革开放带来了巨大的生产力进步，但在社会层面也滋生了诸多价值观隐忧。面对社会频发的"道德滑坡"问题，有的人担心中华民族一以贯之的礼仪传统正在丧失，社会正在变成一个人人自危、冷漠相处的"陌生人社会"。甚至有论者指出："官方的道德准则在继续宣扬集体主义，而日益增强的市场经济秩序则鼓励个人通过与他人的竞争来追求自己的利益"，社会上出现了"个人主义的道德观可能会战胜集体主义的道德观"①的猜疑。客观地说，这些社会忧虑是有一定道理的，因此，在经济体制改革中坚守集体主义价值主线，是改革开放时期不变的社会主义精神文明建设任务。在这里，我们应当辨明一个观念：集体主义与市场经济并不矛盾对立。邓小平曾以著名的"白猫黑猫论"阐释了计划经济和市场经济的关系，指明了市场经济与社会主义相结合的可能性，进而探索出构建和完善社会主义市场经济体制的新道路。市场经济并不是资本主义的特有物，它只是经济发展的一种工具手段。按照马克思的观点："机器本身对于工人从生活资料中'游离'出来是没有责任的。"②单纯的技术本身是没有价值倾向的，工具表现出来的价值倾向取决于人如何使用它。当市场经济在社会主义国家扎根生长之后，利用市场经济沃土培育新型集体主义价值观便具备了必要性和可能性。用经济体制改革带动社会思维进步，呈现出宏观、中观、微观三个层面的逻辑进路。

在宏观层面，从单一公有制到多元所有制的改革为构建契约型集体

---

① [美]丽莎·G.斯蒂尔、斯科特·M.林奇：《中国人对幸福的追求：中国经济社会转型中的个人主义、集体主义和主观幸福感》，谭金可译，《国外理论动态》2014年第5期。

② 《马克思恩格斯文集》第5卷，人民出版社2009年版，第508页。

主义价值观提供了肥沃的土壤。在计划经济条件下的单一公有制，个人与集体的关系表现为个体对集体单向的、绝对的服从状态，这是处于特殊历史阶段的一种必要经济调控手段，因此并没有给个人利益留下太多的缓冲空间。当市场经济允许个人张扬个性、追逐利益时，这种集体与个人的关系便过时了，因此也有论者将改革开放之前的集体主义价值观称为"传统集体主义价值观"。从公有制转向多元所有制的过程中，集体与个人的含义得以重释，个人与集体的关系有了更加全面和完整的构设。在个体层面，肯定非公有制意味着个体寻求个人利益成为可能，个人第一次以"自我"的身份参与到市场经济活动之中，成本与收益均由自己负责。当然，这并不是说个体脱离集体生活，而是强调激发个体的主体性。这样，集体主义视野之中的"个体"不再是完全服务于集体的存在，而是在追求自我利益的同时具有伦理职责的个体，个体从绝对服从转向基于道德伦理的自觉服从。在集体层面，集体也不再是统筹方方面面的"大家长"。公有制转向多元所有制意味着集体事务的分离，绝大多数非核心、非必要的生产被转交给市场，集体"减负"的同时，个体也获得了更大的发展空间。正是所有制层面的变化，使人们对集体与个体的认识发生了改观，对集体与个人的关系有了更加清晰的认识。

在中观层面，企业制度改革激发了个体权利意识和集体参与意识。改革开放以来，全国各地大大小小的企业如雨后春笋一般涌现，个体由此从"单位生活"过上了"企业生活"，企业也成为集体自我描述的时髦词汇。应当说，企业已经成为改革开放阶段经济集体的最主要呈现形式，个体在企业之中的生活和工作，时时刻刻反映着个体与集体的关系。在企业制度改革的春风吹动下，企业相较于过去的集体公社、生产大队而言，有三个突出特点：第一，更加注重追求利润；第二，有更加规范化和制度化的利益分配方案；第三，有更加专业的内部协商制度。企业制度改革不仅仅是经济层面的改革，同时也在客观上带动了集体主义价值观的"自我改革"。客观来说，企业制度改革在很大程度上受到了日企经营体系的影响。改革开放后最先进入中国的是日本企业，同时也把日企的管理模式带入中国,而其中最核心的"集团主义"[①]对于构建契约型集体主义价值观产生非常重要的影响。具体来说,企业的股权结构改革使得信息公开化、透明化,集体利益共享的原则得以贯彻。个体逐渐有了维护自我应得权利的意识,有了维权的依据。此外,股东大会、职工代表大会的召开逐渐成为一种习惯,员工有了参与集体决策的观念,集体不再是一个外在于自己的他者,而是每个个体所组成的利益共同体。

在微观层面,从平均主义到"效率优先,兼顾公平"的分配制度改革使个体得以充分发展。从计划经济的平均主义到改革开放的"效率优先",并不是集体对个人的"抛弃"和"不负责",相反,这充分激发了个体自我奋斗的意识。在平均主义下,社会之中难免存在"等、靠、要"的思想和现象,完全按照看似公平的平均主义原则分配财富实则是对奋斗者的不公,这也有违"社会主义不养懒汉"的理念。强调"效率优先,兼顾公平"意味着充分尊重个体差异性创造价值的意义,不再以统一标准平抑个体,这是对新型集体主义价值观的重申。

二 通过社会大讨论增强集体主义认同

契约型集体主义价值观是在集体主义与个人主义的论战以及人们关于人生意义的大讨论中被构建的。改革开放以来,集体主义与个人主义之间经历了无数次正面论战。并且,每一次论战都不同程度地引发国民

[①] 日本的"集团主义"发轫于以家业为核心的家户制度,在塑造国民性格、民族个性和集体习惯方面起不可替代的作用。其中,日企的管理理念是日本"集团主义"的集中体现。一方面,员工将企业当成自己的第二个家,将同事视为兄弟姐妹,任劳任怨建设集体,并为自己企业取得成就而感到自豪;另一方面,公司视员工为子女,对员工予以物质和精神的关照,建立了诸如"终身雇佣、年功序列、企业工会"等一系列制度保障。这实际上是以家业为核心的家户制度为样板,构建了"集体—个体"利益一体化的劳资关系。在这个利益统一体中,家户制度中家训和家宗的伦理精神被引入企业的社训和社规之中,并表征为"温情主义"的管理体系。例如,日本企业在践行"终身雇佣"的制度承诺的同时,也强调对员工个人工作、家庭生活、社会活动的关心,员工不是企业的零件,而是"家族企业"中有生命力和有个性的成员。

思想认识上的混乱，也会促使集体主义进行自我更新和发展。其中有一场论战始于20世纪80年代初，由《中国青年》引发。1980年5月11日，《中国青年》刊登了《人生的路啊，怎么越走越窄》一文，作者署名"潘晓"，因此又被称为"潘晓来信"。在这篇文章中，"潘晓"表达了自己从相信集体到怀疑集体再到形成个体化行动的心路历程，呈现出个体信仰美好集体与集体绝情抛弃个体的紧张矛盾，进而开始怀疑包括朋友、亲人在内的社会关系，最终得出"主观为自己，客观为他人"的价值观结论。"潘晓来信"一经刊登，便在全国青年之中产生了极大的热度，也引起了相关领导人的注意。同年6月18日，胡乔木视察《中国青年》编辑部时，支持和肯定了社会大讨论，并鼓励大讨论持续下去。此后，约有6万封信如雪片般寄到杂志社，其中有与"潘晓来信"产生精神共鸣的，也有反对"潘晓来信"消极观念的。《中国青年》在接下来的半年里扩大专栏版面陆续刊登了回应"潘晓来信"的青年文章，这一事件后续被称为"整整一代中国青年的精神初恋"。"潘晓来信"在一定程度上带来了集体虚无主义的风险，信中表达的相对消极的观点却引起了不少青年人的共鸣，"由于当时这种以理想主义之名或理想主义所推荐的形式为理由，但实际为谋取自己利益的行为存在相当普遍，使得当有人把真正的理想主义冲动做法猜测为私利推动时，很多人会想当然接受"①。之后，《中国青年》又刊登了赵林的《只有自我才是绝对的》，提出了"自私是人的本质"的论断，进一步将关于"自我"的生活方式推到了讨论高潮。

随着官方力量的入场，混乱的人生大讨论逐渐转化成增强集体主义认同的社会大讨论。1981年6月，在时任中宣部部长王任重、副部长王慧德等中央领导指导审阅下，《中国青年》刊发了《献给人生意义的思考者》一文，并将之作为"潘晓讨论"的终篇之作。文章对个人与集体的关系作了明确研判："社会主义社会的原则，就是把'公'和

---

① 贺照田：《从"潘晓讨论"看当代中国大陆虚无主义的历史与观念成因》，《开放时代》2010年第7期。

'私'合理地结合起来,正确处理国家利益、集体利益和个人利益三者之间的关系。既不应该以'公'抹杀'私',也不允许以'私'损害'公'。"[1]文章还明确区分了极端自私的人生观、中层次人生观和革命的人生观,向青年群体提出了坚持集体主义人生观的倡导。至此,"潘晓来信"引发的轰轰烈烈的关于人生观的大讨论以巩固集体主义价值观收尾。

从某种程度上来说,参与社会大讨论是个人自我教育的过程。刚刚从"文化大革命"中走出来的社会大众,对国家、集体、人生都有许多想说而未说的困惑,社会大讨论提供了一种思想交往的场所,主流与非主流观点相互穿插,讨论者在与公众交流的过程中反思、争论、共鸣、洗礼,形成价值观。价值观的碰撞往往有两种结果:对立冲突和走向融合,而国家对社会价值观的讨论态度应该以引导为主,引导社会大讨论向着正能量方向发展,避免搞"一刀切""一言堂"。在社会大讨论这场思想洗礼之中,没有高高在上的"灌输者",只有平等而真实的"志同道合的朋友",个体在与诸多"潘晓"对话,本质上是同"自我"对话,在自我反思中实现自我教育。事实上,有论者指出:"'潘晓讨论'以社会问题为出发点,但并没有止于社会问题的解决而终结,而是同时生成了一种历史叙事,使社会问题在一定程度上变成了一个文学和精神的重构,并直接作用于80年代以来的'自我想象'和'自我重建'。"[2]改革开放给社会带来了无限可能,青年人面临着"我是什么样的人""我应该怎么做"的"精神内耗",通过一场社会大讨论,青年人逐渐清晰了人生价值观,明确了集体的意义,对自我和社会有了更明确的认识。从这个意义上来说,社会大讨论是塑造人生价值观、巩固集体认同的一种有效途径。

用人生观大讨论增强集体主义认同,关键在于国家的科学引导。

---

[1] 《献给人生意义的思考者》,转引自《中国青年》编辑部编《潘晓讨论:一代中国青年的思想初恋》,南开大学出版社2000年版,第50页。

[2] 李萱:《"人生观大讨论"与"80年代文学"相关研究综述——"80年代文学"研究综述之二》,《南宁师范大学学报》(哲学社会科学版)2020年第3期。

"潘晓讨论"之所以会成为一代人的"精神初恋",在于形式的亲和性和内容的正面性,相较于灌输说教,社会大讨论有其自由平等的氛围,使人容易接受。同时在国家的科学引导下,社会大讨论不至于陷入个人主义的布道工具,成为"精神污染"。尤其是20世纪90年代中国接入互联网初期,网络空间成为一个公共的、匿名的、混乱的讨论场,国家有关力量的及时介入和科学引导便显得尤为重要。不管是新兴的网络空间,还是以广播电视、报刊为主要媒介的现实社会,他们都代表了国内正在生长的"公共空间",是市民社会在现代社会的延伸。一如黑格尔从伦理精神的角度出发指出,市民社会交往的特殊性必然导致"一切人反对一切人",最后黑格尔诉诸政治国家的"外部秩序"来维系市民社会。马克思同样指出了国家凌驾于社会之上的事实。可见,国家引导社会讨论,不仅具有现实必要性,也有理论可能性。例如,20世纪80年代初,社会上出现了"人道主义""异化论"等说法,胡乔木等中国共产党人敏锐地洞悉到了这一不良势头,指出:"有些人已经从异化论出发直接要求取消一切社会政治权力,一切社会经济组织,一切思想权威,一切集中和纪律,公开宣传无政府主义,绝对自由主义和极端个人主义。"[1]因此,在国内掀起了关于"抽象人性论"的大讨论。这一讨论实质上是对西方个人主义、自由主义、抽象人道主义的批判,揭露了藏匿于人性论背后的个人主义真实面相,为公共空间的讨论清场地、树旗帜、明方向。

三 用国家手段强化集体主义主导地位

利用国家手段维护国家意识形态安全,构建核心价值观是各个国家普遍采用的方法。尽管从理论上来说,价值观的生成是一个自由自觉自愿的过程,不建议采用外部强制干涉的手段进行"精神植入",但构建和完善社会价值观同样是国家治理体系的重要一环,当个体价值观有悖甚至冲突于社会主旋律时,国家应当以适当的手段进行社会调控,强化

---

[1] 胡乔木:《胡乔木文集》第二卷,人民出版社2012年版,第660—661页。

国家价值观的主导地位。这些国家手段包括但不限于颁布行政命令、完善法律法规、抓捕惩戒。应当强调的是，用国家手段构建集体主义价值观，始终是以引导为主，强制为辅，只有当情况到了极度不可控时，才考虑采取强制行动。

将集体主义价值观写入中央文件是构建集体主义价值观的一大创举。尽管党和国家高度重视集体主义价值观的构建和传播活动，但在改革开放以前主要是通过领导人讲话、报刊宣传等形式呈现集体主义价值观。1996年10月10日，党的十四届六中全会通过了《关于加强社会主义精神文明建设若干重要问题的决议》，该文件明确强调了集体主义是社会主义道德建设的原则，并把集体主义同社会主义、爱国主义列为社会主旋律，这是集体主义首次被写入中央文件。此后，集体主义又先后被写入《宪法》和《中国共产党章程》，《公民道德建设实施纲要》《中共中央关于深化文化体制改革推动社会主义文化大发展大繁荣若干重要问题的决定》等文件也强调了集体主义在我国公民道德建设中的重要地位，以及强化集体主义价值观对于国家意识形态安全建设和社会主义文化建设的重要意义。将集体主义写入中央文件，实现了集体主义从政治性阐释到伦理性阐释的跨越，从话语陈述到文件规制的飞跃。这一变化意味着强化集体主义价值观成为政府机关的政治任务和绩效工程，意味着在国家层面推进集体主义价值观有了直接的法理依据，意味着集体主义价值观开始作为一种根本原则贯彻于社会各领域（精神文明建设、文艺创作、学校教育、公德建设）。毫无疑问，将集体主义价值观写入中央文件在集体主义价值观中国化时代化历程中具有里程碑式的意义，极大地提升了它的生命力、号召力、战斗力。

抓捕和惩戒一批唯利是图、败坏道德、违背法规的个人或集体，对强化集体主义主导地位有重要意义。改革开放之前，绝大多数人对什么是社会道德、什么是精神文明、什么是集体信仰只有模糊的认识，相关的法律法规尚未完善。因此，改革开放初期，社会上出现了不少道德危机和有违法理的事件，集中表现为无视集体利益片面追求自我利益、借集体之名为自我谋利益、为了追求自我利益不惜牺牲集体利益，等等。这些行为严重侵害了集体的利益，也有违集体主义价值观的伦理倡导，因此有必要惩戒一些情节特别严重的人，对全社会起到"敲山震虎""杀鸡儆猴"的警示作用。针对改革开放初期民间出现的走私、贪污受贿、盗窃集体财产等问题，陈云在1982年指出："要严办几个，判刑几个，以至杀几个罪大恶极的。"①邓小平在陈云的建议上则进一步加上了"雷厉风行，抓住不放"的批语。因此，一场改革开放初期打击经济犯罪活动迅速展开，对于目无集体、侵犯集体利益、极端追求自我利益的犯罪活动（例如，盗运珍贵文物出口、出卖国家机密、国家工作人员索取贿赂）进行打击，甚至处以死刑。这一次经济犯罪打击活动效果非常显著，社会大众逐渐意识到片面地追求个人利益是不可取的，只有在不损害集体利益的情况下追求个人利益才是符合集体主义价值观的。集体主义不仅仅是道德层面的倡导，同时也是应当贯彻到日常生活的行动原则，不仅道德上要讲集体主义，政治上、经济上也要讲集体主义，因此集体主义主导地位得以强化。

　　伴随着在社会面展开的打击经济犯罪活动，党内也展开了长达四年的自查自纠的整党活动（1983—1987年）。随着打击经济犯罪活动的不断深入，党和国家逐渐发现，社会层面的经济犯罪往往有党员作庇护，甚至有党员直接参与其中。因此，1984年，党中央发布了《关于坚决纠正新形势下出现的不正之风的通知》，要求各级党委和政府自纠自查，包括狠刹以权谋私、严重官僚主义、违法乱纪等不正之风；严明党的纪律，普遍进行纪律教育。集体主义作为主要内容被加入党风整顿和党员教育之中。事实上，从毛泽东开始，就把集体主义抬升到了党性的高度，但当时更多的是出于革命的需要。在之后一段时间内，"集体主义，就是党性"②的正确认识却没有被坚持下来。在改革开放时期重提党内集体主义教育，其实是对"集体主义就是党性"的重申。此后，在党内宣传和践行集体主义价值观，变成了中国共产党的一项优良传统，党的历

---

①　陈云：《陈云文选》第三卷，人民出版社1995年版，第273页。
②　《毛泽东文集》第三卷，人民出版社1996年版，第417页。

代领导人都反复强调集体主义教育的重要性，不断强化集体主义的主导地位。

第四节　契约型集体主义价值观的运行状况

契约型集体主义价值观有效引领了社会思想观念，取得了显著成就，但也在一定程度上诱发了一些不良倾向。具体来说，在个体层面，契约型集体主义价值观的确立和传播有效推动了人的"主体性"意识觉醒，推动了个体化解放，进而实现了个人的共性发展；在社会层面，契约型集体主义价值观推动了社会大众劳动观的进步，激励了个体劳动的积极性，实现了社会生产力的发展和集体利益的增进。另外，契约型集体主义价值观也诱发了集体主义功利化与社会冷漠化等现象，具体表现为集体主义价值观逐渐功利化、契约的集体与个人关系掩盖了关怀的集体与个体关系、滋生了"恶集体"与"平庸之恶"。科学研判契约型集体主义价值观的运行状况，有助于我们在新时代构建更加完整和科学的集体主义价值观。

一　推动了个人的个体化解放与个人的共性发展

契约型集体主义价值观充分释放了个人的自主性力量，促进了个人的共性发展，为中国式现代化的发展提供了精神动力。一般认为，近代以来中国的历史就是摆脱封建蒙昧和寻求现代化的历史，在这漫漫历史长河中，中华民族在中国共产党的带领下从被奴役到走上了解放的道路。在马克思"人类解放"视域中，解放是方方面面的解放，包括经济解放、劳动解放、社会解放、文化解放、思想解放，最终共同构成了"人类解放"的思想合题。依此而看，中国现代化进程中的解放，同样包含着人的"主体性"解放，而在改革开放新时期，人的解放又表现为"去集体化"①，即个人离开计划经济时代的集体组织，形成一个真正意义上的"个体"。当然，人从集体之中解放出来，并不意味着人脱离集体而生存，而是指人不再机械地从属于集体，个人可以进行相对灵活的自由活动，以及"为自己而活"文化的生成。德国社会学家贝克曾将现代性的特征概括为个体化，在他看来，个体化是一种新的社会化（sociatalization）模式的开端，是一种个体和社会间关系的"变形"或"范畴转型"②。换言之，个体化并不意味着与社会完全"脱钩"，而是在完成了人的解放之后重新与社会发生关系，重构一种更加完整的、平等的、自由的集体—个人关系。因此，个体化绝不是个人主义，个体化是充分发挥个人能动性，实现个人发展的重要环节。

推动社会的个体化解放，这是在契约型集体主义价值观确立之后才发生的巨大变化。人类历史证明，社会价值观总是与人的生存状态相勾连，在不同的社会价值观主导下，人的生存和发展也随之发生变化。用一种唯物史观的视角检视中华民族的历史，我们会发现，在集体主义价值观中国化的不同阶段，人的解放程度也是不同的。在封建社会，占据主导地位的是"以维护国家、民族和贵族为中心的整体主义"③，它强调宗族利益至上，本质上是一种唯整体论。封建整体主义拒斥个体突破平衡体系的"超人"表现，因此，中国古代公共意识形态往往表现为一种压制个人发展的家长式道德训诫。封建整体主义试图形塑人的奴隶意识，极力抑制个人发展，在这一阶段，人处于"被集体压抑"的"待解放"状态。在新民主主义革命时期，我们党构建了革命型集体主义价值观，突出人民群体利益至上、个人利益绝对服从集体利益。尽管与封建整体主义相比，革命型集体主义价值观开始关注个人利益，但因为过度强调集体利益而存在忽视和消解个人利益的现象。在这一阶段，人处于"被集体忽视"的"初解放"状态。在社会主义革命和建设时期，我们

---

① 孟庆涛：《集体主义的时代内涵与特征》，《中国特殊教育》2021 年第 10 期。
② [德] 乌尔里希·贝克：《风险社会》，何博闻译，译林出版社 2004 年版，第 155 页。
③ 陈章龙：《论主导价值观》，江苏人民出版社 2006 年版，第 195 页。

党构建了兼顾型集体主义价值观，强调保障各方利益共同发展，对集体利益与个人利益的辩证关系做了有益探索，但在具体历史实践中，出现了平均主义和社会失序的风险。在这一阶段，人处于"被集体代表"的"半解放"状态。在改革开放和社会主义现代化建设新时期，我们党构建了契约型集体主义价值观，强调契约精神下的集体—个体利益互惠，充分肯定了个体合法的创收权利和相应的奉献义务，突破性地融合了市场理性和集体理性，使得人获得真正的解放。在这一阶段，人处于"去集体化"的"个体化解放"状态。

个体化解放为人的共性发展提供可能。当人从被压迫的状态之中脱离出来时，便拥有了发展个性和追求权利的意识，但是，人并不是脱离集体而行动，而是进入了"共性发展"的新发展阶段，这正是古今中外思想家们所反复强调的个体始终生存于共同体之中，只不过共同体有不同的表现形态。马克思曾就此作出精彩的论证，他指出，依据共同体的不同历史发展阶段，可将人的生存状态划分为"人的依赖""物的依赖""自由全面发展"三个阶段，分别对应了古代封建共同体、（资本主义）市民社会共同体、自由人的联合体（真正的共同体）。契约型集体主义价值观所强调的社会的个体化解放，本质上是人从"对物的依赖"关系之中脱离出来。个体化解放充分释放了个体的自觉意识，使个体对集体有更加完整和全面的认识，并且充分意识到资本主义逻辑支配下的异化现象和剥削问题。这无疑有助于我们在改革开放新阶段廓清西方资本主义市场经济的自私本性，避免遭遇西方现代化道路上的"现代性隐忧"。契约型集体主义价值观所强调的个体化解放，目标是推动人进入自由而全面的发展阶段。个体化解放的人的生存是自由独立的，但又是相互联系的。这种人与人的联系当然不同于过去"人与人的依赖"（这种依赖从本质来说不过是一方对另一方的剥削奴役关系），而是进入了一种基于自我发展的新型依赖关系。这种人与人的依赖关系，人与集体的依赖关系表现为"共性发展"，即尊重他人利益、尊重公共利益，是一种基于平等、友爱、和谐、互助关系之上的"共同发展"。用贺来的话来说，就是建立在"互依性社会关系"①之上的个人发展。至此,个体化解放充分肯定了人与人的"共性",力图消除人格差异,寻找最大公约数,为构建一种全新的人际关系和人类发展模式提供了历史性前提。

二 实现了社会生产力的发展和集体利益的增进

契约型集体主义价值观有效克服了西方资本主义市场经济内在逻辑悖论,为探索社会主义市场经济体系开辟了一条全新道路。一直以来,西方思想家们用一种自然主义的态度赋予市场经济历史合法性,启蒙理性为市场经济鸣锣开道,自由主义宣称已经完成了对市场经济的正当性证成。但随着现代性逐渐暴露出种种弊端,工具理性与价值理性的分离,市场经济逐渐从自身内部演化出个人主义与社会化大生产之间的矛盾。正如恩格斯所指出的那样,社会化大生产使得"整个工业部门变为一个唯一的庞大的股份公司,国内的竞争让位于这一个公司在国内的垄断"②,然而,资本主义条件下的个体又都是逐利的个体,是处于"一切人反对一切人"的"理性人"。因此,个人主义的无限膨胀最终会导致市场经济陷入无尽的竞争与反竞争之中,现代西方资本主义的市场经济现况无不反复证明这一点。市场经济走向社会化大生产是不以人类意志所转移的规律,当市场经济走到了自我闭塞的发展瓶颈期,需要集体主义价值观的介入。米歇尔·鲍曼也同意这一观点,他在《道德的市场》中明确强调了"集体精神"对市场经济的重要性。他指出:"如果个人利益与集体利益之间不存在和谐,关注主观利益的个人主义占据上风势必导致违背他人利益和公益的行为方式",而且"经济如果没有最低限度的'善意'和'集体精神',的确运作得非常糟糕"③。改革开放以来,中国"摸着石头过河",积极探索建立社会主义市场经济体系,始终重视集体力量和利益分配问题,将契约型集体主义价值观置于社会主义市

---

① 贺来:《"个体化"的反思与"社会团结"的可能性》,《浙江社会科学》2021年第9期。
② 《马克思恩格斯文集》第9卷,人民出版社2009年版,第394页。
③ [德]米歇尔·鲍曼:《道德的市场》,肖君、黄承业等译,中国社会科学出版社2003年版,第27页。

场经济体系的道德原则地位。集体主义价值观能有效避免个体之间的无意义对抗，在西方资本主义市场经济的"殊死对抗"逻辑中走出一条"共同发展"的中国式道路，这无疑是对西方个人主义、自由主义生产方式的超越，为完成中国大力发展生产力的中心任务提供了切实可行的现代方案。

契约型集体主义价值观通过革新个人的劳动观推动社会生产力的进步。集体主义价值观之所以有效克服西方资本主义市场逻辑的内在弊病，带来新的社会生产力增长点，在于重新阐释了市场经济下的劳动性质，革新了人类的劳动观。契约型集体主义价值观视野下的劳动，首先是一种个体合法合理为自我创造财富的劳动。这一点同样是西方资本主义市场经济所认同的，马克思指出："为了生活，首先就需要吃喝住穿以及其他一些东西。因此，第一个历史活动就是生产满足这些需要的资料，即生产物质生活本身。"① 劳动如果不是为了自我生存、发展和享受的劳动，那么劳动将失去所有基本意义。但与西方不同的是，集体主义价值观视野下的劳动，还是一种"集体劳动"。所谓"集体劳动"，即人基于共同体理念为了共同的目标而进行劳动，劳动成果最终服务于集体。契约型集体主义价值观以契约精神将个人劳动与集体劳动勾连起来，个体在自我创收的同时履行奉献集体的义务，个人劳动构成了集体劳动，与此同时，集体劳动又为个人劳动提供条件和保障。改革开放时期的联产承包责任制、集体企业制都是集体劳动的典型。因此，个人的劳动是一种"个体劳动"与"集体劳动"的复合体，既有个体生产的积极性，又有保障集体利益的自愿性，这是改革开放新时期劳动观的最大变化。在契约型集体主义价值观带动下，集体劳动构成推动社会生产力进步的新增长点。正如马克思曾指出："结合劳动的效果要么是单个人劳动根本不可能达到的，要么只能在长得多的时间内，或者只能在很小的规模上达到。这里的问题不仅是通过协作提高了个人生产力，而且是

---

① 《马克思恩格斯文集》第 1 卷，人民出版社 2009 年版，第 531 页。

创造了一种生产力,这种生产力本身必然是集体力。"①集体劳动为社会主义经济发展打开了全新空间。当然,这种从"个体劳动"到"集体劳动"的劳动观的变化,并不能被简单理解为西方资本主义逻辑下的协同劳作或团结劳动。西方所谓的协同劳作,本质上仍然是临时组建的市民社会,内部存在资本剥削,"协同"是不平等的协同和人的"物役性",是以资本家压榨无产阶级剩余劳动力为核心的"协同"。这种"协同"与契约型集体主义价值观所强调的"集体劳动"仍然有质的区别。

劳动观的转变最终通过实践转化为社会生产力的发展和集体利益的增进。唯物史观认为,单纯的思想观念并不能直接参与到物质生产之中,而是需要通过实践转化成物质力量。无疑,契约型集体主义价值观重释了改革开放新时期劳动观,充分激发了个体的劳动积极性,进而鼓舞劳动者参与到社会大生产之中,极大地提升了生产力。在劳动观的转变下,大量的劳动力离开农村耕地,走入城镇之中,从一种相对简单的单一劳动走向复杂的集体劳动,从农作生产链移动到工厂流水线。集体劳动的回报成果进一步鼓舞了劳动力的积极性,形成了物质激励与精神激励双重效应。根据国家统计局公布的数据,我国 GDP 总量从 1978 年的 3678.7 亿元增长到了 2021 年的 114.3669 万亿元,增长近 318 倍。②中国用短短 40 余年完成了西方国家百余年走过的生产力发展之路,单从精神文明层面来看,这是契约型集体主义价值观和劳动观转变的突出贡献。

三 产生了集体主义功利化与社会冷漠化等现象

契约型集体主义价值观在改革开放的特定时代背景下精准回答了"集体与个人利益关系如何"的问题,促进了社会的个体化解放和社会生产力的大发展,有效缓解了集体与个体的利益冲突,但也在客观上引

---

① 《马克思恩格斯文集》第 5 卷,人民出版社 2009 年版,第 378 页。
② 国家统计局:《国内生产总值》,https://data.stats.gov.cn/easyquery.htm?cn=C01&zb=A0201&sj=2021,2024 年 6 月 5 日。

发了一些社会问题。需要指出的是，契约型集体主义价值观引发社会问题的根源，不在于西方部分论者所鼓吹的集体主义价值观错误，而在于价值观念与社会现实的适配性问题。伴随社会历史的不断前进，思想观念便会出现"滞后性"风险，因而可能引发道德危机和社会风险。但这种道德危机和社会风险是可控的，甚至从"一分为二"的视角看是客观有益的，因为它起到一种思想警醒作用，任何社会价值观都不可能是"一劳永逸"的，正是遭遇了时代难题，社会价值观才能"自反性"重审自身，在反思中不断与时俱进，进而保证自己旺盛的生命力。在改革开放逐渐进入深水区，尤其是步入21世纪以来，契约型集体主义价值观在运行中产生的集体主义功利化和社会冷漠化等现象应当引起我们的关注。

第一，集体主义价值观逐渐功利化。契约型集体主义价值观相较于过去的集体主义价值观，最大的特征就是个人利益与集体利益的关系契约化，而契约化便意味着利益计算和量化均等。契约型集体主义价值观强调在保障个体合法利益的同时最大限度地增加集体利益，这显然与古典功利主义具有一定的相似性。尤其是在"大力发展生产力"的中心任务驱动下，契约型集体主义价值观在具体实践中以增加集体和个体利益为目标，存在一定的功利性。因此，契约型集体主义价值观便容易陷入结果导向论，即只要结果是集体利益与个人利益的同步增加，那么便是一种"善"。客观地说，这种结果导向倾向具有一定的合理性，但也蕴含着"过程缺德"的风险。尤其是改革开放时期贫富差距扩大、财富阶层浮现，这些现象逐渐引起了不少人对契约型集体主义价值观的误解和误读，集体主义一度被污名化。

第二，契约的集体与个人关系掩盖了关怀的集体与个体关系。一直以来，集体主义价值观的核心问题是"集体与个人的利益关系如何"，但这一设问忽略了另一个前置性问题，即"关系"如何呈现。不管是个体服从集体还是集体保护个体，都需要通过某种因素来维持这种关系。在新民主主义革命时期，这种因素是民族革命的现实需要；在社会主义革命和建设时期，是国家建设的现实需要；在改革开放新时期，则是契约精神的签订。但总体来说,这些因素都可以统称为"外部因素",即用一种外部约束来促成集体与个人关系的塑成。尤其是契约型集体主义价值观,将这种外部因素通过"契约签订"的形式进一步固化,看似规范化和制度化的背后蕴含着重重危机:一种僵硬的、机械的、冰冷的关系取代了本应温情的、关怀的、灵动的关系。德国社会学家滕尼斯曾区分过两类截然不同的社会联系,一种是基于共同信念(本质意志)的联合,一种是基于社会生存(选择意志)的联合。尽管后者更加符合现代社会的运作逻辑,但随着社会的不断分化,人的"共同感"丧失,人与人失去了情感联系,最终只能徘徊于经济联系。在由契约规定的人与人交往关系之上,人与人的情感共鸣被抽离,人与人之间的友情和亲密关系也被焚烧殆尽,最终生成的是"熟悉的陌生人社会"。从实际生活来看,尽管契约型集体主义价值观所构建的社会关系仍然是一种共同体,但正如有论者指出的那样,这种共同体是一种"陌生人命运共同体"①。因为固定的契约取代了温情的关怀,个体便从熟人社会之中"脱嵌"出来,经由契约精神重塑为一个个"就约办事""按图索骥"的人。尽管集体与个人的关系依然是"好的",但共同体精神已经悄然败坏,最终可能酿成恶果。

第三,"虚假的集体"与"平庸之恶"的出现。这是集体主义价值观功利化与契约关系取代关怀关系双重作用的结果。一方面,集体主义价值观功利化导致集体对实践过程中出现的"部分恶"和"少数恶"视而不见甚至刻意掩盖,以保证结果的"大善";另一方面,社会关系冷漠化和个人的孤立化使得温情集体逐渐被"掏空",集体成为单独个体的反复叠加,而不再是个体的联合。因此,集体的性质已经发生了根本性变化,"虚假的集体"正在萌生。"虚假的集体"表现为改革开放初期偷税漏税的企业、贪污腐败的机关、败坏道德的社会组织,这些"小集体"对内部是统一的团体,但对外却是"共同作恶"的社会形象。罗国

---

① 王小章:《"陌生社会"命运共同体的建构与"权利边界"》,《探索与争鸣》2022年第5期。

杰曾经区分过"大集体"和"小集体"的概念，在他看来，"小集体"的利益应当服从于"大集体"的利益。但在"虚假的集体"之中，他们只有"自我"而没有国家和社会这个"大集体"，这是"虚假的集体"最大的问题。并且，在汉娜·阿伦特看来，这种"虚假的集体"会导致个体的"平庸之恶"[1]。最可怕的并不是极恶集体所犯下的"极端之恶"，而是极恶集体内部成员表现出来的"平庸之恶"。他们假用"集体"之名行有违伦理之事，但又妄图将个人责任"转移"到集体之中，试图逃脱社会良知的谴责。

契约型集体主义价值观生长于社会主义市场经济体制之上，科学构设了集体与个人之间良好的契约型关系，很好地服务于改革开放和社会主义现代化建设新时期的任务使命。但正如马克思所说："随着经济基础的变更，全部庞大的上层建筑也或慢或快地发生变革。"[2] 在中华民族迈向新时代之际，我们"正处在大发展大变革大调整时期"[3]，契约型集体主义价值观在应对社会新问题新情况时逐渐出现疲软之态。集体主义价值观是具有旺盛生命力和自我革命性的价值体系，在社会主义建设新时段新条件新形态下应不断自我更新，克服历史局限性，与时代主题形成良性互动，从而更好地服务于中华民族伟大复兴的历史任务。正是在契约型集体主义价值观徐徐落幕的地方，一种真实型的集体主义价值观正在缓缓生成。

---

[1] "平庸之恶"（the banality of evil）是汉娜·阿伦特在《艾希曼在耶路撒冷》一书中提出的概念。在《极权主义的起源》一书中，阿伦特提出了"极端之恶"（radical evil）的概念，指无法饶恕的、与美德绝对对立、无法从理性上理解的恶。"极端之恶"是极权政治的产物，一般用以形容专制极权对个人的个性迫害和肉体残杀。但在参与了对艾希曼的审判之后，阿伦特在反思"极端之恶"的基础上提出了"平庸之恶"，意指处于极权专制下的个人所犯下的恶。尽管个体仅仅是执行了极权政治的命令，个体所犯下的恶果是恶集体所准许的，但这种恶同样是不可饶恕的。这种恶虽然是"无知无思"的，但也是无可救药的恶。处于"虚假的集体"之下的个人所犯下的"平庸之恶"同样应当引起我们的注意。

[2] 《马克思恩格斯文集》第2卷，人民出版社2009年版，第592页。

[3] 《习近平谈治国理政》第二卷，外文出版社2017年版，第538页。

第五章　真实型集体主义价值观

真实型集体主义价值观孕育和发展于新时代。党的十九大报告指出:"经过长期努力,中国特色社会主义进入了新时代,这是我国发展新的历史方位。"① 处在新的历史方位的中国所面临的发展条件、发展环境、发展目标以及自身和世界的关系都发生了深刻变化。为了促使这种变化积极向好发展,我们党团结带领全国各族人民接续奋斗,砥砺前行,在努力开辟马克思主义中国化时代化新境界的同时,采取一系列战略性举措,推进一系列变革性实践,使得"党和国家事业取得历史性成就、发生历史性变革,推动我国迈上全面建设社会主义现代化国家新征程"。② 在这一过程中,个人的创造性得以激发,集体的真实性不断提升,个人和集体、国家的关系更加紧密。正是在这样的现实土壤中,真实型集体主义价值观悄然生长、开花结果。

真实型集体主义价值观是对革命型集体主义价值观、兼顾型集体主义价值观以及契约型集体主义价值观的发展和超越,它强调国家、民族和个人是利益攸关的命运共同体,坚持个人和集体"双主体说",要求个人利益和集体利益在发生矛盾与冲突时互为道德判断标准。为了构建这

---

① 习近平:《决胜全面建成小康社会 夺取新时代中国特色社会主义伟大胜利——在中国共产党第十九次全国代表大会上的报告》,人民出版社2017年版,第10页。
② 习近平:《高举中国特色社会主义伟大旗帜　为全面建设社会主义现代化国家而团结奋斗——在中国共产党第二十次全国代表大会上的报告》,人民出版社2022年版,第6页。

样的集体主义价值观，我们党既强调用"隐喻"的形式凸显个人、集体和国家关系的统一性，又坚持把经济"蛋糕"做大、做优、分好，扎实推进共同富裕，还注重健全社会公平正义的法治保障制度，打造更多真实的集体，以促使个体在集体建设中更加积极主动，从而建构和谐有序的社会利益系统，实现各方利益的协同发展。真实型集体主义价值观的培育和践行促进了社会关系的和谐，推动了集体事业不断发展壮大。但同时，真实型集体主义价值观在实际运行过程中还存在范围有待扩大、个人利益和集体利益互为道德评价标准受困等问题。当然，集体主义价值观的构建是一个不断发展、与时俱进的过程，真实型集体主义价值观也需要不断自我调整与完善，这将是伴随我国社会发展的一项重大课题。

第一节　真实型集体主义价值观的形成背景

真实型集体主义价值观的生成与新时代的社会现实密不可分。首先，伴随社会的飞速发展，特别是物质财富的积累，人们对美好生活的需要愈益强烈，更加渴望置身于真正的共同体中，也期待在现实中以更加平等的主体地位出现，这就在客观上要求构建真实型集体主义价值观；其次，中国共产党不断加强自身建设，逐步强化党员干部对于初心和使命的认识，使其在保障人民利益的同时更加自觉地团结带领人民投身集体建设，为构建真正的共同体、推动真实型集体主义价值观运行提供了坚强的领导力量；最后，我国社会治理有序推进、全面依法治国的条件和社会环境业已形成，这些都为建立健全社会公平正义的法治保障制度营造了良好的外部环境，为个人利益和集体利益在冲突面前互为道德评判标准提供了可能。如此种种构成了真实型集体主义价值观生成的现实基础，也为其发展提供了源源不断的推动力。

一　人民群众的自我意识以及对美好生活的需要愈益强烈

真实型集体主义价值观是中国共产党发挥领导作用、回应人民群众诉求、扎根当前社会现实的产物。一方面，新时代人民群众的现实需要发生变化，人民自我意识不断提升，对个人价值实现的追求愈发强烈，需要调整契约型集体主义价值观对个人利益和集体利益的规定，从而更多关注和满足个人利益，包括在处理利益冲突时，也要充分尊重和保障个人的正当合法权益。而真实型集体主义价值观因符合人的自由全面发展之需，被人民所认同和向往。另一方面，人民群众对美好生活日益强烈的向往也催生契约型集体主义价值观的发展过渡。在新时代，我国物质财富得到了较为充分的发展，但仍存在发展不平衡不充分问题。例如，社会经济、政治、文化、社会、生态文明五大领域的发展还不平衡、不协调；城乡之间、东中西部之间的发展水平差距仍然较大；不同阶层、地域、行业的人们在收入分配方面也存在不小差距。发展不平衡、不充分所带来的社会问题又会引发新的社会矛盾和问题，需要真实型集体主义价值观进行"社会主义调节"，使得"在这个共同体中各个人都是作为个人参加的。它是各个人的这样一种联合（自然是以当时发达的生产力为前提的），这种联合把个人的自由发展和运动的条件置于他们的控制之下"①，从而更好地实现人们对美好生活的需要。如此，真实型集体主义价值观的构建成为党、人民和时代的选择。

具体来说，一方面，人民自我意识的不断强化为真实型集体主义价值观的形成和发展准备了思想基础。曾有论者指出："自我意识是人之所以为人的内在标志，它使人扬弃了单纯的被给予性即自然规定性，也扬弃了自己作为对象的外在独立性，从而自己规定自己、自己扬弃自己，在推动人成为自在自为的存在时，实现普遍的自由。"②诚然，自我

---

① 《马克思恩格斯选集》第1卷，人民出版社2012年版，第202页。
② 张曙光：《自我意识与自由》，《学术研究》2013年第4期。

意识的觉醒和强化是主客观双重因素作用的结果。就客观因素而言，社会大环境的稳定和发展以及人人平等地位的基本实现，会促进个体自我意识的增强。党的十八大以来，我国社会取得长足进步并趋于公平公正，客观上促使人们"向内看"，更加关注自我的感觉和感受。同时，教育事业的普及和发展以及社会公共基础设施的完善也为人们自我意识的提升提供了可能性。就主观因素而言，新时代人们的生活水平得到了整体提升，与之相应地，人们除了满足自身生存需要之外有了更多休闲时间，使得自我意识有了充分发展的时间条件。而物质生活水平的提升也拉动了精神需求的提高，人们更多地关注自我价值的实现，自我意识不断增强。这一变化促使个人和集体的互动呈现出个人更加自觉主动地处理与集体的关系以满足自身需要并获得自由发展这一新特点，也要求契约型集体主义价值观结合实际情况获得进一步发展。正如马克思所说："在真正的共同体的条件下，各个人在自己的联合中并通过这种联合获得自己的自由。"[①] 契约型集体主义价值观在新时代具有充分的过渡条件，需要逐渐向真实型集体主义价值观转变。

另一方面，人民对美好生活的向往和追求，构成了真实型集体主义价值观发展的现实基础。习近平总书记在当选为党的十八届中央领导机构成员后明确指出："人民对美好生活的向往，就是我们的奋斗目标。"[②] 为了准确把握人民的美好生活需要，我们党需要从社会主要矛盾的发展变化之角度进行深刻剖析。新时代社会主要矛盾的转变已经成为一项社会共识，"中国特色社会主义进入新时代，我国社会主要矛盾已经转化为人民日益增长的美好生活需要和不平衡不充分的发展之间的矛盾"[③]。社会主要矛盾的变化不仅意味着社会整体的发展改变，也包含人民对于美好生活的向往的孜孜追求和愈益增长，这使得契约型集体主义价值观需要进行调整与改进，以满足人们多样化、多方面的美好生活需要。当

[①]《马克思恩格斯选集》第1卷，人民出版社2012年版，第199页。
[②]《习近平谈治国理政》第一卷，外文出版社2018年版，第4页。
[③]《习近平谈治国理政》第三卷，外文出版社2020年版，第9页。

然,"人民美好生活不仅是中国人民美好生活的集合体,还蕴含着多姿多彩的微观个体美好生活元素;人民美好生活不仅是宏观人民生活愿景的汇聚,还是多元个体积极生活追求的展现。因此,人民美好生活既体现着广大人民一般性、普遍性的生活愿景,又包含着微观个体特殊性、个别性的生活愿望"①。集体与个体对美好生活向往的同质性、宏观公共生活与微观私人生活的同构性,使得构建具有新时代内涵的真实型集体主义价值观成为必要。

二 中国共产党更加自觉地践行初心使命、开创美好未来

中国共产党是一个以全心全意为人民服务为宗旨的马克思主义政党,其初心使命直接关乎民族复兴、人民幸福,回答了我们党从哪里来、为什么出发等基本问题,规定了党的奋斗方向。近代以来中国人民抗击外来侵略、实现民族独立的历史证明,封建地主阶级、资产阶级无法拯救中国,只有代表最广大人民群众根本利益的中国共产党才能带领人民取得革命胜利,实现民族独立和人民解放。中国特色社会主义进入新时代以来,中国共产党根据日益变化的社会现实,立足人民群众的具体实践不断进行思想理论创新以全面推进党和国家的发展,在行动中坚守初心、担当使命,即继承和发展马克思主义的崇高理想和价值追求,深化对自身初心与使命的认识,将以中国式现代化全面推进中华民族伟大复兴作为自身奋斗目标。这一目标的实现离不开与之相适应的价值观的引导,而其内在具有的以人民为中心、促进个人全面发展、推动实现民族复兴等特质则指向真实型集体主义价值观的构建。

中国共产党为中国人民谋幸福,将自身发展与实现人民解放紧紧相连,主动回应人民对于美好生活的新期待。马克思主义是致力于实现人类解放的学说,其终极价值追求在于以完善的社会形态促进每个人的自由全面发展。中国共产党作为一个没有自身特殊利益的执政党,始终贯彻群众观点和群众路线,为绝大多数人谋利益。而在新的历史条件下,

---

① 陈开江、熊斌:《新时代我国人民美好生活论析》,《中国商论》2021年第14期。

人民群众产生了美好生活的新需要，这种需要具有动态性、差异性；不仅有强烈的民生诉求，而且对法治、公平、正义等美好生活需求持续升级。例如，对于公共生活"普惠化""人本化"更加期待，更加注重高质量社会公共服务的可感可及水平等。基于此，新时代的中国共产党坚持以人为本、问题导向，全面贯彻新发展理念，大力推进经济高质量发展、生态文明建设、党的建设新的伟大工程，并攻克了绝对贫困、新冠疫情等许多顽疾痼疾，正在扎实推进全体人民共同富裕，为实现人的自由全面发展奠定了坚实基础，为真实型集体主义价值观的构建提供了领导力量。

中国共产党为中华民族谋复兴，勇担历史使命，努力开启由富向强的民族复兴新征程，这使得提升各类集体的真实性成为当下重要任务。新民主主义革命的胜利促使中华民族摆脱了被压迫和被剥削的命运，实现了民族独立，中国人民成为国家的主人。中华人民共和国成立之后对社会主义基本制度的探索实现了国家初步的发展和社会的逐渐进步。党的十一届三中全会之后，改革开放的推行又使得中国经历了深刻的变革，取得了举世瞩目的伟大成就。党的十八大以来，中国共产党接续奋斗，在新阶段的赛道上奋力奔跑，团结带领中华儿女促使中华民族伟大复兴进入了不可逆转的历史进程。当前，"我们比历史上任何时期都更接近中华民族伟大复兴的目标，比历史上任何时期都更有信心、有能力实现这个目标"①。民族复兴事关全体中国人民的共同利益，是中华民族作为一个团结有力的集体在新时代的必然追求，每一位中华儿女在这个过程中都承担使命，同时也享受社会发展成果，集体发展和个人利益满足的不断互动推动我们向民族复兴的伟大目标迈进。

中国共产党人的初心与使命从始至终都蕴含个人与集体辩证统一的价值取向，是实现个人利益与集体利益共同发展的必然要求。随着中国共产党对自身初心与使命的认识不断深入，践行更加坚定、自觉，个人利益的保障条件将愈加充分，人民所怀揣的美好生活需求也必将被大大

---

① 《习近平谈治国理政》第一卷，外文出版社 2018 年版，第 35—36 页。

满足。这些变化铺平了集体主义价值观通向真实型的道路。

三 全面推进依法治国，为集体主义价值观提供法治保障

中国人民为建设自由、民主、平等的社会主义法治国家，进行了长期不懈的努力，也经历了漫长的艰辛探索过程。中华人民共和国成立之初，国家面临旧法统与新社会不相适配的突出问题，法治建设迫在眉睫。这个时候，废除旧法统、将根据地法治建设中形成的宝贵经验迁移到国家法治建设中成了最优解，社会主义法治基础初步确立。但是，在后来的一段时间里，中国的法治建设遭受了极大破坏。改革开放之后，中国共产党吸取之前法治建设方面的沉痛教训，从社会发展现实出发，提出"依法治国"这一治理国家的基本方略，同时将"依法执政"确立为党治国理政的基本方式，在此之后，中国的法治建设向好发展，取得了很多利国利民的重大成就。新时代以来，我国的法治建设在理论研究和实践探索两个方面综合发力，在社会主义法治国家建设方面达到了新高度。党的十八届四中全会还对全面推进依法治国作出了顶层设计，制定了路线图，这成为我国社会主义法治史上的一座里程碑。党的十九大更是将全面推进依法治国的总目标写入"八个明确"，把坚持全面依法治国包含在"十四个坚持"基本方略中。在全面依法治国的推进过程中，人民群众的主体性作用得到了充分彰显，对于社会主义法治国家的建设有了深入认识和强烈期待，法治意识日益增强，法律素养不断提高。我国的法治建设波浪式前进、螺旋式上升，在历史发展中超越自身，最终成功地迈入了全面依法治国的新阶段。

全面推进依法治国背景下个人权益得到了更为切实的保障。推进全面依法治国的根本目的是依法保障人民权益，将国家、集体与个人置于法律基石之上，通过权利和义务的互动链条促进它们关系的良性发展。公平正义是法治最根本的价值追求，也是全面推进依法治国实践环节不可缺少的要素，从国家对公平正义的维护中可以窥见其对个人权益的保障。在中国共产党带领人民全面推进依法治国的建设过程中，关乎人民群众的根本利益问题和人民群众对于美好生活的向往被转化为法治建设

的一系列具体目标，实现了在基本民生保障、弱势群体保护和群众急难愁盼问题上充分表达人民意愿，在立法、执法、司法等各个环节充分体现人民意志这一目标追求。由此，公平正义的真实性得到保障，个体利益得到集体庇护成为一种具体可观察的社会现实。以物权保护为例，《中华人民共和国民法典》（以下简称《民法典》）物权编第二百零七条规定："国家、集体、私人的物权和其他权利人的物权受法律平等保护，任何组织或者个人不得侵犯。"[1] 这就将私人物权置于与国家以及集体物权平等的地位上，而这一举措也使得对国家、集体和私人的物权给予平等保护的理念逐步成为全社会的共识。全面依法治国作为社会的一项基础工程，体现了社会范围内对公平正义的保障和对个人权益的保护，这与真实型集体主义价值观所倡导的个人与集体的平等地位以及集体对个人利益的保护相符合，为真实型集体主义价值观的构建提供推动力。

集体的和谐以及个人利益和集体利益的一致在全面依法治国情境下更为突出，究其本质来看全面依法治国是集体领导社会治理的一种重要手段和模式，法律通过立法、司法等环节凝聚人民群众对于社会生活主要方面的普遍认识，起汇聚团结奋斗力量的重要作用。我国幅员辽阔，人口众多，要在这样的情况下实现国家统一和社会和谐就需要集中统一领导，需要秉持法律这个准绳、用好法治这种方式。在法律体系的制定中，集体的和谐性也已成为一个重要标尺。妥善协调各方面的利益关系，提高立法的质量与水平是全面依法治国的基本目标。只有将各种不同的利益关系都充分纳入考量，实现各种利益之间的和谐互动，才能搭建衔接细密的制度设计和扎实有效的机制运作。另外，在全面推进依法治国的社会背景下，维护最广大人民的根本利益成为衡量标准，这不同于单纯维护个人利益，而是致力于设计妥善处理个人与他人、个人与集体、集体与集体等方面利益关系的规则，使得整体达到平衡。以不动产用益物权制度的发展为例，《民法典》相比于《中华人民共和国物权法》明确了建设用地使用权设立条件及住宅续期问题，将绿色原则确立为民

---

[1]《中华人民共和国民法典》，法律出版社2020年版，第47页。

事活动的基本原则。《民法典》总则第九条明确规定:"民事主体从事民事活动,应当有利于节约资源、保护生态环境。"①这实际上不仅是对于环境保护的基本国策的贯彻,也是对于个人的限制以及对于集体和谐发展的强调。全面依法治国的实行使得各方利益在较大程度上得到了协调从而趋于整体和谐,在这一原则之上,全面系统的法治体系建立起来,起到维护社会稳定和集体和谐的作用,也成为真实型集体主义价值观构建的重要支点。

在全面推进依法治国的条件和社会环境业已形成的基础上,集体主义原则在法律上有了更为生动和具有时代特性的阐释,个人和集体的权益都得到了强调和尊重,二者之间的关系和谐性特征更为突出。这实际上也为真实型集体主义价值观的构建和发展提供了健全的法治保障和充分的社会准备。

第二节 真实型集体主义价值观的主要内容

真实型集体主义价值观立足于真实性不断提升的共同体现状,对集体与个人的利益关系进行重新调整。在马克思主义视域中,"真正的共同体"总是与个人的个性发展和利益增进紧密相连,而资本主义国家等国家形式被认为是"虚幻的共同体"。马克思和恩格斯对于国家是否作为一种"虚幻的共同体"的观点建立在一系列评判标准之上,如私人利益和公共利益是否分裂、个人在集体内是否独立、集体存续和发展是否为了实现集体内绝大多数人的自由全面发展。就这一层面而言,尽管我国还处在社会主义初级阶段,但这一阶段的集体相较于以往的集体,还是愈益接近"真正的共同体"范畴,集体的真实性正在不断增长。"随

---

① 《中华人民共和国民法典》,法律出版社2020年版,第10页。

着个体的独立性得到承认，个人追逐权利和利益的热情空前高涨，社会对个体贡献的承认程度不断提高，个体的尊严和价值逐步实现，个人利益的实现促进了整个社会的经济发展和财富积累，个体发展和社会发展实现了双赢。"①集体真实性不断扩充，并且进入足够支撑真实型集体主义价值观成长起来的新阶段。本书结合学术界目前的研究成果并依托社会现实将真实型集体主义价值观的内容概括为：强调国家、集体和个人是利益攸关的命运共同体，将个人和集体同时作为集体主义价值观践行主体，要求个人和集体在利益冲突时互为道德评判标准。

一 强调国家、集体和个人是利益攸关的命运共同体

如何看待和处理个人、集体与国家之间的利益关系是集体主义价值观的核心内容。真实型集体主义价值观相比于以往的集体主义价值观更加强调三者之间的利益攸关。虽然契约型集体主义价值观也强调集体和个人的利益互惠，但是"在本质上，契约型信任关系是人与人疏离和不信任的结果，是形式化和工具化的信任"②。而真实型集体主义价值观成形于个人、集体和国家利益紧密依存的现实基础上，蕴含着各方利益关系的和谐性、整体性之特点。中国梦则是真实型集体主义价值观内容倡导的生动展现。因为"这个梦想，凝聚了几代中国人的夙愿，体现了中华民族和中国人民的整体利益，是每一个中华儿女的共同期盼"③，承载着"国家好，民族好，大家才会好"④的深刻道理。所以，理解中国梦价值意涵中的国家、民族和个人关系有助于加深对真实型集体主义价值观的认识。

从个人层面来看，中国梦是富民梦，意在维护和发展每一个人的正当合法权益，彰显了真实型集体主义价值观的根本立场。近代以来，"中国逐步成为半殖民地半封建社会，国家蒙辱、人民蒙难、文明蒙尘，中

---

① 陈梅、袁杰：《虚假的集体主义与真实的集体主义之辨》，《学理论》2010 年第 21 期。
② 程倩：《契约型政府信任关系的形成与意义》，《东南学术》2005 年第 2 期。
③ 《习近平谈治国理政》第一卷，外文出版社 2018 年版，第 36 页。
④ 《习近平谈治国理政》第一卷，外文出版社 2018 年版，第 36 页。

华民族遭受了前所未有的劫难"①。中华人民共和国成立后,社会主义建设经历了曲折发展,人民生活逐渐得到保障。改革开放之后特别是在新时代,中国共产党团结带领广大人民群众全面建成了小康社会,实现了第一个百年奋斗目标,人民的生活水平得以整体性跃升。而国家昌盛和民族富强也从根本上保障了每一个中华儿女的利益,实现了个人、集体和国家利益的统一。这也契合了马克思和恩格斯提出的理想追求,即建立"每个人的自由发展是一切人的自由发展的条件"的"联合体"。②当然,中国梦除了造福人民,也必须依靠人民才能实现。人民要通过主观能动性的发挥,自觉投身于中国式现代化建设,以多种形式推动中国梦的实现,如此才能真正维护和增进集体利益,捍卫和发展自身利益。

从社会层面来看,中国梦是复兴梦,致力于实现民族振兴和繁荣发展,体现了真实型集体主义价值观的重要主张。"五十六个民族五十六枝花,五十六族兄弟姐妹是一家",这是每个中国人耳熟能详的歌曲。中华民族是一个团结的集体,人民汇入中华民族的汪洋大海,使中国梦开大花、结硕果。中国在历史上是一个繁盛的国家,但是近代以来,受到战火摧残以及国家统治腐朽的影响,中华民族转强为弱,亟待实现民族复兴。这之后,在以毛泽东为代表的中国共产党人的努力下,中国人民实现了自身解放;在以邓小平为代表的中国共产党人的接续奋斗之下,中国走向了富裕。在新时代,社会主义市场经济体制改革不断深化,这一改革"以完善产权制度和要素市场化配置为重点,实现产权有效激励、要素自由流动、价格反应灵活、竞争公平有序、企业优胜劣汰"③。这些举措有利于小微企业和个体工商户的成长,也体现了社会主义市场经济体制对个体利益的保护。同时,这些改变也使得创造社会财富的源泉充分涌流,助推集体的发展质量增强、发展效率提高,集体内部的公平性得到倡导,从而实现可持续发展。中国梦在社会层面上所呈现出的集体利

---

① 习近平:《在庆祝中国共产党成立100周年大会上的讲话》,《人民日报》2021年7月2日第2版。
② 《马克思恩格斯选集》第1卷,人民出版社2012年版,第422页。
③ 《习近平谈治国理政》第三卷,外文出版社2020年版,第26页。

益与个人利益的互动也构成了真实型集体主义价值观的重要内容。

从国家层面来看，中国梦是强国梦，旨在增进和发展国家利益，蕴含真实型集体主义价值观的目标指向。中华人民共和国的成立标志着中国人民第一次以国家主人的姿态站在世界舞台之上，取得了政治、经济、社会、外交和军事的胜利，中国人民从此站起来了。经过几十年的发展，中国在1978年迎来了大跨越，党的十一届三中全会拉开了改革开放的大幕，中国人民追赶上了时代潮流，日益从站起来奔向富起来的新目标。党的十八大以来，伴随中国特色社会主义进入新时代，中国日益走近世界舞台中央，以更加自信而强大的形象坚持中国道路、中国理论、中国制度，讲述中国故事，对世界产生了深远影响。在这个过程中，个体为国家付出了很多：袁隆平钻研水稻高产技术，为解决中国乃至世界上其他一些国家的粮食安全问题作出了杰出贡献；张桂梅致力于阻断贫困代际传递，为解决贫困地区女性教育问题倾尽心血，为国家教育事业添砖加瓦；黄文秀积极投身脱贫攻坚事业，用实际行动回击别人的质疑，用突出业绩践行中国共产党人的初心和使命……每个个体的努力都如水滴一般汇成江河，最终形成全面建设社会主义现代化强国的奔涌浪潮，这浪潮推动个体迈向更美好的生活，实现更大的人生价值，从而将新时代个人、集体和国家利益攸关的命运彰显得淋漓尽致。

二 将个人和集体同时作为集体主义价值观践行主体

明确践行主体是理解真实型集体主义价值观的关键一环。集体主义价值观在实现中国化的进程中，其践行主体也在不断调整和变化。例如，革命型集体主义价值观更多地将践行主体看作是个人，强调个人对集体的奉献和牺牲；兼顾型集体主义价值观虽在践行主体方面作出调整，要求重视农民利益和地方利益，但由于彼时的集体利益刚刚被构建，所以在具体实施层面，集体对个人的道德义务并未得到充分履行；契约型集体主义价值观作为改革开放和社会主义现代化建设新时期的集体主义价值观新形态，虽倡导个人和集体同时作为践行主体，但相对于新时代真实型集体主义价值观的要求而言，这种倡导还稍显不足。真实型集体主义价值观不仅强调个人要对集体履行义务，还要求集体对其成员承担相应的道德责任，将个人和集体同时作为集体主义价值观的践行主体，要求二者以平等的地位履行"双向对称义务"。

个人要对集体履行义务，以更加积极主动的姿态参与集体建设，这是真实型集体主义价值观对个人的要求。我国《宪法》规定了公民的基本义务，这种将公民的基本义务以《宪法》形式确定下来的方式，使公民义务具有法定性、强制性和约束性，成为个人对集体履行义务的固定化、具象化的表达。除此之外，公民还需要遵守一定的道德规范，履行道德义务。道德规范一般兼顾了先进性和广泛性，在继承和弘扬中国传统美德、革命道德的前提下，也体现了社会主义市场经济发展过程中对道德的新注解。公民的法律义务和道德义务构成个人对集体履行义务的大致框架，而公民在社会中扮演的不同角色也规定了其所要承担的不尽相同的具象化的义务，主要是职业道德要求。例如，身为医生的公民需要承担保护人民生命健康和安全的义务；身为教师的公民需要承担教书育人的义务；身为警察的公民需要承担维护社会治安的义务；身为农民的公民需要承担保卫国家粮食安全的义务，等等。这些共同构成了个人义务的丰满整体，也必须在与他人、集体发生互动关系的过程中得以履行。

集体对其成员承担相应的责任，也须履行相应的义务，这是真实型集体主义价值观对集体的要求。真实型集体主义价值观在充分尊重个人权益的基础上，致力于通过将人们有机组合在一起，更大程度地促进个人价值和集体利益的共同实现。毕竟，团结而有序的集体远比单个松散的个体更有力量，也能实现更远大的目标，实现个体更为长远的发展。当然，真实型集体主义价值观不把个人看作集体的工具，集体在要求个体履行义务的同时也必然要将其成果回馈给集体成员。我国作为社会主义国家，国家的体制机制内蕴集体主义价值取向，也体现集体利益和个人利益相互促进的互动关系。以我国现行经济制度为例，它是符合我国国情、有利于国家整体发展的重大举措，体现不同经济成分之间同等重要的地位，在避免社会两极分化的同时也能够激励人民勤劳致富。与基本经济制度相配套的分配制度则保证了个体可以自由、公平地参与集体财富的分配,共享集体发展成果。集体主义并非为了"掌管集体"的某些人工作,集体实际上是服务于每一个成员而非特定的利益群体。我国虽尚处于社会主义初级阶段,但国家却是切实地以为人民服务的姿态存在。例如,我国公民具有法定的权利,包括政治权利和自由以及一系列的民事权利,国家保护人民的基本权利不受侵犯,国家机关和工作人员也受到人民的监督,实现人民的诉求。在这样的体系之下,个人的努力并不会被他人吞没,而是切实地惠及自身,真正在集体承担对个人的责任中获益。

  个人与集体之间应该履行"双向对称义务",这是真实型集体主义价值观的特色。一方面,"对于集体而言,任何集体,作为个人的集合,都集权利和义务于一身","对于个人而言,任何个体,作为主体与客体相统一的存在物,也都集权利和义务于一身"①。正如有学者指出:"权利的语言可以转译为义务的语言。意即,权利和义务在逻辑上是相关的;一个人的权利迫使别的人承担避免干预或提供某种利益的义务,而一切义务同样赋予了别的人以权利。"②集体与个人的关系也应当是权利与义务对立统一的关系,二者承担的是双向对称义务。另一方面,集体与个人都是主客体的统一,二者互为主客体,在现实中是平等关系。费尔巴哈认为:"我的权利就是法律所承认的我的追求幸福的愿望;我的义务就是我不得不承认别人追求幸福的愿望。我的追求幸福的愿望说道:'我想要';别人追求幸福的愿望说道'你应当',而不管这话是这个别人自己说的,或者是以这个别人的名义或依照这个别人的吩咐说的。"③集体与个人之间的这种平等性决定了二者承担的义务具有对称性,其履

---

  ① 肖霞、马永庆:《集体与个人间权利与义务的统一——集体主义的本质诉求》,《道德与文明》2017年第2期。
  ② [美]汤姆·L.彼彻姆:《哲学的伦理学》,雷克勤等译,中国社会科学出版社1990年版,第301页。
  ③ [德]路德维希·费尔巴哈:《费尔巴哈哲学著作选集》上卷,荣震华、李金山等译,商务印书馆1984年版,第431—432页。

行要以公平正义为准绳。

三　个人利益和集体利益在冲突时互为道德评判标准

在新时代，个人利益和集体利益一致的范围虽更为广泛，但偶尔的利益冲突依然存在。既有的关于集体与个人的道德评判体系对二者关系的调节和规范作用逐渐变弱，不断变化发展的社会实际与在其上建立的新的"道德实践"向既有的道德体系提出了新要求，集体主义价值观在调节集体与个人利益冲突方面必须作出调整，以防范"道德失范"现象。传统观点主张个人利益与集体利益发生冲突时，个人利益要让步于集体利益，真实型集体主义价值观在这一基础上进行改进，提出个人利益和集体利益应该"互为道德评判标准"的发展范式。具体可以阐释为在双方利益不一致的时候，保障个人利益和维护集体利益应置于平等地位，维护集体利益的时候不能忽视正当的个人利益。

首先，个人的种种需要应该在不损害集体利益的框架内得以满足，这是真实型集体主义价值观的立论之基。我国作为社会主义国家，重视全体人民的共同利益，当个人利益和集体利益发生冲突时，真实型集体主义价值观提倡个人有条件地作出利益让步。"集体利益高于个人利益"作为一项道德评判标准，其核心就是实现个人的利益要以保护集体的利益为前提，且个人利益的满足不能威胁集体的利益或者集体之中其他人的利益，这一要求不仅是个人实践的基本遵循，也是我们党和政府以及各类集体代表进行谋篇布局的基本原则。与此相适应，局部利益服从全局利益、当前利益服从长远利益，都是真实型集体主义价值观的题中应有之义。只是这一原则的确立有其实现条件，即只有在发生剧烈的利益冲突以至于不牺牲个人利益就无法保全集体利益时，这一标准才能生效。并且，集体利益代表要对作出利益牺牲的个体及时给予物质或精神方面的补偿。需要注意的是，在考虑集体利益和个人利益相冲突的语境下的个人利益是指个人的正当权益，个人利益在丧失其正当性时就不再属于这一讨论范围，在这种情况下，个人利益理应自行服从于集体利益。在新时代，由于集体的真实性相对于以往集体而言，在总体上更高一些，所以，维护集体利益从本质上讲也是在维护所有人的长远利益和根本利益。

其次，集体利益优先应以不损害个人的长远利益、根本利益为条件，这是真实型集体主义价值观的底层逻辑。当集体利益和个人利益发生不可调和的冲突时，我们倡导把前者放在更高的位置，但个人利益的让步不是无底线的。个人利益为集体利益作出牺牲既要以保全集体利益为目的，又要以最大限度减少对个人利益的损害、促进个人利益的长远发展为限度。从这个层面来说，坚持集体利益优先，或者将集体利益作为解决利益冲突的评判标准，坚持的原则可以表述为"保护个人正当权益，避免对个人利益的无底线破坏"。在真实型集体主义价值观的构建过程中，除了坚持这一原则之外，还应该采取一些具体措施，将对个人权益的重视落到实处，避免让个体产生被剥夺感，从而弱化对集体和集体主义价值观的认同。

最后，集体利益和个人利益冲突中的具体道德评判依靠的是二者相互依存相互协调过程中的具体实际。在社会主义中国，我们强调保护集体利益，本质上是强调保护全体人民的根本利益，即由个人利益所形成的根本性的共同利益。但个人利益是具有差别的，只有保护好集体利益，个人利益才能得到基本保护。就像每一个人所期待的和平安宁的生活都是建立在稳定和谐的社会整体利益基础之上的。现如今，巴勒斯坦民众就由于国家安全利益没有得到保障而处在个人利益岌岌可危的状态。所以，对于陷入战争的国家和人民而言，应当为保全整体利益而自觉作出个人利益牺牲，这种牺牲归根结底也是为了维护自身的长远利益和根本利益。对于新时代的中国和人民而言，真实型集体主义价值观倡导在利益冲突面前更多地向个人利益倾斜，而这种倾斜的程度需要以具体实践为依据进行定义和实施。

第三节　真实型集体主义价值观的构建方式

真实型集体主义价值观的生成和发展是中国共产党立足新时代不懈努力的结果。构建方式具体包括：用"隐喻"的形式强调个人、集体和国家关系的辩证性；坚持把"蛋糕"做大、做优、分好，扎实推进共同富裕；健全社会公平正义的法治保障制度，构建更多真实集体。真实型集体主义价值观作为新时代集体主义价值观的新形态，仍处于不断发展和完善的过程当中，而不是一个真正意义上的完成形态。

一　用"隐喻"的形式强调个人、集体和国家关系的辩证性

从词源上看，"隐喻"（metaphor）一词来源于希腊语的合成词 metaphora。meta 的意思是"过来"，phora 的意思是"携带"，两者合成以后，整个词就具有"转化""带来"的意思，也就是强调一种东西过渡、转出或者施加于另一种东西的结果。①"隐喻"除了以语言模式呈现出来以外，更多地表现为多模态隐喻，其研究对象多集中于音乐、广告、电影、政治漫画等。在新时代，真实型集体主义价值观的构建对隐喻的使用主要体现在文字、图像、音乐等方面。

文字作为中华文明的重要载体，同时也肩负着弘扬真实型集体主义价值观的重担，其隐喻主要体现在理论宣传以及文字标语中。例如 2018 年 3 月 5 日，习近平总书记在参加十三届全国人大一次会议内蒙古代表团审议时提出："要深入践行守望相助理念，深化民族团结进步教育，铸牢中华民族共同体意识，促进各民族像石榴籽一样紧紧抱在一

---

① 王炳社：《隐喻艺术思维研究》，中国社会科学出版社 2011 年版，第 1 页。

起，共同守卫祖国边疆、共同创造美好生活。"①各个民族的人们像一粒粒石榴籽，紧紧地团结在一起，这既体现了个人与民族之间联系紧密，又说明了各民族是一个统一的整体，有斩不断的血肉联系。"石榴籽"这一特定的概念便被赋予了集体主义价值观的内涵。此外，宣传标语也是我们国家进行宣传教育的重要途径，"江山就是人民，人民就是江山"便是其中广为人知的一种。"江山就是人民"表达了集体的根本目的在于为人民服务；"人民就是江山"则表达了个人利益与集体利益本质上一致的观点。这一标语具有鲜明的价值观导向，起到了政治隐喻的作用。再如，"拍蝇""打虎""猎狐"是近年来被频繁使用和谈论的词汇，这是更具有隐喻意义的意象代表。"苍蝇""老虎""狐狸"代表的是在集体中起负面作用的个人，是反腐倡廉建设反对的对象，对其进行严惩，有利于体现国家对于集体利益和个人利益维护的决心，传递真实型集体主义价值观。

图像包括照片、图画、影视等多种形式，具有信息容量大、效果生动传神、感染力强等优点，是构建真实型集体主义价值观的又一重要途径。在集体主义价值观宣传中，宣传画和影视公益广告是比较常见的两种形式。纵观新时代中国特色社会主义的宣传语料，宣传画主要表现为动物图像、植物图像、人物图像、工具图像以及建筑图像几类。以参军入伍宣传为例，这类宣传常以一位年轻男性与父母告别进入军营的场景为画，内在地蕴含着"集体优先"的价值观，也体现着一种价值选择与价值排序：一边是保卫国家的集体考量，一边是和谐家庭的私人生活，"告别父母进入军营"本质上宣扬了一种集体利益先于个人利益的价值观，青年人选择成为一名军人，为国家安全奉献力量，体现了集体主义的价值取向。这类宣传内容简单明了，而生活化的场景也使其更好地入眼入心。相比于宣传画这种传统形式，影视公益广告则是年轻化、时代

---

① 习近平：《习近平在参加内蒙古代表团审议时强调 扎实推动经济高质量发展 扎实推进脱贫攻坚》，《实践》（思想理论版）2018年第3期。

化的表达,具有更加即时、传播更快、吸引力更强等特点。比如,在新冠疫情防控过程中,影视类公益广告发挥了重要作用。在疫情初显期,这类广告主要围绕保护自身生命安全、注重个体情绪疏导、保护动物等主题;在疫情暴发期,转而专注于个人自觉居家防疫以共同抗击疫情、宣传疫情期间的家国情怀以及医护人员和爱国人士自觉奉献的英雄主义等主题;在疫情防控常态化时期,则更多地聚焦于集体平稳状态下个人有序复工复产、小范围疫情暴发时个体自觉减少流动、鼓励人民群众积极接种疫苗等方面。此外,主旋律电影也是常见的集体主义价值观宣传途径,以《战狼》《中国机长》《我和我的祖国》等电影为例,影视化的呈现为集体主义价值观添画了许多细节,使其血肉丰满而且令人印象深刻。在宣传过程中,影视类的手段能够以大众视角拉近与人们的距离,传播真实型集体主义价值观的内容。

音乐隐喻是一种以音乐为载体进行思维、观念表达以及认知世界的方式,是人类将一种或多种情感体验投入音乐中的映射,并以生活经验为基础在音乐中构建的意象表征。[①] 音乐隐喻既可以展示人之性情,又可以承载意识形态,具有生活性和政治性的双重属性。在现实情境中,主旋律歌曲的传唱已经成为真实型集体主义价值观宣传的重要支点。主旋律歌曲多用人称代词串联,且对单数人称代词使用普遍,第一人称代词出现频率最高,第一、二人称代词出现频率次之;主题多围绕祖国大好河山、党的领导、人民幸福生活。这些特点既体现了普通个人在集体中具有重要地位,彰显集体重视个人利益,又借助"黄河""长城"等特定的事物来影射集体,对这些事物的歌颂从某种程度来说也是宣扬集体的优越性,并体现了个人利益与集体利益协调一致的鲜明特点,是价值观宣传的有力载体。

---

① 参见孙丝丝《读此之言 悟彼之意——评〈中国音乐隐喻史〉》,《当代音乐》2022 年第 4 期。

二 坚持把"蛋糕"做大、做优、分好，扎实推进共同富裕

古人云："国之称富者，在乎丰民。"中国共产党深谙此理。鉴于此，我们党反复强调："消除贫困、改善民生、实现共同富裕是社会主义的本质要求，是我们党坚持全心全意为人民服务根本宗旨的重要体现，是党和政府的重大责任"①。并且，中国式现代化的特色之一就是"全体人民共同富裕的现代化"②。实现这样的现代化体现了中国共产党坚定的人民立场，说明了我们党以必胜的决心和有力的举措消除绝对贫困，全面建成小康社会，促使人民群众实现了人的"全面富裕"而不是物的"片面富裕"，中国社会发展到了扎实推动全体人民共同富裕的历史阶段。这是当前构建真实型集体主义价值观的宏大背景。在这一背景之下，我们党既鼓励社会生产力的不断发展和解放，以促进社会财富的不断积累，为社会的发展积聚物质力量；又"坚决防止两极分化"③，推动全体人民共同富裕，尤其是人的自由全面发展，即通过处理好做大"蛋糕"和分好"蛋糕"之间的关系，构建真实型集体主义价值观。

一方面，中国共产党不断推进经济高质量发展，做大"蛋糕"，夯实真实型集体主义价值观孕生的现实基础。真实型集体主义价值观更加重视每一个个体利益的满足，由此决定了促进全体人民共同富裕、壮大社会发展成果是构建真实型集体主义价值观的必要前提。2014年6月3日，习近平总书记在国际工程科技大会上作主旨演讲时说："发展是解

---

① 《习近平谈治国理政》第四卷，外文出版社2022年版，第133页。
② 习近平：《高举中国特色社会主义伟大旗帜 为全面建设社会主义现代化国家而团结奋斗——在中国共产党第二十次全国代表大会上的报告》，人民出版社2022年版，第23页。
③ 习近平：《高举中国特色社会主义伟大旗帜 为全面建设社会主义现代化国家而团结奋斗——在中国共产党第二十次全国代表大会上的报告》，人民出版社2022年版，第23页。

决中国所有问题的关键。"① 于是在新时代，党和国家以促进社会发展进步为宗旨，提出了一系列新目标和新要求，包括党的十九届五中全会提出，到 2035 年"努力促进全体人民共同富裕取得更为明显的实质性进展"②的远景目标。并且，"我们说的共同富裕是全体人民共同富裕，是人民群众物质生活和精神生活都富裕，不是少数人的富裕，也不是整齐划一的平均主义"③。分阶段、有序地推进共同富裕，进而让广大人民群众共享社会改革发展成果，首先要促进经济发展，把"蛋糕"做大，也就是促进国家经济总量的提升。只有经济总量稳步提升，人均可支配收入才有提高的可能性，从而使得人民群众在满足自身基本需求的情况下能有更多的财富积累，继而解决目前社会发展面临的贫富差距过大以及区域、行业发展不平衡等问题。鉴于此，进入新时代的十多年来，中国共产党着眼于发展问题，提出并贯彻新发展理念，同时开展经济体制改革，构建经济发展新格局，为社会发展提质增速。当下，中国共产党立足新征程，仍然以推动高质量发展作为着力点，促进社会建设，提高社会生产要素的流动效率，实现经济发展稳中有进、快而不乱。仅从党的十九大到党的二十大这五年，我国"国内生产总值从五十四万亿元增长到一百一十四万亿元，我国经济总量占世界经济的比重达百分之十八点五，提高七点二个百分点，稳居世界第二位；人均国内生产总值从三万九千八百元增加到八万一千元"④。由此，集体利益得到可持续性保障，为个人利益的增进奠定基础。

另一方面，完善分配制度，在切好分好"蛋糕"的过程中确保社会改革发展成果更公平地惠及每一个公民，打通个人利益与集体利益直接相连的"最后一公里"，推动真实型集体主义价值观的构建。分配问题

---

① 习近平：《让工程科技造福人类、创造未来——在 2014 年国际工程科技大会上的主旨演讲》，《科技管理研究》2014 年第 13 期。
② 《习近平谈治国理政》第四卷，外文出版社 2022 年版，第 121 页。
③ 《习近平谈治国理政》第四卷，外文出版社 2022 年版，第 142 页。
④ 习近平：《高举中国特色社会主义伟大旗帜　为全面建设社会主义现代化国家而团结奋斗——在中国共产党第二十次全国代表大会上的报告》，人民出版社 2022 年版，第 8 页。

一直是许多人关心和关注的焦点，关涉全体人民共同富裕能否顺利实现，也影响真实型集体主义价值观的性质和成色。我们党在解决这一问题上进行了诸多探索，总体思路是："正确处理效率和公平的关系，构建初次分配、再分配、三次分配协调配套的基础性制度安排，加大税收、社保、转移支付等调节力度并提高精准性，扩大中等收入群体比重，增加低收入群体收入，合理调节高收入，取缔非法收入，形成中间大、两头小的橄榄型分配结构。"[①] 这样更有可能避免财富积累过程中发生马太效应，维护社会公平正义，进而使集体发展成果真正由人民共享。如此才能有效实现个人利益和集体利益的同向增进、共同发展，进而激发双方的热情。这种方式也促进了真实型集体主义价值观的形成与发展。

三 健全社会公平正义的法治保障制度，构建更多真实集体

真实型集体主义价值观的构建需要法治保障，而法治所蕴含的公平正义的价值追求与真实型集体主义价值观的价值倡导高度契合，由此决定了健全公平正义的社会主义法治保障制度从而构建更多真实集体，是构建真实型集体主义价值观的重要方式。习近平总书记曾指出："要把促进社会公平正义、增进人民福祉作为一面镜子，审视我们各方面体制机制和政策规定"，"使我们的制度安排更好体现社会主义公平正义原则，更加有利于实现好、维护好、发展好最广大人民根本利益"。[②] 应当看到，公平正义的法治保障制度可以保障人民享受平等的权利、承担平等的义务，并且在新时代的发展过程中平等地从集体中获益。公平正义不仅维护个人与个人之间的平等地位，也有助于保持个人利益与集体利益之间的平等互动，有利于提升集体的真实性。在法治保障制度中，社会公平正义可以理解为权利公平、机会公平、规则公平、司法公正等方

---

① 《习近平谈治国理政》第四卷，外文出版社2022年版，第144页。
② 《习近平谈治国理政》第一卷，外文出版社2018年版，第97页。

面。只有这多方面的公平公正都得到实现,才能真正维护和增进所有人的根本利益,从而构建真实型集体主义价值观。

权利公平通常包括权利主体平等、享有的权利平等、权利保护和权利救济平等三个方面,这是真实型集体主义价值观尊重和保护人权的体现。首先,个人作为基本的权利主体,彼此之间应该没有身份、地位、性别、年龄、民族、职业等差别,都是社会的主体,共同享有集体利益。集体对于任何个人都应该秉持不偏袒不歧视普遍包容的态度。其次,公民平等地享有权利,特别是基本的政治权利,任何个人都没有超越《宪法》和法律的特权,这一点受到法律体系的严密保护。最后,在个人的权利受到侵蚀和威胁的时候,集体应该对个人给予平等的救济,对其进行法律保护。例如,《中华人民共和国刑事诉讼法》第三十五条规定,犯罪嫌疑人、被告人因经济困难或者其他原因没有委托辩护人的,可以申请法律机构援助,而对于尚未完全丧失辨认或者控制自己行为能力的精神病人,其若没有委托辩护人,人民法院、人民检察院和公安机关应当通知法律援助机构指派律师为其提供辩护。这些法律规定将救济平等原则真正落到了实处。

机会公平也即机会平等,是指个人没有先天性、身份性特权,在集体中具有公平竞争的机会,主要包括起点公平、发展机会公平、代际平等。社会主义法治中的机会公平实际上是对个人平等、自由权利的保障,旨在向个人提供同等发展的机会,以此激发人们的潜能,促进个人自由全面发展,这也是真实型集体主义价值观追求的目标。机会公平的基础是起点公平。如果允许不同等级的起点出现,后续的公平也就成了"空中楼阁"。新时代以来,中国共产党特别强调和重视人民群众的起点公平,充分保障人们平等接受教育、平等参与社会竞争、平等在社会上进行流动等发展权利。例如2012年,国务院以规范性文件的形式[①]全面推进义务教育均衡发展。同年,教育部印发《县域义务教育均衡发展督

[①] 2012年,国务院出台了《关于深入推进义务教育均衡发展的意见》,统筹部署义务教育均衡发展格局。

导评估暂行办法》提出，从2013年开始逐省逐县对义务教育均衡发展情况进行督导评估认定。这体现了社会主义国家这个最大的集体对个人的关怀以及对个人享有的机会公平的关切，并付诸了实际行动，符合真实型集体主义价值观的要求。此外，机会公平还包括代际平等，即关注和保证后代人和我们享有平等的发展机会。在这方面，我们党把生态文明建设纳入"五位一体"总体布局，就展现出维护代际平等的决心和成效。简言之，机会公平是一种起点和过程的公平，个人在集体中享有充分发展的自由，才能更好地实现自我、贡献社会。如此，真实型集体主义价值观得以良好构建。

规则公平包括形式上的公平、权利与义务辩证统一以及规则实行过程中的公平，其侧重点是政策和法律规则要公平，这是保障个人与集体有序互动的重要前提，同样是真实型集体主义价值观的重要诉求。新时代以来，我们党着力实现形式公平，也即立法平等，在国家法律法规制定过程中，将每个人都作为平等的主体，鼓励其参与立法的过程中，让公民既平等地享有法律赋予的权利，又遵守《宪法》与法律规定的公民义务，即权利和义务辩证统一的要求。例如，2020年8月，"十四五"规划编制工作首次面向全网征集意见，习近平总书记也多次就"十四五"规划编制听取基层干部群众意见。规则实行过程中的公平则是一种实践的视角，个人的合法权益要得到平等的保护，个人触犯法律也要依法追究。规则公平使得个人的平等、自由、人权以更具强制性的形式被保护起来，是对个人利益的保护，也是对集体利益的维护。

司法是维护社会公平的最后一道防线，司法公正是维护个人利益、保护集体利益的兜底之策，也是社会公平的底线。客观地说，在新时代，我国的司法公正基本实现，这是真实型集体主义价值观得以构建的重要保障。只有在司法案件中体现出公平正义，"依法公正对待人民群众的诉求，努力让人民群众在每一个司法案件中都能感受到公平正义，决不能让不公正的审判伤害人民群众感情、损害人民群众权益"[①]，才能

---

① 《习近平谈治国理政》第一卷，外文出版社2018年版，第141页。

保持个人对集体的热情,使之不至于对司法甚至集体产生不信任的态度。在新时代的中国,司法是体现集体维护个人利益、集体成果由成员共享的实际举措,司法制度的完善意味着真实型集体主义价值观的生成和发展拥有良好的法治环境。

第四节 真实型集体主义价值观的运行状况

新时代在本质上属于共产主义社会的第一阶段,在这一阶段,集体的真实性愈益凸显,真实型集体主义价值观正在形成与发展。虽然真实型集体主义价值观的构建仍处在进行时,但中国共产党为了构建这一价值观所付出的努力已经对社会进步起到了重要推动作用。在真实型集体主义价值观的指导下,个体利益得到较大程度的满足,社会利益关系更为和谐,集体事业也因此不断发展壮大。但不容忽视的是,当前我们距离马克思和恩格斯畅想的"真正的共同体"还比较远,集体具有真实性,然而这种真实性的范围还有待扩大、程度有待提高,甚至当前依然有一些团体和个人假借集体之名牟取私利。因此,我们党必须对利益关系系统的构建、社会发展进行科学有效的制度设计与安排,确保现实中的各类集体能够真正代表集体内绝大多数成员的利益。

一 社会利益关系更为和谐

真实型集体主义价值观坚持"双主体说",要求个人和集体为双方共同利益而奋斗,且在利益冲突时互为道德评判标准,这为社会利益关系更为和谐奠定了思想基础。在新时代,社会利益格局得到重新调整,各类利益主体不断涌现,形成了一种错综复杂的局面。真实型集体主义价值观强调个人、民族、国家三者利益的辩证统一,促使三者关系得到良性动态发展,根本利益紧密一致。此外,社会利益关系还具有利益构成的复杂性、利益关系的矛盾性以及利益诉求的发展性等特点，不同地区和不同阶层人们的诉求难以模式化，不同利益主体容易产生利益冲突，且人们利益诉求不断由低层次向高层次发展。真实型集体主义价值观用不断发展的眼光看待社会利益关系的变化，实事求是地对利益关系进行调整，当利益关系发生冲突时，倡导在不损害集体利益的条件下最大限度地保护个人正当权益，大大促进了社会利益关系的和谐发展。

尤为值得肯定和突出的是，真实型集体主义价值观对集体及其利益代表的要求多于以往，致力于通过督促集体利益代表发挥主体性作用进而促进利益协调机制逐渐完善，为社会利益关系达到高度和谐提供了坚实保障。首先，公平的市场竞争机制为各方利益的自我实现提供了更大的可能性。真实型集体主义价值观蕴含主体平等的内涵，提倡个人、企事业单位以及社会主义市场经济条件下各类集体以平等的身份出入于全国统一大市场，有助于打破我国经济发展中长期存在的市场分割和地方保护等问题，使商品在市场中更为自由地流动，进而使市场发挥其应有的作用，传递更为准确而及时的商业信息，实现供给端和需求端的高效对接，以市场需求引领生产供给，使供给更好地满足需求。这不仅有利于个人收入的增加，消费需求得到更好的满足，还有利于集体经济活力的提升，进一步增进集体利益。其次，畅通的利益表达机制和有效的民意调查制度有力地保障了个人权益。例如，党的二十大召开之前，国家借助多方媒体平台开展"我为党的二十大建言"活动；许多省、市、县也通过微信公众号等载体，面向广大网友征集他们对民生实事的意见和建议。如此，公共权力既主动公开各类重要信息，广泛收集人民群众对信息的看法，又建立同人民群众进行沟通的多种渠道，降低参与门槛，积极引导人民群众进行利益表达，使民意得到及时反馈和回应，从而促进个人、政府和国家关系的和谐。最后，健全的社会分配和救助帮扶机制在实际操作层面对社会利益关系中的不平衡之处进行调节。新时代的党和政府更加注重分配公平，着重发挥集体主义所具有的资源调节功能，立足社会整体利益，对社会中低收入群体以及弱势群体、特殊群体进行政策倾斜或财政帮扶，对初次分配后的利益格局进行必要调节，从而缩小贫富差距，使全体社会成员共享改革发展的成果。此外，我们党鼓励个人在必要情况下作出利益节制和牺牲时还重视利益补偿，如在土地征收征用后对农民进行妥善安置和适度补偿，防止一味损害个人切身利益的情况发生。这些举措的实施都是真实型集体主义价值观对集体的要求，也是促进利益关系和谐发展的关键环节。

二　集体事业不断发展壮大

党的十八大以来，中国共产党团结带领中国人民立足新时代实现新发展，在政治、经济、文化等多个领域都取得了令人瞩目的成绩，特别是"实现了小康这个中华民族的千年梦想，我国发展站在了更高历史起点上"[1]，正在朝着强国之路大步迈进。在这之中，真实型集体主义价值观作为一种强大的精神力量和道德滋养，在很大程度上提振了人们的精神气质，增强了社会凝聚力，促进了集体组织化程度的提升，为集体事业的发展贡献了重要力量。

一方面，真实型集体主义价值观有利于营造崇德向善的社会氛围，提高全社会文明程度，为集体事业的发展壮大提供道德优势。尽管真实型集体主义价值观将个人和集体放在同等重要的位置，不强迫个人为了维护集体利益作出利益妥协和牺牲，但恰恰是因为个人权益在真实型集体主义价值观运行的社会条件下得到了充分尊重和保障，所以，个人参与集体建设的热情会被激发，从而自觉自愿地遵循集体主义价值观的倡导，为集体发展作贡献。若此，有利于"提高人民道德水准和文明素养"[2]，为中国式现代化建设注入更多力量。除此之外，真实型集体主义价值观作为我国文化建设的重要内容，重视对人民精神生活的满足，致

---

[1] 习近平：《高举中国特色社会主义伟大旗帜　为全面建设社会主义现代化国家而团结奋斗——在中国共产党第二十次全国代表大会上的报告》，人民出版社2022年版，第8页。

[2] 习近平：《高举中国特色社会主义伟大旗帜　为全面建设社会主义现代化国家而团结奋斗——在中国共产党第二十次全国代表大会上的报告》，人民出版社2022年版，第46页。

力于提高公共服务的质量,也有益于将个人利益落到实处,使之更加主动地参与文化建设。党的十八大以来,我国在完善公共文化服务体系、实现其均衡化方面取得了长足的进步,人民的精神需要日益得到满足。我国的文化建设有坚定的目标,在实现集体的发展进步、建设社会主义文化强国过程中也注重对人民文化水平的提升,并且着力于使中国特色社会主义文化与全球化的背景相适应,使文化在新时代焕发出更为蓬勃的生机与活力。

另一方面,真实型集体主义价值观促进了社会主义制度优势的发挥,强化了集体的组织力和向心力,同时也增强了集体应对突发事件的能力,为集体事业的发展壮大提供了思想优势。以新冠疫情防控为例,真实型集体主义价值观促进了疫情期间个人积极投身集体建设以及集体保障个人权益。在国家层面,在真实型集体主义价值观的倡导和影响下,我们党始终坚持生命至上,不惜任何代价维护人民群众最基本的生存权。"从出生仅30多个小时的婴儿到100多岁的老人,从在华外国留学生到来华外国人员,每一个生命都得到全力护佑,人的生命、人的价值、人的尊严得到悉心呵护。"[①]我们党以实际行动践行初心使命,促使全体人民团结一致投身于疫情防控这场阻击战,在特殊时期弥合了社会分歧,实现了众志成城抗击疫情。在社会层面,真实型集体主义价值观引导个人利益和集体利益的合理互动,从而维护特殊时期内社会和谐和稳定,保障了疫情防控基本秩序,它所坚持的公平正义原则保障了疫情期间人与人之间的平等地位以及集体对个人的一视同仁,以人为本的思想贯彻始终。此外,真实型集体主义价值观与社会主义法治体系相辅相成、互相支撑,从而促使疫情防控得以在法律的框架下运行。在个人层面,真实型集体主义价值观对个人进行了充分的思想动员,使得人民群众以敬业的精神和饱满的热情投入工作。当然,真实型集体主义价值观对个人利益的尊重也使得人民群众意识到集体的强盛可以助力个人的安全,从而极大地鼓舞了抗疫士气,助力抗疫活动顺利进行。

[①]《习近平谈治国理政》第四卷,外文出版社2022年版,第99页。

三 集体的真实性有待提升

在新时代，真实型集体主义价值观的构建和运行，推动了社会利益关系的高度和谐，促进了集体事业的发展壮大，但由于我国仍处于社会主义初级阶段，在这样一个国家和阶级依旧存在的历史时期，"真正的共同体"还难以实现，或者说，这一阶段的集体并不可能都是真实的。因此，目前，我们所归属的集体是一个具有一定真实性的集体，然而这种真实性并未在全社会范围内生成，还需要我们持续努力，不断提升集体的真实性。

一方面，真实型集体主义价值观的内涵受到一定程度的遮蔽，人们提升集体真实性的动力有待增强。真实型集体主义价值观的本真含义不会在人民群众的头脑中自发生成，而需要依赖各种手段和途径进行宣传，才能内化于心。若宣传不到位，则会造成人们难以形成正确认识，也无法对集体的真实性做出衡量，更难以自觉推动集体真实性的提升。比如，目前对真实型集体主义价值观的宣传内容还不系统，多注重其某个侧面，却忽视了对其整体性和完整意义层面的宣传；宣传形式不够灵活，多为理论灌输而缺少各具特色的实践活动；宣传对象覆盖面不广，新时代出现了许多新的社会组织和经济组织形式，而真实型集体主义价值观针对这些新兴主体的宣传较为欠缺。学术界对集体主义价值观的研究成果虽多，但对集体主义价值观整体理论和内在互动逻辑的研究较为缺乏。理论研究的缺乏进一步使得集体主义价值观与"真正的共同体"相联系的宣传不到位，集体真实性的提升受到限制。另外，在对真实型集体主义价值观进行正面宣传的同时，还要在全国范围内开展反对拜金主义、享乐主义、极端个人主义等资产阶级腐朽思想的宣传教育，启发民众尤其是青少年充分认识到，自身在反对个人主义方面发挥十分重要的作用，从而主动拿起"批判的武器"自觉抵制个人主义的侵蚀。

另一方面，当前仍有一些人假借集体之名损害个人利益甚至集体利益，导致部分集体仍有一定程度的虚幻性。例如，一些公司实行"996"

或"007"工作模式，明显超过了集体对个人的合理诉求界限，忽视乃至侵犯个人正当利益。再如，社会主义市场经济条件下涌现出来的大量个体劳动者阶层和私营企业主阶层，虽然他们中的大多数为市场经济的繁荣发展贡献了力量，但也有个别企业在逐利的道路上"剑走偏锋"，置道德和法律于不顾，做出损害人民群众安危的事情。即便新时代以来，在全面从严治党的背景下，党内政治生态逐渐向好发展，但仍有一些党政领导干部政治野心膨胀、利欲熏心，不但滥用手中的权力为自己的亲属谋便利，而且结党营私、拉帮结派，打招呼、批条子、递材料，甚至让下级或执法司法机关做违反党章国法的事，把上下级之间的关系搞成封建社会那种君臣父子关系或帮派关系。层出不穷、盘根错节的"共腐关系圈"所折射出来的都是"圈子文化"，严重损害了党和人民的利益。还有一些地方党组织，随着社会利益格局的调整及国家对他们的制约范围逐渐缩小，获得了更多的决策权与自由活动空间，以至于在一定范围内滋长蔓延了宗派主义、分散主义、自由主义等错误思想。他们常常以个人和局部利益为出发点，只顾本部门的利益而不为其他部门、其他地方考虑，甚至与党中央的大政方针、计划、命令等背道而驰。诸如此类都是与真实型集体主义价值观相背离的行为。它们的存在极大阻碍了集体真实性的扩散，也不利于真实型集体主义价值观的培育和践行，亟须重视并解决。

纵观中国共产党推进集体主义价值观中国化的历史进程，大致经历了新民主主义革命时期"以个人利益服从于民族和人民群众利益"的革命型集体主义价值观、社会主义革命和建设时期"统筹国家、集体和个人三个方面"的兼顾型集体主义价值观、改革开放和社会主义现代化建设新时期"个体与集体之间互惠互利"的契约型集体主义价值观、新时代以来"个体与集体之间实行双向对称义务、互为道德评判标准"的真实型集体主义价值观。① 这些集体主义价值观在内容呈现上均以国家、

---

① 参见朱小娟《中国共产党建构集体主义价值观的历史进程和基本经验》，《思想理论教育》2022年第4期。

集体和个人的利益关系为基石,其构建方式都注重利益关系的妥善处理。这说明集体主义价值观在中国的生成和发展是一个不断调整与适应的过程,有其鲜明的文化基础、时代特色、内容轴心和运行逻辑。也正是在这样一种始终富有生机的价值观的引领下,中国人民正昂首阔步地朝着实现中华民族伟大复兴的目标扎实迈进。

第六章 集体主义价值观中国化演进的一般规律

在对中国共产党构建集体主义价值观的历史进行详细梳理和总结时,我们可以清晰地看到,集体主义价值观的生成有它特定的社会场域,其中国化进程亦蕴含着某种本质的、必然的联系和发展趋势,有一定规律可循。可以说,这些规律既是集体主义价值观中国化的一般遵循,也体现了中国共产党构建和推行集体主义价值观的经验做法,值得认真总结与仔细梳理。

概言之,集体主义价值观中国化演进的一般规律有:与历史文化传统相结合的矛盾协调律,讲的是集体主义价值观如何与中国传统文化相结合,从而在矛盾斗争中实现本土化;与中国具体实际相符合的社会适应律,突出的是集体主义价值观的构建过程总是要与不同时期社会发展形势和建设任务相适应;与错误价值观念相交锋的螺旋发展律,强调的是集体主义价值观在批判和引领多元价值观念中推进自身的中国化。正因为把握并遵循了这些规律,中国共产党构建集体主义价值观之路才走得比较顺利。而研究集体主义价值观演进规律,就是要揭示我们党如何立足历史文化传统、结合社会发展实际、顺应时代和实践发展要求,处理个体、集体和国家关系,从而统筹各方利益,推动中国发展进步。这种揭示工作,对于推动新时代集体主义价值观建设、开辟集体主义价值观中国化时代化新境界亦有裨益。

第一节　与历史文化传统相结合的矛盾协调律

集体主义作为一种源于马克思"真正的共同体"思想的价值观，客观上或多或少反映和体现着西方文明的思维。若要实现其中国化，运用它解决中国的现实问题，则必须顺应、符合我国历史文化传统。"只有植根本国、本民族历史文化沃土，马克思主义真理之树才能根深叶茂"①，集体主义价值观的效用才能得以最大限度的发挥。但是，我国从历史上继承下来的文化传统与集体主义价值观之间并非完全一致，也存在矛盾和斗争，由此决定了中国共产党推进集体主义价值观中国化的过程必然也是集体主义价值观与我国历史文化传统激烈碰撞、矛盾斗争并逐渐走向融合发展的过程。与此同时，我们党还坚持批判性思维，使中华优秀传统文化成为涵养集体主义价值观的重要源泉。

一　我国历史文化传统是推进集体主义价值观中国化的既定前提

历史文化传统的差异性会造成人们对集体主义的多样性认知态度。任何一个民族所拥有的历史文化传统都是独特的，这意味着，人们创造历史的活动具有客观性，受制于已有条件，且各个国家和民族对待同一种外来文化的态度不会也不应该是千篇一律的，对待集体主义的态度亦是不同的。

例如，在西方社会，个人主义价值观是其文化的集中表现，从而决定了，他们倾向于把集体主义看作一种与个人主义根本对立的理论，将

---

① 习近平：《高举中国特色社会主义伟大旗帜　为全面建设社会主义现代化国家而团结奋斗——在中国共产党第二十次全国代表大会上的报告》，人民出版社2022年版，第18页。

个人主义与集体主义之争看作两种完全不同的意识形态之争，对集体主义价值观采取排斥和抗拒的态度。尽管以宗教神学为基础的阶级整体主义思想在西方社会源远流长，在漫长的中世纪甚至一度被奉为圭臬，但到了近代资本主义社会，它却难以适应商品自由贸易发展的要求，与宗教改革和文艺复兴运动的诉求相冲突，逐渐在与个人主义的斗争中走向衰落。因此，西方文化属于个人主义型文化，在这种文化的熏陶和影响下，西方人士在心理和行为上都更偏向于自我，把个人利益作为行动原则，将集体主义等同于集权主义，把它"拒之门外"。特别是在马克思主义诞生的19世纪中叶，欧洲国家已经全部进入资本主义社会，个人主义俨然成为一种根深蒂固的文化和资本主义国家人们日用而不觉的价值观，具有社会主义性质的集体主义价值观更难被接受。即便在特殊时期，个人主义的泛滥在很大程度上导致美西方国家疫情防控不力、失效乃至失败，但"个人主义＝人权至上"的观念依然占有很大市场，集体主义价值观遇冷。

　　在中国，情况恰好相反。我国受地理环境、农业文明以及宗法制度等因素的交织影响，形成了整体主义型文化传统，为集体主义价值观的传入和中国化提供了可能与有利条件。"中华文明探源工程等重大工程的研究成果，实证了我国百万年的人类史、一万年的文化史、五千多年的文明史。"①其中，由勤劳勇敢的中国人民在漫长的历史进程中创造的中华文明，是中华民族历经沧桑仍保持强劲生命力并能够在相当长的时间里走在世界文明前列的根基，也是我们民族区别于其他民族的精神标识，构成了集体主义价值观中国化的既定基础。质言之，集体主义价值观传入中国时不可避免地会与我国历史文化传统相遇且发生一定的反应。若反应持续过激，则很难实现有机结合。但从实际情况来看，集体主义价值观在我国并未出现"水土不服"，而是顺利实现了中国化。究其原因，大致有三。

---

① 《把中国文明历史研究引向深入　推动增强历史自觉坚定文化自信》，《人民日报》2022年5月29日第1版。

一是因为中华文明具有突出的创新性和包容性,为包括集体主义价值观在内的社会主义文化的传入和传播提供了可能。"中华文明不但是本土起源,而且也是多源并发,相互融合为一体,形成了多元一体的发展格局。"①这种多元一体的中华文明不仅确保了自身从未中断的连续性,还决定了它对世界文明兼收并蓄的开放胸怀,善于通过吸收、融合外来文化推进自身实现创新性改变。因此,集体主义价值观在传入中国时不像在西方社会那样受到抵制和排斥。

二是因为集体主义价值观与中华优秀传统文化存在诸多契合。这是二者实现有机结合的基本前提。虽然中国传统文化倡导的整体主义价值取向与马克思主义视域下的集体主义价值观存在质的区别,但它们在内容要求上也有高度契合,例如,都强调整体利益的重要性,强调个体对整体的道德义务,强调"协和万邦""天下大同",等等。而从整体主义中生发出来的爱国主义精神,既是中华传统文化的重要内容,又为集体主义价值观注入了中华文化力量,成为涵养集体主义价值观的重要源泉。

三是因为中国文化和中华文明具有同异质文化交流碰撞进而保持自身生命力、实现自我更新和发展的需要。"人类文化和文明发展进步的过程表明,一种文化与异质文化的交流和碰撞、冲突和融合,是保持其生命力、实现自我更新和发展的重要机制,是文化演进发展中带有规律性的现象。"②中华文明作为世界上四大古文明中唯一没有发生断裂且至今仍充满蓬勃生机的文明,具有突出的包容性,既善于通过文化交流从其他文化中汲取有益养分,又善于通过有效途径加强自身的对外传播。其所具有的同异质文化交流碰撞的需要,客观上也为集体主义价值观在中国落地生根提供了有利条件。

上述原因构成了集体主义价值观顺利实现中国化的重要条件,但这

---

① 王泽应、周宇:《中华文明绵延发展的内在机理和"亘古亘今"的精神魅力》,《中国社会科学报》2023年6月14日第3版。
② 王易、黄刚:《探求中华传统美德的创造性转化》,《思想理论教育导刊》2015年第5期。

些条件只不过为集体主义价值观的传入和中国化提供了可能。如何将这种可能转化为现实？中国共产党发挥了不可替代的关键作用。从 1938 年 10 月，毛泽东强调"我们这个民族有数千年的历史，有它的特点，有它的许多珍贵品"，"从孔夫子到孙中山，我们应当给以总结，承继这一份珍贵的遗产"①，到 2021 年 6 月，习近平总书记强调"建设中国国家版本馆是我非常关注、亲自批准的项目，初心宗旨是在我们这个历史阶段，把自古以来能收集到的典籍资料收集全、保护好，把世界上唯一没有中断的文明继续传承下去。盛世修文，我们这个时代，国家繁荣、社会平安稳定，有传承民族文化的意愿和能力，要把这件大事办好"②；从早期共产党人提出"马克思主义中国化"的命题，要求"马克思主义在中国具体化，使之在其每一表现中带着必须有的中国的特性"③，到新时代以来正式提出并具体阐发"两个结合"，认为"'第二个结合'是又一次的思想解放"④，无不突出地体现了中国共产党对传承和发展中华文明的决心与毅力、责任与担当，"实现了马克思主义基本原理同中华优秀传统文化的结合从自发状态到自觉状态的关键转向"⑤。也是在探索"两个结合"的过程中，我们党愈益深化对集体主义价值观的认识，不断深化其中国化进程。

二 集体主义在与我国历史文化传统的斗争与融合中不断时代化

纵然我国历史文化传统为集体主义价值观的传入和中国化提供了有利的条件，但集体主义价值观中国化的进程并非顺畅无阻，也充满了曲

---

① 《毛泽东选集》第二卷，人民出版社 1991 年版，第 533—534 页。
② 《担负起新的文化使命 努力建设中华民族现代文明》，《人民日报》2023 年 6 月 3 日第 1 版。
③ 《毛泽东选集》第二卷，人民出版社 1991 年版，第 534 页。
④ 《担负起新的文化使命 努力建设中华民族现代文明》，《人民日报》2023 年 6 月 3 日第 1 版。
⑤ 张梧：《"第二个结合"是又一次思想解放》，《中国社会科学报》2023 年 6 月 15 日第 4 版。

折与坎坷。特别是在20世纪六七十年代，随着封建整体主义的沉渣泛起，集体主义价值观运行受阻，甚至遭到错误践行，以至于有人将集体主义在实践中出现的失误、错误归为封建文化糟粕进行批判。直到改革开放以后，集体主义才得到重新修正与正确践行，并逐渐发展成为当代中国社会主旋律的重要内容、社会主义道德的基本原则以及培育和践行社会主义核心价值观必须贯彻的精神。党的十八大以来，我们党又特别注重挖掘中华优秀传统文化的合理内核，涵养集体主义价值观，赋予其新的时代内涵，推进其中国化。

大体上来说，集体主义价值观在与我国历史文化传统的交流碰撞中经历了矛盾与协调、斗争与反抗、融合与发展的阶段。

第一个阶段：矛盾与协调。如果只从内容主张来看，集体主义价值观同我国历史文化传统所蕴含的整体主义价值取向之间既有相似之处，更有本质区别。但结合集体主义价值观传入中国的时代背景来看，它与我国历史文化传统的交流碰撞先是经历了矛盾与协调的过程。以1840年鸦片战争为标志，我国国门被西方列强用坚船利炮打开，国人开始思考和探索"中国向何处去"这一问题，包括如何对待和传承中国传统文化，逐步出现了"以中化西""以西化中"和"以马化中"三种发展路向。其中，第三种路向的支持者主要是以李大钊、陈独秀、毛泽东等为代表的马克思主义者，也是早期的共产党人。他们自觉运用马克思主义审视、剖析和解决中国的问题，并赋予其民族特色，推动其走向时代化。由于"马克思主义中国化的过程，就是同中华传统文化精华相融合、与中国具体实践相结合的过程"①，集体主义价值观伴随马克思主义的传播而传入中国时，虽然其主张与我国传统文化的一贯要求并不完全一致，与压抑人性、否认个人利益的封建整体主义原则还有质的差异性，但它仍在中国共产党的积极推动和主动建构下，顺利扎下根来。更何况彼时深陷苦难又渴望独立的中华民族迫切需要一种科学理论、一种

---

① 《中国共产党第十九次全国代表大会文件汇编》编写组：《中国共产党第十九次全国代表大会文件汇编》，人民出版社2017年版，第147—148页。

精神力量，实现启迪引领，达到转移时势的效果。而在早期中国共产党人看来，马克思主义及其倡导的集体主义价值观恰好就具有改造世界的力量。他们相信，如果"个人都在以集体主义的精神努力，那努力的成果总汇起来便足以转移时势"①。加之，新文化运动以来，有一大批知识分子已经对中国传统文化的糟粕进行了严厉批判，对个人利益的关注开始增多。这就使得坚持个人利益和集体利益辩证统一、将集体利益视为个人利益实现基础的集体主义价值观具有了适宜生长的土壤。因为有马克思主义的指导和爱国主义、集体主义精神的激励，以毛泽东为代表的第一代中国共产党人最终带领人民建立了中华人民共和国。这个崭新的国家强调的不再是一人一家的私利，而是广大人民群众的利益。1954年9月，刘少奇在《关于中华人民共和国宪法草案的报告》中指出："我们的国家是充分地关心和照顾个人利益的，我们国家和社会的公共利益不能抛开个人的利益；社会主义，集体主义，不能离开个人的利益。"②由此，中国共产党在制度建构层面基本完成了集体主义价值观对我国历史传统文化整体主义价值原则的超越，并以此充分保障国民的生存发展权益。

第二个阶段：斗争与反抗。1956年，随着社会主义三大改造任务的基本完成，我国初步建立了社会主义制度，从而为集体主义价值观的培育和践行提供了制度基础，创造了经济前提、政治前提和文化前提。然而受制于主客观因素，包括国际国内的社会历史原因，我国的社会主义探索在后期出现了急躁冒进、工作过粗以及对生产资料所有制形式和经济成分进行简单化一的划分等问题，以至于20世纪60年代酿造了"文化大革命"的悲剧。"十年动乱"时期，封建整体主义思想不但死灰复燃，还被一些人拿来与"集体主义"混同使用，"硬将集体主义等同于封建的整体主义，认为它是专制制度的产物，是敌视和反对个人需要的禁欲主义，从而将实行集体主义过程中的一些偏差当作封建文化的糟

---

① 郭沫若：《郭沫若全集·文学编》第十八卷，人民文学出版社1992年版，第111页。
② 刘少奇：《刘少奇选集》下卷，人民出版社2018年版，第161—162页。

粕进行批判"①。也有一些人在整体主义思想的影响下，错误地践行集体主义，"把集体主义道德原则变成了某种超道德的组织规定，从而削弱了集体主义原则的道德合理性及其作为道德基本原则的规范力量，引起了人们在心理情感和思想认识上对集体主义的逆反情绪和隔膜感，以致在行为上采取抵触的态度"②。"文化大革命"结束后，政治界开始拨乱反正，重新界说集体主义，强调集体主义之于社会主义建设的重要性。与此同时，以罗国杰、许启贤等为代表的一批学者也开始从理论层面系统阐释集体主义与整体主义之间的差异，公开开展与封建整体主义和种种以集体主义之名行封建整体主义原则之实的负面现象的抗争，并在斗争中为集体主义正名，不断丰富、发展和完善集体主义理论与实践。直到1996年10月，党的十四届六中全会正式把集体主义定位为社会主义道德建设的原则。即便如此，也毋庸否认，中国毕竟是一个拥有很长封建社会历史的国家，封建主义的残余影响不可能在短时间内被消除殆尽，甚而还有复辟风险。这意味着集体主义在完全战胜封建整体主义方面仍面临诸多挑战。

第三个阶段：融合与发展。进入21世纪以来，尤其是中国特色社会主义进入新时代以后，我们党对中国传统文化的重视程度越来越高，既加大力度推进中华优秀传统文化的"双创"，又加速推进"马克思主义基本原理同中国具体实际相结合、同中华优秀传统文化相结合"③，并把"第二个结合"提升到了一个崭新的高度，由此促使中华优秀传统文化愈益成为我们党治国理政的重要资源，成为涵养社会主义核心价值观的重要源泉，也使得集体主义在与中华文明的交融中越来越具有中国风格，在与历史的碰撞中越来越走向纵深。由于集体主义价值观中国化的

---

① 刘景旭、刘治华：《集体主义和封建整体主义的本质区别》，《东北师大学报》（哲学社会科学版）1993年第1期。
② 王岩：《整合·超越：市场经济视域中的集体主义》，中国人民大学出版社2004年版，第188—189页。
③ 习近平：《在庆祝中国共产党成立100周年的讲话》，《人民日报》2021年7月2日第2版。

过程不单单是指其"变化"的过程，而且一定是其"内化"于中华文明的过程，如此，集体主义价值观才能同中华文明真正融为一体，实现本土化，所以，我们党不但"用马克思主义真理的力量激活了中华民族历经几千年创造的伟大文明，使中华文明再次迸发出强大精神力量"①，还善于运用马克思主义方法对待中华优秀传统文化，赋予其现代表达形式，增强其影响力和感召力，并用发展着的中华优秀传统文化涵养集体主义价值观，使之越来越有"中国味"。例如，以习近平同志为核心的党中央要求"深入挖掘和阐发中华优秀传统文化讲仁爱、重民本、守诚信、崇正义、尚和合、求大同的时代价值"②，使之成为涵养集体主义价值观的重要源泉；鼓励理论界着力阐释"不患寡而患不均""损有余而补不足"以及"天下兴亡，匹夫有责"等经典话语表达的集体主义价值取向；运用中国梦、社会主义核心价值观、共同富裕、中国式现代化等蕴含集体主义精神的政治话语表述集体主义意涵，赋予其中国释义；等等。这在很大程度上促进了集体主义价值观与我国历史文化传统的融合发展，使二者共同作用于"以中国式现代化全面推进中华民族伟大复兴"的使命任务。

三 批判性吸收中国传统文化中的合理内核涵养集体主义价值观

从源头来看，中华优秀传统文化与集体主义价值观并不同源，但后者毕竟隶属于科学社会主义价值观，在内容倡导上与前者存在高度契合。正如党的二十大报告指出："中华优秀传统文化源远流长、博大精深，是中华文明的智慧结晶，其中蕴含的天下为公、民为邦本、为政以德、革故鼎新、任人唯贤、天人合一、自强不息、厚德载物、讲信修睦、亲仁善邻等，是中国人民在长期生产生活中积累的宇宙观、天下观、社会观、道德观的重要体现，同科学社会主义价值观主张具有高度

---

① 习近平：《在党史学习教育动员大会上的讲话》，《求是》2021年第3期。
② 《习近平谈治国理政》第一卷，外文出版社2018年版，第164页。

契合性。"① 所以，中华优秀传统文化可以也应当成为涵养集体主义价值观的重要源泉。而在过去百余年历史中，中国共产党始终是中华民族优秀思想文化的继承者，善于挖掘优良道德传统，将集体主义价值观建基于中华优秀传统文化的"河床"之上，不断推动集体主义价值观中国化进程。这是我们党的优良传统和突出优势。但"传统文化在其形成和发展过程中，不可避免会受到当时人们的认识水平、时代条件、社会制度的局限性的制约和影响，因而也不可避免会存在陈旧过时或已成为糟粕性的东西。这就要求人们在学习、研究、应用传统文化时坚持古为今用、推陈出新，结合新的实践和时代要求进行正确取舍，而不能一股脑儿都拿到今天来照套照用"②。鉴于此，中国共产党人在汲取传统文化中的集体主义养分时，十分注重批判性原则的运用，要求对传统文化，就像"对于食物一样，必须经过自己的口腔咀嚼和胃肠运动，送进唾液胃液肠液，把它分解为精华和糟粕两部分，然后排泄其糟粕，吸收其精华，才能对我们的身体有益，决不能生吞活剥地毫无批判地吸收"③。这一原则贯穿于中国革命、建设和改革各个时期。

在新民主主义革命时期，中国共产党对中华优秀传统文化进行了去芜存菁的处理，善于运用传统文化中的道德训诫、典故等赋予集体主义价值观以中国释意，使其具有中国特色。例如1939年7月，刘少奇在延安马克思列宁学院的演讲中就多次引用《诗经》《论语》《孟子》等篇章中的观点，阐释了共产党员加强自身修养的重要性。他指出："共产党员是要担负历史上空前未有的改造世界的'大任'的，所以更必须注意在革命斗争中的锻炼和修养"④，否则"就会变成'政治上的庸人'，不

---

① 习近平：《高举中国特色社会主义伟大旗帜　为全面建设社会主义现代化国家而团结奋斗——在中国共产党第二十次全国代表大会上的报告》，人民出版社2022年版，第18页。
② 习近平：《在纪念孔子诞辰2565周年国际学术研讨会暨国际儒学联合会第五届会员大会开幕会上的讲话》，《人民日报》2014年9月25日第2版。
③ 《毛泽东选集》第二卷，人民出版社1991年版，第707页。
④ 刘少奇：《刘少奇选集》上卷，人民出版社2018年版，第101页。

可雕的'朽木'"①。此外,他还强调,我们必须摒弃旧社会的遗毒,批判性地继承中华传统道德文化,认为"古代许多人的所谓修养,大都是唯心的、形式的、抽象的、脱离社会实践的东西","我们不能这样去修养。我们是革命的唯物主义者,我们的修养不能脱离人民群众的革命实践"②。由此,他说:"'杀身成仁'、'舍生取义',在必要的时候,对于多数共产党员来说,是被视为当然的事情","我们的党员在任何时候、任何情况下,都应该全心全意地为党的利益和党的发展而奋斗,并且应该把党的、阶级的成功和胜利,看作自己的成功和胜利"。③当然,在刘少奇看来,"党允许党员在不违背党的利益的范围内,去建立他个人的以至家庭的生活,去发展他个人的个性和特长"④。并且,党组织有帮助党员实现自我利益的责任和义务。毛泽东将之理解为"'公私兼顾',或叫'军民兼顾'"⑤,彰显了集体主义价值观的内在意蕴。1945年6月,毛泽东在中国共产党第七次全国代表大会上的闭幕词中还用"愚公移山"的古代寓言,激励党员带领人民挖掉帝国主义和封建主义这两座大山,实际上也在用大众话语阐释集体主义意涵。

在社会主义革命和建设时期,中国共产党继续以批判继承原则改造利用传统文化中的有益成分,尤其注重用富民厚生、义利兼顾的经济伦理滋养集体主义价值观。毛泽东不但重申"我们应当善于进行分析,应当把封建主义发生、发展和灭亡时期的文化区别开来,应当批判地利用封建主义的文化,我们不能无批判地加以利用"⑥,而且对他在革命战争年代提出的、能够体现集体主义精神的统筹兼顾思想进行了丰富和发展。例如,他在《论十大关系》一文中指出:"国家和工厂、合作社的关系,工厂、合作社和生产者个人的关系,这两种关系都要处理好。为

---

① 刘少奇:《刘少奇选集》上卷,人民出版社2018年版,第106页。
② 刘少奇:《刘少奇选集》上卷,人民出版社2018年版,第109页。
③ 刘少奇:《刘少奇选集》上卷,人民出版社2018年版,第134页。
④ 刘少奇:《刘少奇选集》上卷,人民出版社2018年版,第135页。
⑤ 《毛泽东选集》第三卷,人民出版社1991年版,第894—895页。
⑥ 《毛泽东文集》第八卷,人民出版社1999年版,第225页。

此，就不能只顾一头，必须兼顾国家、集体和个人三方面，也就是我们过去常说的'军民兼顾'、'公私兼顾'。"①可以说，国家、工厂（合作社）和生产者个人的关系，实际上反映的就是整体利益和个人利益的关系。在处理这对关系上，毛泽东要求将不同方面的利益结合起来，特别注重维护农民和地方的利益。他尤其反对不关心群众痛痒的官僚主义，认为"苏联的办法是把农民挖得很苦"，"把农民生产的东西拿走太多"，"使农民的生产积极性受到极大的损害"。②"我们不能像苏联那样，把什么都集中到中央，把地方卡得死死的，一点机动权也没有"③，不能"把什么东西统统都集中在中央或省市，不给工厂一点权力，一点机动的余地，一点利益，恐怕不妥"④。这些论述为集体主义价值观内容的与时俱进提供了理论支撑，使之更加中国化。

在改革开放和社会主义现代化建设新时期，我们党以更加自觉的姿态传承和发展中华优秀传统文化，要求"弘扬中国古代优良道德传统和革命道德传统，吸取人类一切优秀道德成就，努力创建人类先进的精神文明"⑤。集体主义价值观在这一进程中得到了新的浸润。例如，邓小平以《诗经》中"民亦劳止，汔可小康"的古语为借鉴，提出了"小康"社会的理念，并将之视为当时中国建设的目标。他说："我们要实现的四个现代化，是中国式的四个现代化。……是'小康之家'。"⑥这间接说明了集体主义价值观在国家和社会层面的要求，即构建"真实的集体"。江泽民也曾多次引用"先天下之忧而忧，后天下之乐而乐""天下兴亡，匹夫有责"等古训，要求党员主动保持和提升自身先进性，任何时候都要讲理想、讲大局、讲奉献。胡锦涛则依据中华优秀传统文化中"和而不同"的理念，提出了和谐社会的建设问题，为如何运用集体主义价值

---

① 《毛泽东文集》第七卷，人民出版社1999年版，第28页。
② 《毛泽东文集》第七卷，人民出版社1999年版，第29—30页。
③ 《毛泽东文集》第七卷，人民出版社1999年版，第31页。
④ 《毛泽东文集》第七卷，人民出版社1999年版，第29页。
⑤ 中共中央政策研究室编：《江泽民论社会主义精神文明建设》，中央文献出版社1999年版，第230页。
⑥ 《邓小平文选》第二卷，人民出版社1994年版，第237页。

观处理 21 世纪的个人、集体和国家关系提供了基本遵循。由此可以窥见，我们党在推进马克思主义基本原理同中华优秀传统文化相结合的过程中，也在用中华优秀传统文化不断涵养集体主义价值观，并逐步使之具备中华民族文化底色。

中国特色社会主义进入新时代以来，以习近平同志为核心的党中央更为注重挖掘中华优秀传统文化中蕴含的"民为邦本"和"为政以德"的治理思想、"修齐治平"和"兴亡有责"的家国情怀、"尚和合""求大同"的社会理想等，丰富和创新集体主义价值观的时代意涵。例如，2018 年 6 月，习近平总书记在中央政治局集体学习中引用了朱熹的名句"国以民为本，社稷亦为民而立"，用以说明治国理政需要紧扣民心，让全党认清个人的奋斗都是为"人民"这个最大集体服务的，从而使得"重民本"思想跨越千年历史长河，抵达并发展成中国共产党"为人民服务"的现代政治理念。在这一过程中，集体主义精神熠熠生辉，集体主义价值观被内嵌于中国共产党的治国理政体系之中。再如，党的十八大以来，习近平总书记多次告诫全党要不断提高政治觉悟，并提出了"大公无私、公私分明、先公后私、公而忘私"[①]的集体主义公私观。这是对"克己奉公""先公后私，民之职也"等经典传统道德训条的继承，也是对中华民族"大公无私""先公后私"民族气质的彰显。又如，习近平总书记提出的"人类命运共同体"伟大构想、全人类共同价值，以及新时代中国共产党带领人民推进的谋求世界大同的种种实践，则是对孔子在《礼记·礼运》中绘制的"大同"社会图景的智慧实践，有利于促使人们从更宽阔的视野、更高的站位审视和践行集体主义价值观。

---

① 《习近平谈治国理政》第一卷，外文出版社 2018 年版，第 394 页。

第二节 与中国具体实际相符合的社会适应律

集体主义价值观中国化进程不是自发的,而具有自觉性。这种自觉性突出地体现在,中国共产党始终注重结合中国具体实际对集体主义价值观进行积极构建、创新发展,强调运用它妥善处理和协调不同方面的利益关系,进而解决中国在革命、建设和改革各个历史时期遇到的问题。一如毛泽东曾将马克思列宁主义和中国革命的关系比喻为"箭和靶的关系"①,强调"马克思列宁主义之箭,必须用了去射中国革命之的"②。中国共产党在推动集体主义价值观中国化的过程中也强调集体主义价值观的实用性,要求用它解决中国的具体问题,而不是将之当作一成不变的教条,或者局限于对马克思主义经典作家的相关论述的重复。其实,集体主义价值观中国化进程一直伴随其与中国具体实际相适应的过程,包括但不囿于中国共产党不断立足社会发展阶段与时俱进地赋予集体主义以具体定位,围绕不同时期形势与任务确定集体主义价值观内容要求,顺应时代和实践发展要求丰富其构建方式。

一 立足社会发展阶段与时俱进地赋予集体主义以具体定位

在不同时期,面对不同的社会发展实际,中国共产党对个人、集体和国家利益关系的理解不同,由此赋予集体主义的具体定位亦不同,进而引导和规约集体主义价值观的具体践行。例如,在新民主主义革命时期,出于革命需要,我们党把集体主义提升到了党性的高度,要求所有党员"襟怀坦白,忠实,积极,以革命利益为第一生命,以个人利益服

---

① 《毛泽东选集》第三卷,人民出版社1991年版,第319页。
② 《毛泽东选集》第三卷,人民出版社1991年版,第320页。

从革命利益；无论何时何地，坚持正确的原则，同一切不正确的思想和行为作不疲倦的斗争，用以巩固党的集体生活，巩固党和群众的联系；关心党和群众比关心个人为重，关心他人比关心自己为重"①，"无论何时何地都不应以个人利益放在第一位，而应以个人利益服从于民族的和人民群众的利益"②。但同时，我们党也承认党员之间的差异性以及党员个性发展需要的正当性，强调要正确处理党性与个性之间的关系，认为党员在坚守党性的前提下可以做出具有个性化的行为，且这种行为应当得到尊重。但在后来的社会主义艰辛探索和曲折发展时期，"集体主义，就是党性"③的正确认识并没有被很好地坚持下来。改革开放之后，我们党立足新的发展形势改进和加强党内集体主义价值观教育，这实际上是对"集体主义，就是党性"的重申。此后，在党内宣传和践行集体主义价值观，变成了中国共产党的一项优良传统。直到现在，以习近平同志为核心的党中央仍然强调面向全党开展集体主义教育的重要性，还提出了"大公无私、公私分明、先公后私、公而忘私"④的公私观，为新时代的党员保持优良作风、正确处理公与私的关系提供了基本遵循。

同样始于改革开放和社会主义现代化建设新时期，中国共产党又从社会主旋律的向度、道德原则的向度，将集体主义理解为我国社会主旋律的重要内容、社会主义道德的基本原则。⑤1992年10月，江泽民在党的十四大报告中提出，我们要"在全国各族人民特别是青少年中，进一步加强党的基本路线教育，爱国主义、集体主义和社会主义思想教育"⑥。时隔两年，中共中央印发的《爱国主义教育实施纲要》则进一步指出："爱国主义、集体主义和社会主义思想教育三位一体，有机地统

---

① 《毛泽东选集》第二卷，人民出版社1991年版，第361页。
② 《毛泽东选集》第二卷，人民出版社1991年版，第522页。
③ 《毛泽东文集》第三卷，人民出版社1996年版，第417页。
④ 《习近平谈治国理政》第一卷，外文出版社2018年版，第394页。
⑤ 参见朱小娟《理解当代中国集体主义的三重定位》，《马克思主义理论学科研究》2023年第2期。
⑥ 《江泽民文选》第一卷，人民出版社2006年版，第238页。

一在建设有中国特色社会主义的伟大实践之中。"[①]1996年9月，江泽民在视察人民日报社时又提出，要"弘扬爱国主义、集体主义、社会主义的主旋律"[②]。随后，爱国主义、集体主义、社会主义就经常集体亮相于党的历次全国代表大会报告以及其他重要文件里。为什么爱国主义、集体主义、社会主义可以成为我国社会主旋律？主要是因为，这些精神、原则和制度一直贯穿于中华人民共和国成立以来的各个历史时期，对于激发人们的爱国热情、报国行为以及促使人们反对个人主义等错误思潮进而凝心聚力，产生了积极影响。反观当下，随着新时代的到来，社会主义核心价值观、中国梦等已然成为我国时代主旋律，但它们并不构成对爱国主义、集体主义和社会主义基本主旋律的否定，而是对它们的具体化。我们应科学把握社会主旋律与时代主旋律之间的关联性，深刻认识到，在新时代，爱国主义、集体主义和社会主义是内在统一的，三者统一于夺取新时代中国特色社会主义伟大胜利的全过程。

  1996年10月，党的十四届六中全会以规范性文件的形式对"集体主义是社会主义道德的原则"之定位进行了确认，以此减弱了集体主义与个人主义长达数十年的论战。[③] 把集体主义当作社会主义道德的基本原则予以倡导，原本是无可争议的，自中华人民共和国成立以来我们党也是这么做的，且党的很多重要文件里都明确写着"社会主义道德（建设）以集体主义为原则"，但伴随社会条件发生转变及利益格局的调整，前些年，学术界对于"社会主义道德的原则到底是一个还是多个""集体主义能否成为最基本的原则"等问题还是有不同的认识。在这种情况下，由《伦理学》编写组主编的马克思主义理论研究和建设工程重点教材《伦理学》对社会主义道德原则之架构给予了重新定位，在集体主义原则之外又补充了两项道德原则，认为："社会主义集体主义原则、社

[①] 中共中央文献研究室编：《社会主义精神文明建设文献选编》，中央文献出版社1996年版，第516页。
[②] 《江泽民文选》第一卷，人民出版社2006年版，第565页。
[③] 参见朱小娟《理解当代中国集体主义的三重定位》，《马克思主义理论学科研究》2023年第2期。

会主义人道主义原则、社会主义公正原则分别从不同的方面规定了社会主义社会中最主要的道德关系。这三个道德原则相互联结成一个完整的框架，体现了社会主义道德观的基本理念和处理道德问题的基本立场。"① 这种界定有其合理之处，体现了时代发展的现实要求，有利于解决集体主义在实践过程中可能出现的难题，防止集体的虚幻化。需要突出强调的是，集体主义应当成为"三个原则"中最基本的原则，公正原则和人道主义原则只是集体主义原则的必要补充。值得注意的是，《伦理学》（第二版）在谈论道德原则时，对前一版教材表述进行了修订，不再强调社会主义人道主义原则、社会主义公正原则在道德原则中的地位和作用，而只是将集体主义原则定位为"社会主义道德原则之中的基本原则"②，并对集体主义原则的确立依据及其实践问题做了更多探讨。这在一定程度上体现了否定之否定规律，昭示了集体主义原则的发展性特征。

新时代的集体主义被中国共产党视为培育和践行社会主义核心价值观必须坚持的精神。不可否认，就社会主义核心价值观基本内容来说，富强、民主、文明、和谐、自由、平等、公正、法治、爱国、敬业、诚信、友善，这些在表面看来都是社会主义可以有、资本主义也可以有的中性词汇，甚至西方对以民主、自由、人权等为主要内容的"普世价值观"的强调要早于我们，其宣传力度也大于我们。在这种情况下，如何使社会主义核心价值观与资本主义价值观区别开来？如何彰显出社会主义核心价值观的意识形态性？唯有在培育和践行的过程中坚持集体主义原则，体现集体主义精神，才能更好地解决这些问题。这是因为，一方面，我们坚持的集体主义是具有社会主义性质的集体主义，以促进集体利益、全局利益和长远利益的增进为依托。公有制为主体和多种所有制经济共同发展的社会主义初级阶段的基本经济制度、人民民主专政的国体和人民代表大会制度的政体、以马克思主义为指导的社会主义先进文

---

① 《伦理学》编写组编：《伦理学》，高等教育出版社、人民出版社2012年版，第140页。
② 《伦理学》编写组编：《伦理学》，高等教育出版社、人民出版社2021年版，第162页。

化，分别为集体主义的实施创造了经济前提、政治前提和文化前提。另一方面，集体主义和个人主义针锋相对，二者分别是社会主义价值观与资本主义价值观衍生的基础及遵循的根本价值原则。因此，在培育和践行社会主义核心价值观时必须坚持集体主义原则，体现集体主义精神，增强社会主义核心价值观的"主客二元统一"范式，才能很好地使之区别于西方资本主义价值观。①

二 根据不同时期形势与任务确定集体主义价值观内容要求

集体主义价值观与中国具体实际相结合、相符合的另一个重要表现，是其内容要求随着社会形势的变化以及党和人民面临的发展任务、奋斗目标的不同而存在较大差异性。这是因为，集体主义价值观属于上层建筑部分，必须服务于我国经济基础，助力不同时期历史任务的完成和全体人民共同奋斗目标的实现，如此才能充分发挥自身效用，更好地彰显其中国化的重要性。

具体而言，新民主主义革命时期争取民族独立、人民解放的历史任务规定了集体主义价值观在具体运行层面须突出其革命性内容和崇高性要求。自1840年鸦片战争开始，"中国逐步成为半殖民地半封建社会，国家蒙辱、人民蒙难、文明蒙尘，中华民族遭受了前所未有的劫难。从那时起，实现中华民族伟大复兴，就成为中国人民和中华民族最伟大的梦想"②，"争取民族独立、人民解放和实现国家富强、人民幸福，成为中国人民的历史任务"③。这一伟大梦想和艰巨任务在历经太平天国运动、洋务运动和辛亥革命等一系列救亡图存运动之后，仍未得以实现。直到

---

① 参见朱小娟《理解当代中国集体主义的三重定位》，《马克思主义理论学科研究》2023年第2期。
② 习近平：《在庆祝中国共产党成立100周年大会上的讲话》，《人民日报》2021年7月2日第2版。
③ 《中国共产党简史》编写组编著：《中国共产党简史》，人民出版社、中共党史出版社2021年版，第3页。

1921年中国共产党的成立,"从此,中国人民谋求民族独立、人民解放和国家富强、人民幸福的斗争就有了主心骨,中国人民就从精神上由被动转为主动"①。我们党诞生之后,积极接受和传播马克思主义,主动构建集体主义价值观,并依据当时的客观实际,认为在处理利益关系时只能是坚持国家、民族和人民群众根本利益至上,坚持个人利益服从集体利益。毛泽东还将集体主义抬升至党性的高度,要求所有党员率先践行集体主义价值观的先进性要求,随时作出为党和人民牺牲一切的准备,并致力于以党的先锋模范作用引领、团结广大人民群众,以集体力量形成转移时势的效果,建立一个新中国。所以,即便在革命战争年代,集体主义价值观也不要求个人作出无谓的牺牲。这种牺牲一定是为了实现更多数人、更长远、更根本的利益才要作出的必要牺牲。就像对于当时的中国人民而言,他们所有的努力和牺牲都是为了实现民族独立、人民解放,为了让自己的子孙后代拥有和平安宁的生活环境。正是这样一种理想信念激励着一代又一代中国人,支撑着他们走过最困难的时期。

中华人民共和国成立后,国家的中心任务开始逐步从阶级革命转变为经济建设,既要汇聚社会合力恢复国民经济和开展各项建设,又要不断满足人民日益增长的物质文化需要的使命任务,催生出兼顾型集体主义价值观,要求统筹各方面利益关系,实现利益最大化。一方面,伴随中华人民共和国的成立,尽管宏观层次的国家利益已初步构建和形成,但还不稳固、不充分,需要进一步巩固和发展,甚至必要情况下仍然需要个人作出利益牺牲。一如20世纪五六十年代,为了启动和发展我国国防科技工作,以邓稼先、于敏、林俊德等为代表的一大批国防科技工作者隐姓埋名几十年,长期从事核武器研究工作,为了实现国家安全利益自觉牺牲小我利益,最终也升华了各自的人生价值,延长了其精神生命。另一方面,随着集体利益被建构起来,中国共产党需要以实际行动兑现"实现人民解放和幸福"的承诺,以此抚慰刚刚从战争创伤中挺过

---

① 《中国共产党简史》编写组编著:《中国共产党简史》,人民出版社、中共党史出版社2021年版,第1页。

来的广大人民群众，并维持其参与集体建设的积极性。在社会主义探索时期，我们党还尤为重视对农民利益和地方利益的保护。例如，在推进农业合作化运动过程中尊重农民的土地财产所有权，要求通过租用、收买等方式合理使用农民的农具、牲畜等生产资料；在农业用地征用方面，则要求对被征用的土地及土地上的房屋、农作物等给予合理代偿，安排好被征用土地农民的生产和生活。对于地方，则以有限的放权增强其主动性，保障其利益。由于国家利益指向的是国家、集体和个人的根本利益，只有根本利益得到了保障，人们的具体利益才能在现实中展开，所以，在彼时遇到利益冲突时，我们党依然倡导以国家利益为先。只是在具体贯彻落实层面，集体主义价值观的革命性色彩始终存在，且在20世纪六七十年代受到了错误践行，个人、集体和国家利益关系发生较大程度的扭曲。

经过社会主义道路的艰辛探索和曲折发展，我国进入了改革开放和社会主义现代化建设新时期，这一时期的总任务是"团结全国各族人民，自力更生，艰苦奋斗，逐步实现工业、农业、国防和科学技术现代化，把我国建设成为高度文明、高度民主的社会主义国家"①。这一任务的实现必须以激发人们主动性、释放全社会活力为前提。为此，党的十二大提出"建设有中国特色的社会主义"重大命题，并在探索中逐步确立了社会主义市场经济体制。该体制的建立在很大程度上促使了社会创新创造的源泉得以充分涌流，使得集体主义价值观发展成为具有契约性质的价值观。它不再立足于革命战争需要或国家整体利益，强制个人利益让位集体利益，而是在充分尊重集体利益与个人利益的基础上，合理合规处理两者关系，争取互惠共赢。此外，契约型集体主义价值观要求在处理利益冲突时，不能简单立足于道德高地强调个人利益的妥协和牺牲，而是要给予利益受损者相应的补偿。这极大地激发了人们追求个人利益和参与集体建设的积极性，促进了社会生产力的发展和集体利益的

---

① 《中国共产党简史》编写组编著：《中国共产党简史》，人民出版社、中共党史出版社2021年版，第240—241页。

增进，但在某种程度上也造成了人际关系的功利化和冷漠化等现象。

进入新时代新征程，在全党全国各族人民的共同努力下，我们打赢了脱贫攻坚战，建成了全面小康社会，党的中心任务变成了"团结带领全国各族人民全面建成社会主义现代化强国、实现第二个百年奋斗目标，以中国式现代化全面推进中华民族伟大复兴"①。面对这一中心任务，中国共产党正在着力构建真实型集体主义价值观，即强调国家、民族和个人是利益攸关的命运共同体，认为个人和集体同为践行主体，承担双向对称义务，且个人利益和集体利益在发生冲突时互为道德评判标准。这一价值要求既是实现新阶段中心任务的必然要求，又是实现第二个百年奋斗目标的应然体现。于是，集体主义价值观对内要求各类集体利益代表和个人共同努力，实现各方利益的协同增进。就像社会主义核心价值观，它不但对个人提出价值要求，而且对国家、社会主体也分别提出要求，旨在凝聚人心、汇聚民力，增强实现中华民族伟大复兴的精神力量。倘若个人利益与集体利益发生矛盾，真实型集体主义价值观则要求利益相关方秉持平等协商的态度，对个人利益重要性的衡量要以不伤害集体利益为基础，对集体利益的保护也应以最大限度地保护个人利益为目标。对外，真实型集体主义价值观要求国民像石榴籽一样紧紧抱在一起，以群的力量化解一切国际风险，同时倡导各国、各地区遵循全人类共同价值，结成人类命运共同体，携手应对人类面临的共同挑战。所以，集体主义价值观在与中国具体实际相结合的过程中不仅越来越具有中国特色，还越来越具有国际视野，其价值也得到了升华。

三 顺应时代和实践发展要求丰富集体主义价值观构建方式

中国共产党在推进集体主义价值观中国化的过程中，不仅注重对其内容要求进行中国化，还强调构建方式的与时俱进。从某种程度上来

---

① 习近平：《高举中国特色社会主义伟大旗帜 为全面建设社会主义现代化国家而团结奋斗——在中国共产党第二十次全国代表大会上的报告》，人民出版社2022年版，第21页。

说，集体主义价值观构建方式是否与中国具体实际相符合以及符合的程度会直接制约其内容要求能否得到及时更新，从而影响其对中国人民行为的有效指导、对中国问题的实际解决。因此，我们党善于顺应时代和实践发展要求丰富集体主义价值观构建方式。

在新民主主义革命时期，为适应社会发展形势的需要，我们党通过领导爱国主义运动、实施土地改革计划、开展思想政治教育等举措构建革命型集体主义价值观。首先，中国共产党坚持联合并领导工人阶级、农民阶级和青年学生进行爱国主义运动，以"挽救民族危亡，实现民族独立"为运动精神，体现民族利益至上的爱国情怀，以"从群众中来，到群众中去"为工作方法，凸显以人民群众利益为重的价值理念，以"个人利益服从于革命利益"为价值取向，彰显革命利益高于一切的革命道德。其次，中国共产党紧扣农民最关心的土地问题，以"减租减息，利益兼顾"原则实施土地改革计划，着力解决农民最关心的土地所有权问题，实行"耕者有其田"，使农民作为个人的利益和作为阶级的集体利益都得到了满足，从而争取到中国革命最坚定的同盟军和依靠力量，增强其参与革命的热情。最后，中国共产党发挥思想政治教育的政治优势和优良传统，利用一切思想工作阵地，向工农群众传播马克思主义理论和革命思想，教育引导其把革命利益放在首位，积极投身大革命，掀起大革命高潮。同时，在全党范围内开展整风运动，加强对军队的理想信念和政治纪律教育，增强人民军队的集体意识。在整个新民主主义革命时期，我们党正是通过上述主要举措完成了对革命型集体主义价值观的构建。

社会主义革命和建设时期的兼顾型集体主义价值观主要是中国共产党在政治、经济、组织关系全面革新的基础上，以政治动员为载体，在实践中逐步构建起来的。一是坚持人民民主专政和生产资料公有制，以巩固集体主义价值观存续的政治、经济前提。其中，人民民主专政的国体和人民代表大会制度的政体的建立，改变了旧社会个人、集体和国家关系的异化状态，体现了人民的统一意志和共同利益；民族区域自治制度、中国共产党领导的多党合作和政治协商制度等则在民族关系、政党关系等方面进行了调整，统筹了共同利益和特殊利益，为兼顾型集体主义价值观的形成提供了政治保障。二是遵循强动员、高参与、政治化发展模式，即通过力度大、范围广、频率高的政治动员方式争取民意，以减少政策施行的阻力，且注重物质性动员和精神性动员相结合的方法，不仅激发了民众参与革命的热情和信心，还促使劳动人民感受到了集体的力量，增进了其对兼顾型集体主义价值观的认同和践行。这种带有"政治化"趋势的动员模式降低了社会无序的风险，确保了政治动员的稳步推进及动员过程中对群众的价值观输出。此外，由于"政治化"的动员过程本身体现和蕴含着集体主义精神，因此也实现了兼顾型集体主义价值观在组织内部的稳定运行。三是实施"一体化"的单位管理与运行机制。打破了原有的国家社会结构，缔造了国家与个人之间的有效联结，创造了新的利益共同体和单位成员的情感交往空间，促使个人对集体形成依赖，实现集体对个人的软性控制。诸如此类，都使得兼顾型集体主义价值观更加深入人心，协调了不同方面的利益关系。

在改革开放和社会主义现代化建设新时期，为了帮助和引导人们转变思想观念，消除平均主义利益分配方式带来的社会弊病，中国共产党用经济体制改革带动社会思维进步，用人生观大讨论增强集体主义认同，用行政手段强化集体主义主导地位，致力于构建契约型集体主义价值观。第一，在经济体制改革方面，从单一公有制到多元所有制的所有制改革，使得集体与个人的含义得以重释，个人与集体的关系有了更加全面和完整的构设；企业制度改革尤其是企业的股权结构改革，激发了个体权利意识和集体参与意识；"效率优先，兼顾公平"的分配制改革则使个体感受到了集体关怀，充分激发了个体自我奋斗意识。第二，在人生观大讨论方面，我们党联合理论界，借助20世纪80年代"潘晓来信"引发的全社会关于"人生意义"的大讨论，开展了对个人主义、自由主义、抽象人道主义的批判，进一步强化了人们对集体主义价值观的认同。第三，在运用行政手段巩固集体主义价值观的群众基础方面，通过颁布行政命令、完善法律法规、抓捕惩戒等方式，推动契约型集体主义价值观的构建。并且，我们党还将集体主义写入中央文件，为集体主义价值观的培育和践行提供了直接的法理依据。

进入新时代,中国共产党自觉构建的是真实型集体主义价值观。但这种集体主义价值观的构建并不容易。我们党主要采取了如下举措:一是用"隐喻"的形式将集体主义价值意涵移接到诸如中国梦、社会主义核心价值观、共同富裕等实存的符号形式中,努力实现个体、集体和国家三者利益的结合;二是大力推动集体事业的发展和集体建设,坚持把经济"蛋糕"做大、做优、分好,扎实推进全体人民共同富裕,不断满足人民日益增长的美好生活需要,并以此增强人们对集体的认同及其参与集体利益发展的积极性。三是健全社会公平正义的法治保障制度,推动公平正义原则在处理利益冲突时得到更好的实现,增进各方利益。这些构建方式与新时代新要求皆是相适应的。

第三节 与错误价值观念相交锋的螺旋发展律

依据马克思主义唯物辩证法观点,任何人和物的发展都不是径情直遂的,而是要经历一个螺旋式上升的过程。例如列宁指出:"发展是按所谓螺旋式,而不是按直线式进行的;发展是飞跃式的、剧变式的、革命的;'渐进过程的中断';量转化为质。"[1]集体主义价值观的中国化同样经历了螺旋式上升和波浪式发展的过程。这一过程不仅受制于人的认识发展规律,也就是"人的认识不是直线(也就是说,不是沿着直线进行的),而是无限地近似于一串圆圈、近似于螺旋的曲线"[2],无法一下子把握客观真理,甚至还会发生失误、错误,还受到封建整体主义、集体虚无主义等错误思想观念的挑战和阻抗,由此凸显了中国共产党在实现

---

[1] 《列宁选集》第 2 卷,人民出版社 2012 年版,第 423 页。
[2] 《列宁选集》第 2 卷,人民出版社 2012 年版,第 560 页。

集体主义价值观中国化进程中开展价值论战的必要性和重要性。当然，价值论战本就是中国共产党构建集体主义价值观的淬炼之路，也是维护我国意识形态安全的重要方式。面对错误思想与价值观念，必须旗帜鲜明地予以批评。"不加批评，看着错误思想到处泛滥，任凭它们去占领市场，当然不行。有错误就得批判，有毒草就得进行斗争。"①我们党正是在批判错误价值观的过程中不断廓清集体主义内涵、明确社会主义价值底色、实现集体主义价值观中国化的。

一 在批驳封建整体主义的过程中重构个人和集体关系

个人和集体、个人利益和集体利益是集体主义价值观的核心范畴，正确处理它们之间的关系，进而实现各方利益最大化，是集体主义价值观的目标指向。在以往很长一段历史时期，受整体主义的影响，国人恪守家长式的道德训诫，不能辩证地看待个人和集体的关系，甚而将之扭曲为一种整体无条件凌驾于个人之上的服从和被服从关系，以至于个人的积极性、主动性和创造性被束缚，社会发展动力严重匮乏。因此，实现集体主义价值观中国化的第一步，就是要破除封建整体主义的消极影响，重构个人和集体的关系，激发人们的内驱动力，聚合社会发展的强大动能。

在我国，对整体主义的批判由来已久，可追溯至封建社会末期，与早期启蒙思想家对封建专制主义制度的批判交织在一起。近代以来，以康有为、梁启超、孙中山等为代表的近代资产阶级思想家则在"西学东渐"和"救亡图存"的时代背景下，着力探索个体自由与独立性问题，为封建整体主义批判工作提供了崭新视角。新文化运动期间，伴随对封建传统的批判达到空前的程度，早期中国共产党人也投身于"群""己"争论之中，并在批判封建整体主义中尝试重构个人与集体的关系。例如，陈独秀提出了"以个人本位主义，易家族本位主义"的口号，认为"等一人也，各有自主之权，绝无奴隶他人之权利，亦绝无以奴隶自

---

① 《毛泽东文集》第七卷，人民出版社1999年版，第232—233页。

处之义务"①,试图以"个人本位"理念批驳封建整体主义。李大钊则认为:"各个性都得自由,都是平等,都相爱助,就是大同的景运。"②他既肯定了每个人在"大同景运"之下的自由平等,又指认了"大同集体"与"自由个人"的双重必要性:"个性自由与大同团结,都是新生活上新秩序上所不可少的。"③由此跳出了之前思想家在批判整体主义时容易陷入的"两难处境",也就是"一方面,冲击封建网罗和进行思想启蒙需要肯定'自我'、'自利'、'自由'等等,即张扬个体原则。另一方面,民族救亡和国家振兴又需要强调利群、和谐、权威等等,即提倡整体原则。当关注于前者时,他们倾向于或明确提出了'个体本位'。当着眼于后者时,他们又不得不强调群体原则甚至退守到整体主义的传统窠臼中去"④。李大钊的这一主张受到马克思主义哲学的影响,坚持了个性解放与大同团结相统一的价值原则,为后继中国共产党人推进集体主义价值观中国化奠定了思想基础。

作为中华人民共和国成立后第一代中央领导集体的核心,毛泽东对封建整体主义同样持批判态度。他曾在《新民主主义论》中鲜明地指出:"封建主义的思想体系和社会制度,是进了历史博物馆的东西了"⑤,取而代之的将是共产主义思想体系和社会制度。但同时,他又肯定了包括整体主义在内的古代文化的两重性,要求"清理古代文化的发展过程,剔除其封建性的糟粕,吸收其民主性的精华"⑥。鉴于此,以毛泽东为代表的中国共产党人在实现集体主义价值观中国化的进程中既注重对整体主义进行批判,又强调对其中的可取之处进行创造性转化和创新性发展。例如,毛泽东就曾对生发于封建整体主义中的"见利思义""先

---

① 陈独秀:《陈独秀文集》第一卷,人民出版社2013年版,第90页。
② 中国李大钊研究会编注:《李大钊全集》第三卷,人民出版社2013年版,第214页。
③ 中国李大钊研究会编注:《李大钊全集》第四卷,人民出版社2013年版,第149—150页。
④ 刘晓虹:《试论中国传统价值体系中的整体主义及其在近代的变革》,《兰州大学学报》(社会科学版)2000年第5期。
⑤ 《毛泽东选集》第二卷,人民出版社1991年版,第686页。
⑥ 《毛泽东选集》第二卷,人民出版社1991年版,第707页。

义后利"的传统义利观进行改造,实现了义与利的统一。他指出:"吾人苟放大眼光,而曰人类一大我也……由利己而放开之至于利人类之大己。"① 这一观点直接阐明了"利人"大于"利己"的总观点以及"利人"与"利己"的内在统一性,即"利人"本质上也是一种"利己"。如此,毛泽东不仅继承了传统文化中的"先义后利"观念,并且创新性地弥合了传统文化将义利对立的时代局限,构成了集体利益与个人利益辩证统一的集体主义当代表达式。

对于个人利益和集体利益的辩证统一,周恩来也有深刻认识。他曾以设问的方式肯定了"公私两利"的观点:"公与私的问题,在集体主义原则下究竟怎么处理?可能首先考虑的是既对公有利,又对私有利,所谓公私两利。"② 但若无法实现公私兼顾,怎么办?周恩来追问道:"如果不可能这样,就会产生第二阶段的想法:是个人利益服从集体利益呢,还是要求集体利益照顾个人利益?经过考虑,结果应该是先公后私,总是要把公摆在前头,个人摆在后头,个人利益服从集体利益。"③ 他认为这是无产阶级集体主义原则的倡导,体现了个人利益和集体利益的根本一致性。这一主张奠定了我们党所要推进的中国化集体主义价值观的基调。

与此同时,中国共产党还着重批判整体主义的虚幻性,认为它只代表封建社会中占统治地位的剥削阶级的意志和利益,虽蕴含"重民本"思想,但最终指向的是"贵君",要求全体人民"服从以君主为代表的抽象类精神"④。对此,毛泽东曾进行过深刻批判:"原来中华民族,几万万人,几千年来,都是干着奴隶的生活,只有一个非奴隶的是'皇帝'。"⑤ 在这样一种封建专制下,"重民本"是虚,而"国民大,各人小,

---

① 中共中央文献研究室、中共湖南省委《毛泽东早期文稿》编辑组编:《毛泽东早期文稿(1912—1920)》,湖南人民出版社2021年版,第123—125页。
② 中共中央文献研究室编著:《周恩来文化文选》,中央文献出版社1998年版,第456页。
③ 中共中央文献研究室编著:《周恩来文化文选》,中央文献出版社1998年版,第456页。
④ 陈章龙:《论主导价值观》,江苏人民出版社2006年版,第195页。
⑤ 中共中央文献研究室、中共湖南省委《毛泽东早期文稿》编辑组编:《毛泽东早期文稿(1912—1920)》,湖南人民出版社2021年版,第359页。

国民重,各人轻"①是实。毛泽东敏锐地洞察到了古代封建地主以"民集体"之名行"君个体"之治,但毛泽东并没有停留在对传统文化中"重民本"虚假形式的批判,而是对其进行了扬弃,重构了"人民"的政治意涵,奠定了中国共产党"执政为民"的优良传统。这与我们党对封建整体主义批判的目的如出一辙,即真正代表和维护广大人民群众的利益,实现"阶级的消灭和世界的大同"②。

然而,建立在自给自足式的小农自然经济基础之上、拥有广泛的社会心理基础的封建整体主义,是不易被削减和根除的,以至于中华人民共和国成立后,整体主义并未因其生存的社会制度被废除而退出历史舞台。相反,在社会主义建设的探索和曲折发展期,尤其是在"文化大革命"期间,受到"左"的思潮的影响,人们在理解与践行集体主义时仍带有整体主义的倾向和痕迹,甚至拿个人利益反对集体利益,或以集体利益对抗个人利益,导致人与人之间的关系高度紧张,乃至完全异化,集体主义的声誉也因此受损。幸运的是,中国共产党是一个敢于正视错误、勇于修正错误的政党,在"文化大革命"结束后,又重新审视个人利益和集体利益的关系,强调二者的辩证统一,要求承认和肯定个人追求物质利益的合理性,并且认为将来进入更高层次的社会形态,还要"更多地承认个人利益、满足个人需要"③,这亦是新时代以来我们党团结带领人民打赢脱贫攻坚战、全面建成小康社会的意义所在,是扎实推进共同富裕、全面推进中华民族伟大复兴的题中应有之义。

今时今日,封建整体主义似乎已从我们的日常生活中淡出,但它"夸大了人类需求本体的道德无意识"④,因此极有可能会以"集体不道德"的新面貌继续存在。这样一种"集体不道德"表现为一个集体以"整体"之名行侵害个人或其他整体利益之事,从而诱发社会失德现象,

---

① 中共中央文献研究室、中共湖南省委《毛泽东早期文稿》编辑组编:《毛泽东早期文稿(1912—1920)》,湖南人民出版社2021年版,第214页。
② 《毛泽东选集》第四卷,人民出版社1991年版,第1471页。
③ 《邓小平文选》第二卷,人民出版社1994年版,第352页。
④ 杨明堂、马庆娟:《集体主义价值观新论》,《理论学刊》2014年第6期。

所以，也是中国共产党批判错误价值观念时应当关注的一个重点。正是在同封建整体主义及其变种的斗争中，我们党才逐步深化了对个人和集体关系的正确认识，并以法律形式确立了集体主义的地位，从而调动了人们的积极性，激发了社会活力，推动了社会发展，取得了世人瞩目的伟大成就。

需要指出的是，我们在对封建整体主义进行批判的同时，还要承认它所蕴含的合理因素及其对中国近代以来的发展产生的正向影响，更要善于利用其积极因素涵养集体主义价值观，服务于中国今天的发展。

二　在反对个人主义的过程中增强集体主义价值引领力

集体主义价值引领力不是自发形成的，而是中国共产党在实现集体主义价值观中国化进程中积极作为的结果。这一"积极作为"涵盖对个人主义尤其是极端个人主义的批判。与封建整体主义不同，个人主义不是产生于中国本土的价值观念和道德原则，而是随着中世纪后期资本主义生产关系的形成逐渐生成并发展起来的，是资产阶级意识形态的集中表现，也是现代西方文明的核心价值观，与集体主义根本对立。正因为如此，中国共产党自成立起就与个人主义进行了激烈交锋，在推进集体主义价值观中国化的进程中也尤为注重对个人主义特别是极端个人主义展开严厉的、持续的批判。而我们党批判个人主义的高峰以及理论界关于集体主义与个人主义之间的论争，集中于20世纪八九十年代。

在革命时期，中国共产党并未囿于价值观的单一层面审视个人主义，而是将之视为资本主义意识形态的集中体现，强调用集体主义与之对抗，并将集体主义抬升至"党性"的高度。1929年12月，毛泽东还专门发文论述了个人主义的社会来源，将之看作"小资产阶级和资产阶级的思想在党内的反映"①，并给出了纠正方法，"主要是加强教育，从思想上纠正个人主义。再则处理问题、分配工作、执行纪律要得当。并要设法改善红军的物质生活，利用一切可能时机休息整理，以改善物质条

---

① 《毛泽东选集》第一卷，人民出版社1991年版，第93页。

件"①。差不多在同一时期，陈云、谢觉哉、刘伯承、贺龙等中国共产党人也从不同角度驳斥了个人主义，强调通过加强教育、进行思想斗争、开展批评和自我批评等方式抵制个人主义。但彼时的个人主义在国内尚未成为一种"显学"，其消极影响也只是局限在部分领域和一定群体范围内，直到改革开放和社会主义现代化建设新时期，伴随社会主义市场经济体制改革的推进，个人主义才真正成为挑战集体主义价值观的一股思想潮流。

20 世纪 80 年代，随着"文化大革命"的结束和改革开放新时期的到来，我国思想理论界以"潘晓来信"为导火索，围绕"主观为自己，客观为别人"之命题，开启了一场轰轰烈烈的人生观大讨论。在这场讨论中，人们对自我给予了更多关注，对集体进行批判性诘问，逐渐揭开集体主义与个人主义交锋的序幕。几乎与此同时，理论界出现了一种宣扬"个人本位"并且以之批判"社会本位"的思潮，还有"为个人主义正名"的论调，以至于在这一时期，"官方的道德准则在继续宣扬集体主义，而日益增强的市场经济秩序则鼓励个人通过与他人的竞争来追求自己的利益"，社会上出现了"个人主义的道德观可能会战胜集体主义的道德观"②的猜疑。对此，我们党以及以罗国杰为代表的一批学者主动"应战"，自觉扛起批判个人主义的大旗，为清扫集体主义价值观中国化进程中的障碍、捍卫社会主义价值观而奋斗。批判的形式包括但不限于以宣传教育揭露藏匿于抽象人性论背后的个人主义真实面目，以学术研究阐释个人主义在实践中的危害，以法律形式确定个人主义的"非法"地位。

值得注意的是，在改革开放之初，中国共产党还尤为注重对极端个人主义进行批判。例如，邓小平曾明确指出："决不能丝毫放松和忽视对资产阶级思想和小资产阶级思想的批判，对极端个人主义和无政府主

---

① 《毛泽东选集》第一卷，人民出版社 1991 年版，第 93 页。
② ［美］丽莎·G.斯蒂尔、斯科特·M.林奇：《中国人对幸福的追求：中国经济社会转型中的个人主义、集体主义和主观幸福感》，谭金可译，《国外理论动态》2014 年第 5 期。

义的批判。"① 后来，随着市场经济的发展和互联网的流行等，西方个人主义以及与之同源或相近的价值观接踵而至，肆意泛滥，对我国的道德原则构成了挑战，对人们的思想观念、价值判断、行为选择等带来了冲击，也受到了学术界、政界的关注和批判。进入 21 世纪，我们党重新反思极端个人主义，认为其核心内容是把个人利益看得高于一切，将对它的反对上升到政党建设和社会主义精神文明建设的高度。新时代以来，党对极端个人主义的反对则更多是从党员党性修养、解决大党独有难题的视角展开，明确要求党员干部"自觉抵制拜金主义、享乐主义、极端个人主义，做到为官一任既要发展一方又要始终保持清正廉洁"②。

1996 年 10 月，党的十四届六中全会首次将"集体主义"这个概念写入中央文件，明确规定集体主义是社会主义道德建设的原则，从而使得集体主义与个人主义的学术之争暂时告一段落。虽然在此之后，从表面上看，个人主义和集体主义的对抗与斗争相较于以往渐趋平静，但实际上个人主义者正在以一种新的形式输出自己的声音，要么"通过翻译引进国外个人主义思想家的方式鼓吹个人主义思想的'先进性'"，要么"通过挖掘当代中国思想家的个人主义观点的方式验证个人主义思想的本土化"。③ 对此，我们要予以格外关注，进而更好地实现集体主义价值观中国化。

党的十八大以来，习近平总书记高度重视党内政治生活中出现的个人主义问题，他毫不避讳地指出："一些地方和部门个人主义盛行，以至于一些人不知党内政治生活为何物，是非判断十分模糊。"④ 他还多次批评和否定党内存在的唯利是图、攀比享受、拉帮结派等体现个人主义思想作风的行为，要求"弘扬忠诚老实、公道正派、实事求是、清正廉洁等价值观，坚决防止和反对个人主义、分散主义、自由主义、本位主

---

① 《邓小平文选》第二卷，人民出版社 1994 年版，第 336 页。
② 习近平：《扎实做好保持党的纯洁性各项工作》，《学习时报》2012 年 3 月 5 日第 1 版。
③ 韦冬：《比较与争锋：集体主义与个人主义的理论、问题与实践》，中国人民大学出版社 2015 年版，第 220—221 页。
④ 习近平：《在党的群众路线教育实践活动总结大会上的讲话》，人民出版社 2014 年版，第 19 页。

义、好人主义,坚决防止和反对宗派主义、圈子文化、码头文化,坚决反对搞两面派、做两面人"①。对于那些因个人主义思想作祟而背弃党的宗旨、走上腐化堕落道路的党员干部,党中央从来都是以零容忍的态度予以严惩。

当前,个人主义在我国依然占有一定市场,外加社会"原子化"和"个体化"的趋势明显,风险社会正在构生,个体对共同体的不信任感加剧,"旧的公共秩序已经崩溃,个体越来越倾向于自恋性的、享乐主义的自我追求"②,引致个人主义"阴魂不散",批判个人主义依然是我们党的重点工作。

客观地说,尽管中国共产党是一个敢于论战、善于论战的政党,我国理论界也从来不乏铁肩担道义、乐于为真理论战、为人民发声的学者,但这并不意味着我们党以及上述学者在与个人主义的每一次斗争中都是完胜的。事实上,每一次典型的人生观大讨论、每一场具有代表性的论争,都会引发一部分人思想上的困惑乃至混乱,或多或少也会助长个人主义的影响力,从而导致集体主义价值观中国化的进程呈现波浪式发展的特点。

三 在矫正集体虚无主义的过程中巩固集体主义的地位

依据马克思主义经典作家的设想,培育和践行集体主义价值观的目的在于构建"真正的共同体",为实现每个人的自由全面发展提供条件与保障。对于这一点,中国共产党在推动集体主义价值观中国化的过程中是始终铭记于心并身体力行的。但自20世纪80年代以来,有一种思想倾向与个人主义相伴而生,即怀疑集体存在的合理性和必要性、质疑集体主义的理论自洽性和当代适应性的集体虚无主义,也有学者称之为"集体主义虚无思想"③。这种倾向有碍于集体主义价值观中国化进程的顺

---

① 《习近平谈治国理政》第三卷,外文出版社2020年版,第49页。
② [英]保罗·霍普:《个人主义时代之共同体重建》,沈毅译,浙江大学出版社2010年版,第32页。
③ 马永庆:《集体主义的虚无思想倾向评析》,《中国高校社会科学》2017年第2期。

利推进，构成了我们党和理论界批判的对象。

集体虚无主义产生的原因是多方面的，既与社会主义市场经济体制的改革有关，又与个人主义、自由主义、功利主义等非社会主义文化的渗入有关，还与人们对集体主义的错误理解有关。

20世纪末，我国确立了发展社会主义市场经济体制改革的目标，由此打破了个人、集体和国家之间原有的纵向利益关系，使得每个自然人和法人都有平等参与市场活动、竞逐社会资源的权利，也在很大程度上促使个体将自我利益最大化作为行动目标。在这样的背景之下，强调集体利益重要性和优先性的集体主义似乎是不合时宜的，从而导致一部分人对集体主义采取质疑和否定的做法。与此同时，市场经济的发展还增强了集体中人员的流动性，"个体不仅可以在不同的集体之间流动，还可以在集体内部通过企业重组或变换岗位而实现流动"，"个体对集体的牺牲不再能够产生长期、稳定的预期收益"[1]，个体对集体的依赖性减弱，从而直接动摇了集体主义存在的合法性。于是，学术界有一些人对集体主义在社会主义市场经济条件下的适应性问题进行了探讨，掀起了思想交锋，甚至有人抛出了"集体主义过时论""集体主义无用论""集体主义失败论"，转而为个人主义"正名"。"另一种声音则与之针锋相对，认为集体主义作为社会主义道德建设的基本原则，是由我国社会性质决定的，市场经济的确立并没有改变集体主义道德原则的现实基础，反而更加凸显出集体主义存在的必要性。"[2]更何况，"在马克思主义经典著作中有时就把社会主义、集体主义并称；而一些反社会主义的资产阶级学者则常常把社会主义同集体主义作为一对可以互称的概念而加以非难和攻击。可见，集体主义是社会主义的一种本质内涵，要坚持社会主义，就必须加强集体主义的价值导向"[3]。

---

[1] 韦冬：《比较与争锋：集体主义与个人主义的理论、问题与实践》，中国人民大学出版社2015年版，第44页。
[2] 朱小娟：《从历史分析方法的角度把握集体主义》，《思想理论教育》2017年第7期。
[3] 唐凯麟：《坚持社会主义，就必须加强集体主义的价值导向》，《教学与研究》1993年第5期。

除了一些专家学者对集体虚无主义论调开展批判，对集体主义理论作出阐释以外，我们党的领导人也对类似于"社会主义市场经济条件下是否需要弘扬集体主义精神"的问题发表了看法。例如，江泽民就曾明确指出："在发展社会主义市场经济的条件下，共产党员仍然要讲理想、讲大局、讲奉献，讲全心全意为人民服务，讲个人利益服从集体利益、局部利益服从全局利益。"① 党员如此，普通大众也应当按照这个方向努力，攀登道德的高峰。由此，间接说明了集体主义价值观的当代适应性。进入21世纪以后，我们党还提出了诸如社会主义荣辱观、社会主义核心价值观、中国梦、共同富裕、人类命运共同体等一系列体现集体主义精神、贯彻集体主义原则的新理念，不断赋予集体主义新的时代内涵和话语表达形式，有力地驳斥了集体主义"过时"论。

　　乘着改革开放之风在国内传播开来的个人主义、自由主义、功利主义等社会思潮，不但引起了人们价值观念的变化，还在一定程度上削弱了集体主义话语的现实影响力。而在互联网盛行和全面铺展的新时代，人人都手握"麦克风"，都可以成为UP主，成为议题的设置者、信息的分享者，这在促进网络生态多元化的同时，也对我国主导价值观形成了挑战，甚至有的自媒体甘愿沦为西方意识形态话语传播的附庸，在舆论场中散播个人化、泛自由化的价值观念，挤压了集体主义话语辐射的空间，对集体虚无主义也起到了推涛作浪的作用。

　　当前，还有一些别有用心者抓住现代社会"个体化""原子化"的特征与趋势，鼓吹"集体虚无"论，或者利用社会痛点热点事件，散播"集体无能""集体有罪"论。例如，有人拿互联网做文章，认为随着全媒体时代的到来，人们对家庭、学校、工作单位等集体的依赖感逐步减弱，对上述空间中涉及的传统社会关系的感知也不再强烈。"宅""自闭""社恐"已然成为许多年轻人自我标榜的代名词，他们与自己身处的集体以及集体中成员关系的疏离感越强，就越欠缺集体观念。于是，"集体主义时代终结"的论调沉渣泛起。再如，在抗击新冠疫情斗争中，

---

① 《江泽民文选》第一卷，人民出版社2006年版，第406页。

有些人抓住少数地区或部门疫情防控不力的现象去否定我们党带领人民积极抗疫取得的伟大成绩,大肆宣扬"集体无能""集体有罪"等错误观点,试图虚无党的功绩、虚无集体的力量。还有人以"反思者"的身份行虚无和否定集体主义之实。他们并不否认集体主义的历史贡献,而是认为在新的发展阶段要重新界定和改造集体主义,"构建个体本位、群体至上和制度正义的新集体主义"或"资本主义与社会主义的混合、私有与公有的混合的后集体主义"[1]。

  面对上述种种质疑和否定,一些学者通过学术研究,阐释人的社会性本质以及全媒体时代人与人之间联系的客观性,启发人们看到自己在现实生活中承担多重社会角色,每一重角色都会赋予个体以某种集体身份,而离开集体的帮助和支持,个人的成长与发展一定是十分有限的,所以,必须承认集体和集体利益的重要性,在投入集体建设中获得自身发展的有利条件。并且,网络世界中的"圈层"关系也必须回归现实才有意义,生活在"网络圈层"中的人也会涉及人与人之间、"圈层"之间以及"圈层"与更大的集体之间的利益关系,同样需要秉持集体主义价值观,才能有效处理各方面利益关系。与此同时,中国共产党则通过发展集体事业,增进集体利益,扩大改革发展成果的覆盖面,增强人们对集体的认同感与归属感。纵观新时代以来十余年的发展,党和政府既通过完善基本公共服务、拓展人们行使民主权利的渠道等形式促进个人自由,为人民创造更多参与社会治理和国家管理的机会,也在想方设法打通阶层流动通道,增加个人发展机会,助力个人自我价值的实现;又通过自身的权威和帮扶手段,系统谋划、重点突出,对公共资源进行合理有效配置,使改革发展成果更多更公平地惠及全体中国人民,不但把经济"蛋糕"做大,而且把"蛋糕"分好,以此凸显我们的制度优势和价值观优越性,实现共享发展、共同富裕;还通过完善社会公平正义的法治保障制度,建立健全利益补偿制度、平等协商制度等,使得个体和集体真正成为解决利益冲突的"双主体"。诸如此类都有利于增强集体

---

[1] 李彦军:《从抗击新冠疫情再认识集体主义》,《青年与社会》2020年第12期。

的真实性，提升集体主义的说服力和吸引力。而我们党领导人民打赢脱贫攻坚战、全面建成小康社会以及取得疫情防控阻击战的胜利等，都是对所谓集体主义"过时"论、"虚无"论的最有力回击。集体主义并没有过时，而是如同习近平总书记所指出的那样，伟大抗疫精神"是爱国主义、集体主义、社会主义精神的传承和发展"①，脱贫攻坚精神"是爱国主义、集体主义、社会主义思想的集体体现"②。

除此之外，人们对集体主义的误解也是集体虚无主义形成的原因。这种误解主要表现为窄化集体主义的内容要求，也就是割裂理想和现实的关系，只看到集体主义的崇高性要求而不顾及人们思想道德的差异性，或突出集体主义的中低层次要求而否定其理想性价值。针对此种误解，我们党通过加强宣传教育的形式澄清理论是非，引导人们正确理解集体主义的本真含义和全部要求。其中，学校教育是主阵地和主渠道。尽管目前的集体主义教育在内容和形式上还有改进空间，但它毕竟贯穿于大中小学各学段，对于防止集体虚无主义进一步演化为价值虚无主义、历史虚无主义、个人主义等确有裨益。

综上所述，中国共产党在推进集体主义价值观中国化的进程中，正是以封建整体主义、极端个人主义、集体虚无主义为主要批判对象，并立足我国历史文化传统，结合社会发展实际，顺应时代和实践发展要求，构建集体主义价值观，同时不断提升集体的真实性，提高人民的物质生活品质和精神生活质量，完善集体主义理论体系，创新集体主义话语，才巩固了集体主义的价值导向地位，并成功将之推向新时代。在这一进程中，与历史文化传统相结合的矛盾协调律、与中国具体实际相符合的社会适应律、与错误价值观念相交锋的螺旋发展律，构成了集体主义价值观中国化的基本规律。正确认识这些规律，有利于推动新时代集体主义价值观建设，开辟集体主义价值观中国化的新境界。

---

① 《习近平谈治国理政》第四卷，外文出版社 2022 年版，第 101 页。
② 《习近平谈治国理政》第四卷，外文出版社 2022 年版，第 137—138 页。

第七章　开辟集体主义价值观中国化新境界的实践进路

通过对集体主义价值观的源头进行追溯，对集体主义价值观中国化进程进行梳理，我们不难发现，"虽然'集体主义'这个概念最初是以'舶来品'的身份出现在中国的，但集体主义精神早在我国古代社会就已经存在，且集体主义在实现中国化以后，逐渐成为了中华民族的独特优势，成为了中国革命、建设和改革成功的精神密码，也是'中国之治'背后的文化力量。我们应当珍惜它，并理直气壮地开展集体主义教育"①。而对集体主义价值观的演进规律进行探讨，也是为了立足新时代新征程更好地培育和践行它，开辟其中国化新境界，从而最大限度地发挥它所具有的积极效用，为实现中华民族伟大复兴增势赋能。为此，我们需要在与时代同行中明确集体主义价值观建设的总体目标，在与大众贴近中创新话语表达方式，在与错误价值观念斗争中提升引领力，在与世界的交往互动中彰显集体主义的优越性。

---

① 朱小娟：《学校集体主义教育现状及优化路径》，《中国德育》2023年第5期。

第一节 在与时代同行中明确集体主义价值观建设的总体目标

党的二十大报告对我国新时代以来的发展成就进行了系统梳理，对存在的问题和不足展开了深刻揭示，对党和国家今后的许多工作提出了新的具体要求，设定了一系列新目标。从中，我们可以总结出新时代培育和践行集体主义价值观的总体目标，大体上涵括三方面内容：促进人的自由全面发展、提高全社会的文明程度、助力中华民族伟大复兴。也就是说，踏上新征程，我们不但要继续推进集体主义价值观中国化时代化，而且要保证集体主义价值观在个人、社会和国家方面所具有的价值指向和目标得以实现。毕竟，总体目标具有微观层次的方法举措所不具备的统帅和引领作用，在短期内不会有大的改变。因此，不管怎样，都要明晰和坚守集体主义价值观建设的总目标。这是开辟集体主义价值观中国化新境界的必要前提。

一 促进人的自由全面发展

这是新时代对集体主义价值观在个人成长方面作出的总要求，即保证集体内每个人的个性发展需要得到充分尊重，保证每个人的正当利益得到切实维护，进而实现每个人的自由发展与全面进步。通过前文分析和阐述可知，集体主义价值观的优越性在于，它可以汇聚社会之力构建更多更真实的集体。而我们考察集体是否真实的标准主要在于，它是否承认和保障个人的正当权益，能否促进人的自由全面发展。从此种意义上来说，中国作为社会主义国家，这个最大的集体无疑是具有真实性的，但又不能否认，受制于当前的发展阶段和实际情况，社会主义国家这个大集体下的很多具体的小集体尚未达到绝对意义上"真实集体"的水平。因此，在新时代推动集体主义价值观中国化，还须扩大"真实集体"的范围，并在此过程中提高人们的生活品质，促进人的自由全面发展。

具体而言，之所以要把"促进人的自由全面发展"当作新时代集体主义价值观的首要目标，主要在于：一方面，这是培育和践行集体主义价值观的题中应有之义，同时也是我们在坚持和发展集体主义的过程中需要改进和完善的方面。毋庸置疑，在我国加强集体主义教育，归根结底是想通过号召和组织人们参与集体建设，以不断扩大的集体利益反哺每一个具体的人，满足其正当利益诉求，促进其自由全面发展。然而，从目前我国的集体发展现状来说，尽管总体上在朝着"真实集体"的方向稳步迈进，但还存在许多亟待完善的地方。主要包括：其一，有关保障个人利益实现的某些政策、制度落实得还不够好。例如，《民法典》第一百一十七条规定："为了公共利益的需要，依照法律规定的权限和程序征收、征用不动产或者动产的，应当给予公平、合理的补偿。"[1] 这是对"兼顾个人利益和国家利益"的具体化规定，符合真实型集体主义价值观的要求，可在具体实施中，由于利益主体并不处于完全对等的位置，不享有真正平等的话语权，故而在协商进行补偿时容易遇到很多棘手的问题，甚至会衍生新矛盾。其二，人民当家作主的地位如何体现？工薪阶层的合法权益如何得到捍卫？普通个人的声音如何传播出去？怎样达到"国家各方面的关系都要协商"[2]之要求？这些都是关乎治国理政的要事、难题。再有就是如何处理个人的自由发展与全面发展之间的关系，等等。必须看到，我国还处在社会主义初级阶段，有些集体的真实性还有待提高。特别是在一些非公有制企业中，经常出现忽视员工权益、无视员工发展需要的现象，甚而为了所谓的"集体利益"强制对员工采用"996""007"模式，致使员工的主体性被剥离，陷入疲惫不堪、埋怨不断的状态。正因为如此，我们在新时代推动集体主义价值观建设

---

[1] 《中华人民共和国民法典》，法律出版社2020年版，第30页。
[2] 《毛泽东文集》第六卷，人民出版社1999年版，第386页。

时才要继续强调其"促进人的自由全面发展"的目标。

另一方面，这也是新时代基于解决社会主要矛盾的考虑而对集体主义价值观提出的目标。"历史总是要前进的，历史从不等待一切犹豫者、观望者、懈怠者、软弱者。只有与历史同步伐、与时代共命运的人，才能赢得光明的未来。"①于是，党的十九大报告适时提出了"中国特色社会主义进入新时代"的重大政治命题。作出这一判断的最重要依据则是我国社会主要矛盾发生了变化。其中，"关于'人民日益增长的美好生活需要'，可以从两个方面来看。一是人民需要的内涵大大扩展，不仅对物质文化生活提出更高要求，而且从人的全面发展和社会全面进步的角度提出更多要求，……二是人民需要的层次大大提升"②；关于"不平衡不充分的发展"则表明，社会主义中国这个最大的集体受制于社会主义初级阶段的基本国情，还不完全是马克思所说的"真实集体"，还有比较大的进步与提升空间。这就要求党和国家根据变化了的社会主要矛盾，作出新的战略安排和工作部署，致力于更好地推动人的全面发展和社会全面进步。具体到集体主义价值观建设层面，则要求推动"真实集体"的增加，继续发扬集体主义精神，着眼大局，立足长远，突出重点，有效配置社会资源，使改革发展成果更多更公平地惠及全体中国人民，"首先要通过全国人民共同奋斗把'蛋糕'做大做好，然后通过合理的制度安排正确处理增长和分配关系，把'蛋糕'切好分好"③，从而增强人们的获得感，促进每个人的自由全面发展。

当然，"人的自由全面发展"中的"人"一定不是抽象意义上的"人"，而是处在特定社会关系之中、与现实生活发生紧密联系、有血有肉的自然人。也就是说，人首先是作为具有自然属性的动物而存在，具有耳目口腹之欲等生存性需要，且这些需要都应当被承认、正视和满足；其次是作为社会性动物而存在，在人际交往、素质拓展、休闲娱乐

---

① 《习近平谈治国理政》第二卷，外文出版社2017年版，第32页。
② 陈晋:《深刻理解中国特色社会主义进入新时代》，《人民日报》2017年11月8日第7版。
③ 《习近平谈治国理政》第四卷，外文出版社2022年版，第210页。

等方面的精神性需要较为强烈,这些需要则更应该被看见和拓展。诚然,不同时期的人的诉求是有很大差异性的,而"我"的意识形成也经历了漫长的历史过程,"私有制及其观念是推进个体性观念形成的重要环节。在人类的蒙昧时期,共同体中的成员是作为复数的'我们'存在"①,而到了现代社会,随着人的个性极度张扬及其主体性日渐增强,共同体中的成员慢慢发展成为单数的"我",并且是在空间、经济和精神等方面都超出了原有所属关系界限的独立自主的"我",从而影响个人与集体、国家关系的调整以及集体主义价值观具体要求的变化。正因为这样,当我们谈及"促进人的自由全面发展"时,实际上是在说,要促进每一个人的自由全面发展,而非抽象意义上的"人",亦非特指某一个人。

就"人的自由全面发展"这一要求本身而言,它包含自由发展和全面发展两个方面,二者相辅相成、相互促进。但在现实中,我们通常更倾向于关注人的全面发展而相对忽视对人的个性发展。例如,我们会要求实现劳动者的体面劳动、全面发展,要求促进个人在学识、能力和道德等方面的全方位发展,却比较少地谈论人的自由发展。诚然,重视和促进人的全面发展很重要,没有它,人的自由发展就会失去前提,但人的自由发展对其全面发展也有促进作用,同样不可忽视。在马克思和恩格斯看来,人的全面发展主要包括两个方面,即"个人关系和个人能力的普遍性和全面性"②。换言之,一个全面发展的人要不仅能够处理好自身与他人、与社会的关系,拥有普遍的社会交往、融洽的人际关系,还要能全面发展自己的一切才能,使自身所蕴藏的潜力全部释放出来。而人的自由发展则意味着每一个人都能够"完全自由地发展和发挥他的全部才能和力量,并且不会因此而危及这个社会"③。这里讲的是人的相对独立性与个性发展的自由。在当前这个全新的、具有包容性的时代,

---

① 刘波:《当代中国集体主义模式演进研究》,博士学位论文,复旦大学,2011年。
② 《马克思恩格斯全集》第30卷,人民出版社1995年版,第112页。
③ 《马克思恩格斯全集》第42卷,人民出版社1979年版,第373页。

几乎每一个人都表现出了多方面、多层次的利益需要以及多元化的个性发展诉求,都希望突破分工的局限和单一的工作环境,拓展自身多种发展的可能,而非成为单向度的人。可以说,这是人的本质使然,也是人真正实现自由全面发展的要求。所以,开辟集体主义价值观中国化新境界,必须坚守"促进人的自由全面发展"这一价值指向。

二 提高全社会的文明程度

新时代集体主义价值观建设的总体目标,在社会层面的表现是提高全社会文明程度,为人际关系的和谐融洽、社会风气的向上向善奠定更加坚实的思想道德基础。把握好这一点,不仅有利于培养更多讲道德、守道德的人,还能够为集体利益和个人利益协同发展提供有利的外部环境,有助于兼顾不同方面、不同主体的利益需要,以防止因过分突出个人利益而走到集体主义的反面,出现一些个人主义者、利己主义者。这是培育和践行集体主义价值观的内在要求,也是顺利实现第二个百年奋斗目标的必然要求。因此,在新时代开辟集体主义价值观中国化新境界,不管采取何种举措,都不能偏废集体主义价值观对人民道德水准和文明素养的正向引领作用。由于全社会文明程度的提高是建立在良好的社会公德、职业道德、家庭美德、个人品德基础之上的,所以,必须保证新时代的集体主义价值观在推进这几方面建设过程中始终发挥积极作用。

保证集体主义价值观在推进社会公德建设方面发挥积极作用。"社会公德是指人们在社会交往和公共生活中应该遵守的行为准则,是维护公共利益、公共秩序、社会和谐稳定的起码的道德要求,涵盖了人与人、人与社会、人与自然之间的关系。"[①]社会公德建设的好坏将直接影响全社会的文明程度。基于对集体主义内容和社会公德建设要求的综合考虑,我们在新时代探索集体主义价值观建设的具体路径时,不但要培

[①] 《思想道德与法治》编写组编:《思想道德与法治》(2023年版),高等教育出版社2023年版,第167页。

养人们的社会公德意识,引导人们自觉遵守以文明礼貌、助人为乐、爱护公物、保护环境和遵纪守法为主要内容的社会公德,而且要结合互联网发展大势,把社会公德建设的阵地延伸到人们的网络生活中。着重引导人们认清网络共同体与其现实生活中所在的集体之间的关联性,认识到网络交往背后所反映的仍然是人与人之间的现实交往,在网络中活动也要自律克制,而非随意宣泄、拉踩引战。需要特别注意的是,在网络上,任何一件事情一旦由某些别有用心者进行包装、渲染和传播,都有可能演变成公共事件,乃至成为损害社会公德建设的"毒瘤"。这就要求引导人们对于网络热点以及借由网络传播的公共事件保持科学理性的态度,不信谣、不传谣、不被负面声音所裹挟,不轻易对他人作出否定性评价,以己之力维护良好的网络生态。

保证集体主义价值观在推进职业道德建设方面发挥积极作用。职业生活是我们作为人类所特有的最为基本且普遍的活动方式,是绝大多数人都会经历或已经经历的生活,而职业道德就是保证我们的职业生活有序平稳运行的道德规范与行为准则,包括爱岗敬业、诚实守信、办事公道、服务群众和奉献社会等内容。发挥集体主义价值观在职业道德建设中的积极作用,一是倡导集体主义价值观的先进性要求,鼓励人们在选择职业时,结合自身兴趣爱好、社会需要及客观现实,将个人理想融入社会理想之中,选择"最能为人类福利而劳动的职业"[①],鼓励青年"自讨苦吃",让青春在奋斗的过程中焕发出绚丽的光彩。二是承认并阐释清楚集体主义价值观的广泛性要求,既肯定人们在工作过程中所表现出来的无私奉献、艰苦奋斗、淡泊名利、争创一流等劳模精神,又针对那些在工作岗位上作出突出贡献的人给予及时恰当的奖励和宣传,以激励更多的人崇德向善、见贤思齐;同时要尊重人们因物质生活条件、受教育程度和感知能力等方面存在差异而作出的多元选择,肯定人们诚实劳动、合法经营等体现最基本的职业道德操守的行为。三是要求人们在就业和创业的过程中处理好与他人的合作及竞争关系,既要勇于竞争,更

---

① 《马克思恩格斯全集》第 1 卷,人民出版社 1995 年版,第 459 页。

要有序竞争，既要敢于创业，又要善于创业，当经济效益和社会效益发生冲突时，应当把社会效益放在首位。当然，党和政府也要给予创业者实质上的关心和支持，为每一个有创业愿望的人提供自主创业的空间和条件，让创造创新、开拓进取与自主发展的精神在全民中蔚然成风。

保证集体主义价值观在推进家庭美德建设方面发挥积极作用。家庭是社会的细胞，是最小的集体构成形式，在这里，集体主义可谓是人们日用而不觉的价值观。家庭中的长者出于本能考虑大都会主动维护子孙的利益，只是在满足晚辈们的个性自由发展方面有所不同，而家庭中的年轻一辈基本上也能够孝敬和体贴父母，让老年人老有所养、老有所依；夫妻之间、兄弟姐妹之间大体上也可以和睦相处。但对于家风建设，特别是党员干部的家风建设，还需要进一步强化集体主义在其中的引导和规约作用。从党的十八大以来查处的腐败案件来看，许多领导干部走向贪污腐化之路的重要原因就是家风败坏。他们对中国共产党人的根本宗旨置若罔闻，不仅模糊公与私的界限，滥用职权满足一己之私，还模糊合法与非法利益的界限，纵容家属向利益输送者收钱敛财，或者利用自己从政多年积累的"关系"为子女牟取非法利益，其危害不容低估。众所周知，"家风是社会风气的重要组成部分……家风好，就能家道兴盛、和顺美满；家风差，难免殃及子孙、贻害社会"①。因此，保证新时代的集体主义价值观在推进家庭美德建设方面发挥积极作用，既要引导和教育人们自觉承担起家庭责任，帮助孩子迈好人生第一个台阶，履行赡养老人的义务，促进家庭老少和顺，更要抓好党员干部的家风建设，使其正确处理公与私、情与法的关系，管好自己、管好配偶、管好子女和身边的工作人员，以千千万万家庭的好家风支撑起全社会的好风气。

保证集体主义价值观在推进个人品德建设方面发挥积极作用。个人品德的养成及践行对于推动整个社会道德建设、提升全社会文明程度，具有不可忽视的基础性意义。为此，我们首先要注重加强个人道德

---

① 《习近平谈治国理政》第二卷，外文出版社2017年版，第355页。

修养,让人们认识到,个人品德建设并不仅仅是私事,它是同社会道德建设乃至同国家和民族的前途命运是紧密联系在一起的。其次,要在承认人的道德境界具有差异性的同时注重培养崇高的道德境界。罗国杰指出:"在我国当前的社会条件下,人们的道德境界可以分成以下几个类型:自私自利的境界、先公后私的境界和大公无私的境界。"①从现实社会情况来看,仍然有一部分人的道德境界还处在自私自利的层次,对于他们要通过多渠道、多方面做工作,使其思想发生转变,进而克服自私自利思想;对于处在先公后私道德境界中的人,要给予肯定和鼓励,引导他们追求更崇高、更理想的道德境界,成就更有价值的人生;对于处在大公无私境界中的人则要广泛宣传,树立典型,让人们认识到,大公无私是一种可以达到并且有些人已经达到的道德境界。最后,从近年来发生的未成年人恶性犯罪、校园欺凌等事件来看,还应"加强和改进未成年人思想道德建设"②。只有确保新时代的集体主义价值观在社会公德等方面的建设中都发挥积极作用,才能助力人民道德水准和文明素养的提高,也才能为开辟集体主义价值观中国化的新境界提供有利条件。

三　助力中华民族伟大复兴

在实现第一个百年奋斗目标之后,我们距离中国梦更近了,以中国式现代化全面推进中华民族伟大复兴也成为党和国家在新征程的使命任务。新时代的集体主义价值观建设同样要服务于这一伟大目标。从培育和践行集体主义价值观的目的和实现中国梦的价值旨归来看,前者在于集中集体内所有人的力量持续扩大集体利益,引导人们在共建共享中实现共赢。具体到我国,则要求协调个人和集体、个人和个人等利益关系,扎实推进共同富裕,逐步实现人的全面发展,这与中国梦的本质要求趋于一致。由此决定了集体主义价值观可以成为助推实现中国梦的强

---

① 罗国杰:《罗国杰文集》第一卷,中国人民大学出版社2016年版,第259页。
② 习近平:《高举中国特色社会主义伟大旗帜　为全面建设社会主义现代化国家而团结奋斗——在中国共产党第二十次全国代表大会上的报告》,人民出版社2022年版,第44页。

大精神动力。另外，要想解决我国当前发展不平衡不充分的问题，也必须释放集体主义价值观的道义力量，在政策制定、资源分配、福利设置等方面向落后地区以及贫困人群适当倾斜，协调好不同方面的利益关系，推动社会的整体进步，进而更好地凝聚起全体中国人民砥砺前行、同心共筑中国梦的磅礴之力。

具体来看，首先，坚持和发展中国特色社会主义是实现中华民族伟大复兴的必由之路，因此，推进新时代集体主义价值观建设，为中国梦的实现提供价值支撑，必须确保集体主义的社会主义性质，并发挥集体主义对于市场经济可能诱发的消极后果所具有的规约作用。"中国特色社会主义是党和人民历经千辛万苦、付出巨大代价取得的根本成就，是实现中华民族伟大复兴的正确道路"[1]，"只要始终不渝走中国特色社会主义道路，我们就一定能够不断实现人民对美好生活的向往，不断推进全体人民共同富裕"[2]。所以，在新时代必须更好地坚持和发展中国特色社会主义，必须确保集体主义价值观的社会主义性质。从集体主义价值观的产生根源来看，它是科学社会主义运动的产物，与社会主义制度紧密相连，也将伴随该制度的健全而走向完善，从而决定了集体主义无论怎样发展都不能偏离社会主义的性质，都必须牢牢把控好社会主义这个"方向盘"，也要尽可能地巩固和发展中国特色社会主义。否则，集体主义终将会因其赖以存续的社会主义基础变薄弱而走向衰亡，甚至会走到改旗易帜的邪路上。从集体主义对社会主义市场经济的积极作用来看，建设社会主义市场经济虽然是一条既符合社会主义要求、又适应社会发展现实需要的新道路，但是，市场经济也存在一些与生俱来的弊端，会引发诸如社会资源分配不合理、人们谋取个人利益不正当、两极分化等负面现象。而集体主义本身包含统筹个人利益和集体利益、局部利益和全局利益、眼前利益和长远利益的要求，可以助力化解市场经济无法有效应对的问题，进而更好地坚持和发展中国特色社会主义。

---

[1] 《习近平谈治国理政》第四卷，外文出版社2022年版，第10页。
[2] 《习近平谈治国理政》第四卷，外文出版社2022年版，第34页。

其次，实现中国梦需要伟大的精神作支撑，因此，必须将集体主义与民族精神和时代精神有机结合起来，激励人们自觉参与到实现中华民族伟大复兴的进程中。实现中国梦，不但要求我们在物质上强大起来，而且要求在精神上强大起来，离不开对中国精神的弘扬。习近平总书记指出："实现中国梦必须弘扬中国精神。这就是以爱国主义为核心的民族精神，以改革创新为核心的时代精神。这种精神是凝心聚力的兴国之魂、强国之魂。"① 作为民族精神的核心，爱国主义与集体主义交融交织，高度契合，都突出国家利益的重要性，均强调人的自由全面发展；作为时代精神的核心，改革创新可谓贯穿于改革开放40多年的全部实践之中，代表时代的最强音和社会发展的潮流，同时也是新时代坚持和发展集体主义必须遵循的原则，要求集体主义顺应时代发展大势，突破陈规，勇于创造，不断赋予自身新的表现形式。所以，将集体主义与中国精神结合起来予以弘扬，可以促使中华民族紧密团结在一起，自强不息、与时俱进的精神力量更加强大，从而进一步推动新时代的集体主义价值观建设。在新时代，人们对美好生活的需要比以往任何时候都更加强烈，对拥有一方舞台施展才华、建功立业的渴望也无比热烈，同时期待被社会和更多人认可、接纳。鉴于此，在发扬集体主义价值观的崇高性要求以激励人们顽强拼搏、不懈努力的同时，还必须挖掘和阐释集体主义中所蕴含的对个人利益的保护、对个人个性的尊重、对个人全面发展的保障等内容，使社会主义中国这个最大集体拥有更强的生命力和凝聚力，激发人们在全面建设社会主义现代化国家的实践中实现自我，进一步强化人们的创造热情和创新活力。

最后，中国梦归根结底是人民的梦，必须依靠中国共产党的领导和全国各族人民大团结的力量才能实现，因此需要着力发展集体主义"集中力量办大事"和统筹兼顾的功能，使全体中国人民心往一处想，劲往一处使，汇集不可战胜的巨大能量，共同实现中华民族伟大复兴。作为一个凝聚了几代中国人夙愿的伟大梦想，中国梦的实现既是各民族共同

---

① 《习近平谈治国理政》第一卷，外文出版社2018年版，第40页。

的梦,也是每一个民族、每一个中国人自己的梦,这个梦很美,但其实现道路也必然充满艰难险阻,对外需要应对敌对势力的渗透、破坏和颠覆活动,尤其要应对他们企图让中国共产党改名换姓、企图否定和诋毁社会主义的阴谋;对内则需要解决新生的社会矛盾及个人与他人、个人与集体、个人与国家之间不时发生的利益冲突。但不论应对哪一方面的挑战,最根本、最首要、最关键的都是要协调好国内各方面利益关系,"正确认识和对待改革发展过程中利益关系和利益格局的调整,正确处理个人利益和集体利益、局部利益和全局利益、眼前利益和长远利益的关系"①,而这一切都需要集体主义提供精神动力。所以,在新时代坚持和发展集体主义,必须继续使之成为我们党和国家用以调整不同方面利益主体之间关系的价值指导原则,成为个人在处理自身与他人、集体、社会和国家等方面关系时应遵守的基本准则,还要坚持集体主义的价值导向,特别是发挥并不断发展和完善它协调利益关系、统筹各方的功能,进而强化人与人之间互助合作的和谐人际关系,增强全国一盘棋的大团结大协作精神,攻克实现中国梦道路上的种种"暗礁险滩"。

第二节 在与大众贴近中创新集体主义价值观的话语表达方式

话语在学术研究领域具有丰富的内涵,除了"语言符号"这层含义以外,人们还倾向于将话语理解为:运用语言符号系统表达思想、协调关系、构建自身的交往实践方式。集体主义作为一种价值观念,其内在意蕴与要求需要借助一定的话语形式来呈现。根据阶级立场、利益诉求

---

① 习近平:《在庆祝"五一"国际劳动节暨表彰全国劳动模范和先进工作者大会上的讲话》,《人民日报》2015年4月29日第2版。

以及表达习惯等的差异，不同话语主体在言说集体主义及其相关内容时会采取不同的方式，由此构成集体主义话语表达方式。虽然集体主义话语表达方式迥异，但它们所蕴含的内容要求之间却有某种一致性和互补性。在新时代，集体主义话语表达方式可谓更丰富，但这尚未引起学术界的足够重视与研究，从而制约了集体主义话语优势的发挥。由于"意识形态工作是为国家立心、为民族立魂的工作"①，集体主义话语作为意识形态话语的重要组成部分，对巩固新时代主流思想舆论有重要作用。所以，有必要结合集体主义话语的运行情况，创新集体主义价值观的话语表达方式，实现集体主义从"说得出"到"说得好"的转变。

一 紧扣民生诉求，彰显集体主义价值观"以人民为中心"的话语本质

集体主义价值观话语属于意识形态话语，常以严肃、抽象和深刻性的内容与形式呈现，但其话语的表达对象却是处于一定社会关系和社会条件下、从事生产活动的人民大众，因此，集体主义价值观话语需要在"自上而下"的传递过程中完成从抽象到具体的转化，这种转化表现为集体主义价值观话语对大众生活的贴合和对民生诉求的回应。质言之，集体主义价值观话语的构建首先需要明确话语的影响对象。我国是人民当家作主的社会主义国家，人民是国家的主人。这意味着集体主义价值观话语必须坚守人民立场，彰显"以人民为中心"的本质。在我国，集体主义价值观的培育和践行归根结底是为了维护每一个个体的利益，为了实现绝大多数人的诉求，而不是为了抽象的集体和集体利益。同样地，集体主义价值观话语也是为人民服务的，应该始终以人民为主体，以人民利益为标准。因此，我国集体主义价值观话语构建的重要任务就是紧扣民生诉求，并将其融入集体主义价值观话语体系当中，使集体主

---

① 习近平：《高举中国特色社会主义伟大旗帜　为全面建设社会主义现代化国家而团结奋斗——在中国共产党第二十次全国代表大会上的报告》，人民出版社2022年版，第43页。

义价值观的最终指向与人民对美好生活的向往相契合。

首先,在集体主义价值观话语构建中凸显"以人民为中心"的根本立场。习近平总书记曾强调:"要牢记群众是真正的英雄,任何时候都不能忘记为了谁、依靠谁、我是谁,真正同人民结合起来。"① 集体主义价值观话语构建也需要遵循这一精神,明确"为了谁、依靠谁、我是谁"这一基本问题。第一,回答"为了谁"的问题。集体主义价值观话语的构建和传播虽然是为了集体、国家和社会的利益需要,但它的运行之最终目的是要切实保障每一个个体合理、合法的利益,维护和增进集体利益的归宿也是为了发展集体内的个人利益。第二,回答"依靠谁"的问题。人民群众对集体主义价值观的理解程度和认同程度是衡量该价值观话语传播效果的根本标准。集体主义价值观话语的传播也需要依靠人们的认同和支持。同时,人民群众是社会精神财富的创造者,集体主义价值观话语的构建也需要人民大众基于自身诉求和实践经验进行创新、创造。第三,回答"我是谁"的问题。集体主义价值观话语是集体主义价值观的直观表达和传播载体,需要始终坚持社会主义意识形态的本质,避免步入"改旗易帜"的错误方向。集体主义价值观话语归根结底是要面向人民大众的,要为人民大众所信服、认同和践行。因此,就要坚守"以人民为中心"的根本立场,始终保持与广大人民群众的密切联系,拓宽民众表达利益诉求的渠道,将民生诉求融入集体主义价值观话语体系当中,把广大民众的普遍诉求与集体主义价值观话语构建统一起来。

其次,要尊重人民群众的首创精神,善于将体现集体主义价值观的民生诉求转化为具有共识性的话语表述,由此需要深入调查民众的生产生活实际,了解民众最真实的想法和诉求,善于从人民群众中汲取智慧和力量,特别要善于汲取和借鉴人民群众在生产生活实践中创造的具有共识性的集体主义价值观话语,从而不断推动集体主义的话语创新。比

---

① 习近平:《在常学常新中加强理论修养 在知行合一中主动担当作为》,《人民日报》2019年3月2日第1版。

如，"做大蛋糕，分好蛋糕"，就是用生活中常见的"蛋糕"比喻在内涵上更为深刻的"利益"，表明了共享发展理念话语的集体主义内核；"一起向未来"，则用通俗化的表达传递了人类命运共同体话语的集体主义精神，呼吁人类团结一致应对挑战、携手共建美好未来；"全面奔小康，一个不能少"，用口语式的表达映射了个体对美好生活的期盼以及集体对构建美好社会的承诺；"全国一盘棋""拧成一股绳"等话语昭彰了整体意识和大局观念；"小我融入大我，青春奉献祖国"，则展示了个人的集体意识和奉献精神。充分尊重人民群众的话语首创精神，切实保障群众的话语创造权，将民生诉求转化为具有共识性的话语表述，使其更好地被人民群众所理解与接受，如此才能彰显集体主义价值观话语"以人民为中心"的本质。

最后，要用不断创新的话语来解释形形色色的价值观选择及其引发的社会现象，帮助人们解疑释惑。改革开放以来，我国处于急速变革的社会转型期，不断遭受来自西方腐朽错误价值观的渗透、市场经济的挑战以及网络传媒的影响，社会场域中出现了许多与集体主义价值观相对立的现象。比如，部分民营企业不顾社会整体利益和民众的生命安全，生产销售假冒伪劣产品，以获取巨额利润；不法分子为了一己私利出卖国家秘密，危及国家安全；有的领导干部玩忽职守，贪污受贿，视党纪国法和人民利益于不顾，抹黑党和国家形象；自私自利、损人利己、唯利是图的利己主义行为在社会中屡见不鲜……这些与集体主义价值观要求相悖的价值观选择及其引发的现象将会引发民众在价值判断和价值选择方面的困惑乃至混乱。因此，运用不断创新的集体主义价值观话语来解释和回应当前多元的价值选择现象，是一个重要而又紧迫的课题。为此，需要立足具体实际，不断更新集体主义价值观话语体系，及时回应时代发展所面临的价值难题，从而赢得最广大人民群众的理解和认同。

二 丰富实践载体，善用"隐喻"形式传播集体主义价值观的内容要求

话语作为一种运用语言符号系统表达思想、协调关系、构建自身的

交往实践方式，它的传播和运行需要一定载体的支撑。要想提高集体主义价值观教育的吸引力，就应该在丰富实践载体上下功夫。另外，从中国共产党百余年的历史中可以发现，我们党通过沿用、改造或创造话语，善于在言说的"多样性"中呈现集体主义的"同一性"，通过"隐喻"不断赋予集体主义话语新活力，提升集体主义话语效果。由此可以明确，加强集体主义价值观教育，也需要将其内容要求嵌入丰富多样的实践载体之中，用"隐喻"的形式进行传播，以确保集体主义教育方式和话语体系的创新。

一方面，集体主义价值观教育与宣传需要与时俱进，不断丰富实践载体。集体主义价值观教育主要发生在学校这个场域之中，而"课堂教学是集体主义教育的主渠道，思政课是集体主义教育的主阵地，由此决定了，新时代学校集体主义教育不但要进一步推动自身进课堂、进教材、进头脑，而且要充分发挥'思政课程'和'课程思政'协同育人的功能"[①]，使其同向同行。提高集体主义价值观的传播音量。除了课堂教学之外，也要注重挖掘隐性实践载体，使集体主义价值观渗透到大众日常生活当中。例如，可以利用中国传统节日、国家公祭日、建党节等节日契机，开展大型纪念活动或各具特色的庆典庆祝活动，以传播集体主义价值观内核，强化人们的国家观念、集体意识。又如，可以借助政府和社会力量，引导民众参加社会志愿服务、社区实践活动等集体活动，使民众通过具体实践融入集体生活，沉浸式领悟志愿精神，增强社会责任感。再如，可以在社会主义精神文明建设、社区文化建设、校园文化建设过程中嵌入集体主义价值观内容，整合并宣传践行集体主义价值观的经典人物和典型事迹，使人们在潜移默化中接受集体主义精神熏陶。当然，也可以充分利用互联网、大数据等新媒体、新技术，拓展集体主义价值观教育的虚拟载体，在主流媒体、网站以及人们使用较多的社交平台上对集体主义内容进行精细化投放和精准化传播，使人们在网络生活中受到集体主义价值观的浸润。

---

① 朱小娟：《学校集体主义教育现状及优化路径》，《中国德育》2023 年第 5 期。

另一方面，要善于运用"隐喻"形式传播集体主义价值观的内容要求。为适应社会形势变化的客观要求，集体主义价值观始终以包容、开放的姿态推动自身发展，正在以"隐喻"的形式出现在人们的生活中。特别是进入新时代以来，我们党不断探索用"隐喻"的形式将集体主义的价值意涵移接到中国梦、社会主义核心价值观、共同富裕、人类命运共同体等其他符号形式之中，通过本体与喻体之间的概念互动，以达到不言"集体主义"而"集体主义"自明的效果。这样一种集体主义的言说形式，既能克服过去人们对集体主义概念的抗拒心理，又能融通不同话语系统。其中，中国梦是作为集体的共同梦和作为个体的个人梦的统一，在该话语表达之下，集体主义被嵌入美好生活和美好社会的理想图景之中。社会主义核心价值观既对国家发展、社会建设提出要求，又对公民价值准则进行规约，其价值旨归与集体主义本质意涵表现出高度的耦合性。共同富裕贯穿于中国共产党反贫困史，内蕴着"效率优先"与"兼顾公平"的辩证逻辑，与集体主义价值诉求趋于一致。中国式现代化是走和平发展的道路的现代化，表达和传递与西方中心主义截然不同的集体主义天下观。中国共产党正是用这样一种"隐喻"形式将集体主义的价值意涵移接到实存的符号形式之中，进行集体主义价值观的构建与传播。除此之外，习近平总书记还有过"每个人的前途命运都与国家和民族的前途命运紧密相连"[1]，"让每个人获得发展自我和奉献社会的机会，共同享有人生出彩的机会，共同享有梦想成真的机会"[2]，"我们要坚持人民至上、生命至上，呵护每个人的生命、价值、尊严"[3]等兼顾国家利益和个人利益的经典论述。诸如此类都蕴含着明显的集体主义精神，共同构成了中国集体主义的当代表达。对此进行挖掘和探究，有利于保持集体主义价值观强劲的生命力，也能够启发人们主动留意和发现更多更具时代感、更符合社

---

[1]《习近平谈治国理政》第一卷，外文出版社2018年版，第36页。
[2] 习近平：《在中法建交五十周年纪念大会上的讲话》，《人民日报》2014年3月29日第2版。
[3]《习近平谈治国理政》第四卷，外文出版社2022年版，第468页。

会大众心理需要的新的集体主义话语。

三 加强话语融通，重视人民大众在集体主义话语生产中的地位和作用

根据不同的话语主体和话语应用场景，可以将集体主义话语大致划分为政治话语、学术话语和大众话语三种类型。其中，政治话语作为由统治阶级发起的权威性话语，是集体主义话语体系的内核，决定学术话语和大众话语的性质与方向；学术话语处于集体主义话语体系的中间层，上承政治话语，为政治话语提供学理支撑，下接大众话语，规范和引导大众话语的发展方向；大众话语则是一种生活话语，与人们日常的生产生活方式相联系，关乎话语资源的供给。理想状态下，集体主义的政治话语、学术话语和大众话语三者之间应保持合理的张力，既相互区别，又相互联系，处于动态平衡之中。一方面，不同话语形式之间紧密相连、相互配合，政治话语决定学术话语和大众话语的性质及方向，学术话语和大众话语为政治话语提供理论支撑及话语资源；另一方面，减少政治话语对学术话语、大众话语的过度干预，使后两者有一定的创新空间。

但从当前集体主义话语运行状况来看，尽管这三种话语形式都受到了不同程度的重视，也有各自的运行方式和空间，但话语主体之间有效互动不足，存有一定的疏离，甚至有时候处于"自说自话"的状态，从而弱化了集体主义话语运行效果。例如，政治话语主体更多从宏观层面统筹集体主义话语体系的构建，而未能为理论工作者、教育工作者和其他社会大众开展集体主义研究、宣传等营造更为宽松有利的社会氛围；学术话语主体为政治话语提供的学理阐释不充分，学术话语生产呈现出两大弊端：一是视野窄化，多从伦理道德领域或价值观层面开展集体主义研究，相对忽视了集体主义在政治、经济、文化、生态等其他领域的作用；二是深度不够，多停留于对政治话语表层含义的解读，同质性高；大众话语主体的话语生产力和供给力较弱，出现了被政治化的倾向。

因此,要协调好话语主体之间的立场与诉求,明晰不同话语主体在集体主义话语构建中的角色定位。首先,集体主义政治话语主体要牢牢确保集体主义的社会主旋律地位,从宏观上把握集体主义话语的运行方向,统筹集体主义话语的构建,为学术话语主体开展相关研究及宣传工作营造宽松有利的社会氛围。例如,完善学术成果评价机制,优化学术评价及考核体系,以可行性和实践效果作为评价的重要维度;注重学术研究的政治引领而非行政干预,避免以政治宣传替代学术研究,创设包容的学术空间。如此,才能确保集体主义政治话语"落地",真正为人民群众所掌握。其次,集体主义学术话语主体除了强化其阐释和加工政治话语的功能以外,还要立足新的历史方位,深化集体主义话语的理论研究层次,结合治国理政的一些新理念、新思想、新战略,不断创新集体主义话语的表达形式。最后,集体主义大众话语主体要强化该话语形式中的大众元素,关注大众"在日常生活和社会实践中自发形成的语言风格、言语习惯和表述方式"①,力争将集体主义话语"同人民群众日用而不觉的共同价值观念融通起来"②,促使大众话语成为群众喜爱和拥护的话语表达。

除此之外,还需要重视人民大众在集体主义话语生产中的地位和作用。人民群众是精神财富的创造者,同时也是集体主义话语的创造者。集体主义话语只有与人民群众日常的生产生活实践紧密相连,体现大众所想,诉说大众心声,才能为人民群众所接受与喜爱。对此,需要发挥好人民大众在集体主义话语生产中的重要作用,充分尊重"大众在话语中的主客体相统一的地位和原创精神"③,引导、鼓励大众从自身利益诉求出发,结合自身的日常生活和生产实践以及语言表达习惯,积极发表自己对集体主义的观点和见解,为集体主义话语提供有力的资源供给。

---

① 吴荣生:《大众话语:提升马克思主义话语权的新维度》,《理论学刊》2016年第3期。
② 习近平:《高举中国特色社会主义伟大旗帜 为全面建设社会主义现代化国家而团结奋斗——在中国共产党第二十次全国代表大会上的报告》,人民出版社2022年版,第18页。
③ 吴荣生:《大众话语:提升马克思主义话语权的新维度》,《理论学刊》2016年第3期。

同时，在从人民大众的话语中挑选集体主义大众话语的过程中，既要遵循政治性原则，保证一定的政治意涵，更要从人民大众日常的表达习惯出发，确保被选中的大众生产的集体主义话语能够为群众耳熟能详并接受。在互联网和全媒体时代，也可以在大众媒体中挑选优质视频文字内容生产者，鼓励他们以大众喜闻乐见的方式言说和讨论集体主义，形成新型的集体主义话语。

第三节　在与错误价值观念斗争中提升集体主义价值观引领力

集体主义价值观中国化的过程不是一帆风顺的，而是伴随与种种错误价值观念的交锋和斗争。立足新征程开辟集体主义价值观中国化新境界，同样会遇到错误价值观念带来的挑战，也需要在价值论战中提升集体主义价值观的引领力。所以，必须发扬马克思主义的批判斗争精神，旗帜鲜明地批判各种错误价值观，揭示其实质和危害，破除人们的盲目追捧；要推动学术界实现"影响范式"向"引领范式"的转化，从根本上解决集体主义价值观引领人的问题；也要着力提高人民生活品质，以此强化集体主义价值观的社会心理基础。

一　揭示个人主义等错误价值观的实质，破除人们的盲目追捧

改革开放和社会主义市场经济的深入发展，在给我国带来巨大的经济发展成就的同时，也使得西方个人主义、拜金主义、享乐主义等错误价值观传播到了中国。这些错误价值观念割裂了个人和集体、索取和贡献之间的辩证关系，本质上反映的都是个人主义价值观，对我国社会主义核心价值观产生了冲击，对社会风气和人民的思想观念也具有极强的

腐蚀性和危害性。因此，需要从总体上揭示个人主义等错误价值观的实质与危害，这是破除人们盲目迷信、使之自觉辨别和抵制错误价值观的首要前提。

个人主义并非一种简单的价值观念，而是建立在资本主义制度基础之上、代表和维护资本主义意识形态的理论体系。关于这一点，我们一定要向广大人民群众讲清楚。"个人主义作为一种价值体系，主要包括三方面内容：第一，个人主义作为一种价值观念，在个人同社会的关系上，特别强调个人本身就是目的，社会、集体、国家和他人，只不过是达到个人目的的手段；第二，个人主义作为一种政治思想，它强调个人的民主自由和平等，并极力反对集体、社会和国家对个人的干预和限制；第三，在西方，个人主义既是一种价值观念和政治思想，又被人们认同为一种私有财产制度。"① 罗国杰关于个人主义的这一定义至今看来都是全面且深刻的。它不仅是一种价值观，还与资本主义制度紧密相关，在实践中具有腐蚀人心、销蚀社会的一面。"由于个人主义强调个人至上和个人中心，因此它总是要诱发人们的私欲的不断膨胀，总是要造成个人同整体、同国家的离心离德，总是要使个人从整体中孤立出来，并最终沦为利己主义者。"② 这样的价值观是无法指引我国人民完成第二个百年奋斗目标的。从党的二十大报告提出的"两步走"战略安排来看，每一阶段的任务都比较艰巨，都需要聚合全体中国人民的力量，奋勇向前，共同奋斗，才能顺利实现。个人主义在理论上是抽象的，在实践中是有害的，这就注定了个人主义在中国是行不通的。所以，在新征程开辟集体主义价值观中国化新境界，必须解蔽个人主义的实质，启发人们认识到，个人主义并不是一种中性的思想理论或道德原则，而是以资本主义私有制为经济基础，体现资产阶级的意识形态，与社会主义具有对抗性，同时也要让人们认清个人主义在中国是走不通的，要自觉拿起"批判的武器"，防止和克服个人主义的侵袭。

---

① 罗国杰：《罗国杰文集》下卷，河北大学出版社2000年版，第577—578页。
② 罗国杰：《论个人主义同集体主义的对立》，《中国高等教育》1990年第10期。

此外，还要向人们揭示拜金主义、享乐主义等错误价值观的实质和危害。在我国，随着改革开放和市场经济的不断深入，人们思想观念愈益多元，社会生产力水平亦有了大幅提高，从而为拜金主义、享乐主义等资产阶级腐朽价值观念的滋生提供了重要的思想基础和物质动因。这些价值观念根植于商品经济高度发展的土壤，盛行于资本主义社会。它们割裂个人与集体的关系，只讲索取，不讲贡献，容易导致政治上的自由放任、道德上的极端利己、生活上的纵情享乐。并且事实上，推崇拜金主义、享乐主义的人，通常会以追求更多的金钱作为人生的最高目标，走不出自身的狭隘天地，极易导致个人主义的泛滥，加大个人与他人、个人与集体乃至个人与国家之间的对立和冲突；习惯于聚焦眼前享受、挥霍社会财富、超前开发开采等。这些错误思想和行为的泛滥对集体主义价值观的培育和践行来说是有百害而无一利的。对此，我们既要不遗余力地揭露和批判拜金主义、享乐主义的种种弊端，也要在全国范围内开展反对资产阶级腐朽思想的宣传教育，进而增强集体主义价值观的引领力和感召力。

二 增强引领能力，实现"影响范式"向"引领范式"的转化

对个人主义等错误价值观的实质和危害进行揭示，还属于"影响范式"的研究层面，但我们的最终目的是占领人的思想阵地，提升集体主义价值观的现实影响力。所以，不能满足于对错误价值观念进行理论批判的浅层次，不能只是探讨集体主义价值观对错误价值观的引领，而要回到人本身，解决集体主义价值观"引领人"的问题，这就需要实现"影响范式"向"引领范式"的转化。具言之，在集体主义价值观研究视域中，"影响范式"以研究错误价值观的"影响"为基本学术旨趣，主要关注错误价值观的影响问题，包括由此带来的各种各样的消极后果，而对错误价值观进行"批判"是研究错误价值观影响问题的核心目标。故而，"影响范式"的出发点是"影响"，落脚点是"批判"。所谓"批判"，就是对错误价值观进行深入分析，阐释其来源、本质、表现与危害，指

出这些错误价值观的欺骗性和危害性，从而促使人们正确认识并抵制错误价值观的侵袭。因此，"影响范式"就是以"影响—批判"为基本范畴的研究体系。然而，随着多年的研究与实践，党和国家对错误价值观的实质和影响有了愈加深刻的认识，理论界对于错误价值观影响问题的研究也趋于饱和，且这种研究范式始终无法从根本上解决集体主义价值观"引领人"的问题。只有通过多种渠道，在人们的头脑和实际生活等多个层面完成"引领"，才能真正确保人们认同和践行集体主义价值观。所以，实现"影响范式"向"引领范式"的转化被提上日程。

相对于"影响范式"强调对错误价值观的"影响"及其"理论批判"等问题的研究，"引领范式"则是把集体主义价值观"引领人"作为最终目标，主要关注"引领途径、引领机制、引领经验、引领方法、引领规律"[①]等实践层面的研究，这使得增强集体主义价值观的引领能力有了更为现实和更为可行的借鉴，即集体主义价值观既要通过理论批判实现对个人主义等错误价值观的引领，更要通过各种具体的途径实现对"人"的引领。

因此，要加强集体主义价值观的正面宣传教育，依据人们生活实际提出差异性的道德要求。人民群众的思想阵地若没有被集体主义价值观占据，就会被其他错误的价值观抢夺。因此，在新时代，开辟集体主义价值观中国化新境界，必须加强和改进集体主义宣传教育，使之成为引导人们准确理解集体主义内涵、正确践行集体主义价值观的有力抓手。一是教育引导人们全面把握集体主义的内容与要求。以往的集体主义价值观宣传教育在内涵阐释方面，总倾向于把集体主义解读为个人利益服从集体利益，这与马克思主义有关"真正的共同体"的理论精神不甚符合，从而削弱了集体主义的实践效果。鉴于此，在新时代加强集体主义价值观宣传教育，必须让人们深刻理解集体主义究竟指的是什么，尽量减少人们由于集体主义的歧义所造成的对社会主义集体主义的争论与质

[①] 李亚员、杨晓慧：《社会思潮研究范式及其转换方向——基于近30年来有关文献及科研项目实证分析基础上的探讨》，《理论探索》2014年第1期。

疑。二是贴近广大人民群众的现实生活,对于不同利益群体、不同认知水平和不同觉悟程度的人们,提出差异性的道德要求。还要向人们宣传"集体利益优先于个人利益"的条件以及合理利益补偿原则,使人们认识到集体主义并非高不可攀、遥不可及,而是任何人都能达到的一种高度,也是任何一个生活在集体中的人都应该遵循的价值观。三是创新集体主义价值观宣教方法,设法让人们觉得自己是按照自己的意愿选择方向。这就要注意采取隐性的宣教方法,如榜样宣传法,树立多层次多类型的榜样人物,力争涉及不同性别、年龄、地区、职业等,搭建集体主义榜样教育的素材库,通过宣传榜样为集体作贡献的事迹,增强人们对集体主义的认同;也可以采用网络宣传法,在微信、微博、QQ等网上互动平台以及短视频交流平台,以生动有趣、人们喜闻乐见的形式讲述与集体主义价值观培育和践行有关的事迹,增强集体主义价值观在网络空间的引领力。

三 提高人民生活品质,强化集体主义价值观的社会心理基础

唯物史观认为,社会存在是社会意识内容的来源,社会存在的性质及其发展变化决定了社会意识的性质及其发展变化。所以,集体主义价值观作为社会意识的范畴,为人民群众所接受的程度和效果必然受到党和国家保障、改善民生实践的影响。甚至可以说,只有党和国家真正实现好、维护好、发展好最广大人民群众的根本利益,才能让人民群众感受到集体对个人的关怀,从而坚定其对集体主义价值观的信仰和实践。从历史教训来看,集体主义价值观在实现中国化的历史进程中,由于"左"倾错误思想的影响,曾一度被片面化和扁平化,出现了只强调个人无条件履行义务的现象,乃至发生了过分强调集体利益、某种程度上消解个人利益的极端行为,从而在一定程度上导致集体主义价值观的本真含义受到遮蔽和歪曲。虽然这种情况由于革命的需要有一定的历史合理性,但却对如今真实型集体主义价值观的宣传带来了一些思想阻碍,致使人们对集体主义价值观或多或少存在一定的拒斥心理。所以,要提

升集体主义价值观的引领能力，就必须落在实处，以现实的行动提高人民生活品质，保障并增进人民群众合理、合法的利益，使其感受到集体主义价值观的亲和力。

具体来说，就是要坚决反对空谈集体主义价值观的倾向，避免将集体主义价值观的践行主体只局限在个人层面，而要将国家、社会也作为践行主体，并要求其坚持一切从实际出发，着眼于人民生活实际，在扎实提升人民群众获得感、幸福感、安全感的具体实践中彰显集体主义价值观的优越性，强化集体主义价值观的社会心理基础。习近平总书记在谈论社会主义意识形态建设问题时曾指出："没有扎扎实实的发展成果，没有人民生活不断改善，空谈理想信念，空谈党的领导，空谈社会主义制度优越性，空谈思想道德建设，最终意识形态工作也难以取得好的成效。"① 这种空谈与务实的辩证逻辑就说明了集体主义价值观立足现实、关注人民的重要性和必要性。没有人民生活不断改善的现实例证，不能保障人民群众的合法权益，对集体主义价值观的倡导只能是空话、虚话；没有人民物质生活更加富裕，精神生活更加富足的社会存在，满足不了人民日益增长的美好生活需要，集体主义价值观就无法令人信服。由此可以得出，要提升集体主义价值观的影响力和引领力，就要坚持以人民为中心的发展思想和价值遵循，把满足人民群众日益增长的美好生活需要摆在第一位，推行一系列利民惠民工程，不断提高人民生活品质，促使中国式现代化建设取得更多让人民看得见、感受得到、享受得了的发展成就。

鉴于本章第二节第一目已经对于"以人民为中心"的发展理念进行了些许论述，故而，这里主要围绕两方面进行补充论述，一方面，提升集体主义价值观的践行效果必须回应人民群众对美好生活的期待，切实提高人民的生活品质。进入新时代，"人民美好生活需要日益广泛，不仅对物质文化生活提出了更高要求，而且在民主、法治、公平、

---

① 《人民日报》评论员：《中心工作与意识形态工作要两手抓》，《人民日报》2013年8月23日第1期。

正义、安全、环境等方面的要求日益增长"①,"期盼有更好的教育、更稳定的工作、更满意的收入、更可靠的社会保障、更高水平的医疗卫生服务、更舒适的居住条件、更优美的环境,期盼孩子们能成长得更好、工作得更好、生活得更好"②。但是,我国当前所处的发展实际、发展阶段以及面临的发展矛盾,还无法充分满足人民群众上述美好生活需要。这在客观上要求党和政府通过多措并举,提升社会主义中国这个最大集体的真实性,以保障和增进每一个公民的发展权益。因此,我们党始终站在战略全局的高度不断保障和改善民生,提出"十四五"规划和2035年远景目标,在教育、就业、医疗、住房等民生领域,积极回应人民群众诉求和期盼,增进民生福祉,提出教育提质扩容工程③、全民健康保障工程④、社会关爱服务行动⑤,等等。这些政策和行动可以使人民群众认识到,"人民对美好生活的向往就是我们的奋斗目标"不是简单的宣传口号,而是现实的、具体的行动。透过不断增进的民生福祉,人民看到了新时代集体主义价值观"以人民为中心"的话语本质,才能从中感受到真实集体的力量和关怀,真正认同并践行集体主义价值观。

另一方面,提升集体主义价值观的践行效果必须解决发展不平衡不充分的问题。集体主义与社会主义制度紧密相连,集体主义价值观必须彰显公平正义的价值理念。倘若社会各个群体、阶层在经济、政治、文化等方面存在巨大的差距和鸿沟,那这个社会一定不是马克思和恩格斯所说的"真正的共同体",而是虚假的、冒充的、虚幻的共同体。党的十八大以来,如何解决我国发展不平衡不充分的问题,缩小区域差距、

---

① 《习近平谈治国理政》第三卷,外文出版社2020年版,第9页。
② 《习近平谈治国理政》第一卷,外文出版社2018年版,第4页。
③ 《中华人民共和国国民经济和社会发展第十四个五年规划和2035年远景目标纲要》,人民出版社2021年版,第132页。
④ 《中华人民共和国国民经济和社会发展第十四个五年规划和2035年远景目标纲要》,人民出版社2021年版,第136页。
⑤ 《中华人民共和国国民经济和社会发展第十四个五年规划和2035年远景目标纲要》,人民出版社2021年版,第151页。

城乡差距、贫富差距，始终是党和国家的重要议题。在探索中，我们党推出了一系列政策来缩小社会各方面的差距。例如，在缩小区域差距层面，推行区域协调发展战略，深化西部大开发战略，促进中部地区高质量发展，推进东北老工业基地全面振兴发展等。在缩小城乡差距层面，集全国之力消除绝对贫困，深入实施乡村振兴战略，走城乡融合发展之路。在缩小收入差距层面，"构建初次分配、再分配、三次分配协调配套的基础性制度安排，加大税收、社保、转移支付等调节力度并提高精准性，扩大中等收入群体比重，增加低收入群体收入，合理调节高收入，取缔非法收入，形成中间大、两头小的橄榄型分配结构"①。以上举措都是党和国家为促进社会公平正义所作出的努力，体现了"一个也不能少"的社会主义发展理念，也是集体主义价值观建设的现实支撑，有利于夯实集体主义价值观的社会心理基础。

第四节　在与世界的交往互动中彰显集体主义价值观的优越性

随着对外开放的持续推进，我国与世界的交往互动愈加频繁。从积极推进多边主义合作，到持续推动"一带一路"建设，再到主动参与全球抗疫行动，我国愈益走近世界舞台中央，为世界和平与发展作出了不可磨灭的贡献，向世界展现出应有的大国担当。同时，我国也要在讲好中国故事的过程中扩大集体主义价值观的世界影响力，尤其要讲好中华文明特性，阐释其绵延发展的集体主义"精神密码"，讲好脱贫攻坚故事，促使集体主义价值观成为"中国好声音"，讲好世界发展大势，凸显人类命运共同体的集体主义价值意涵。

---

① 《习近平谈治国理政》第四卷，外文出版社2022年版，第144页。

一　讲好中华文明特性，阐释其绵延发展的集体主义"精神密码"

2023年6月2日，习近平总书记在文化传承发展座谈会上指出，"中华优秀传统文化有很多重要元素，共同塑造出中华文明的突出特性"①，即突出的连续性、创新性、统一性、包容性、和平性。正是这些特性使得中华文明历经五千多年发展依然具有旺盛的生命力，能够成为四大古文明中唯一没有发生断裂的文明。而这些特性既为集体主义价值观中国化提供了有利土壤，又使得中华文明在与集体主义的碰撞交流中实现了超越，绵延发展数千年。因此，我们应该在与世界交流互动中，讲好中华文明特性，展示其连续发展的集体主义精神密码。

第一，讲好中华文明的连续性和统一性，阐释其背后的集体主义精神之凝聚力。"在人类发展的历史长河中，许多原生或次生文明都已经中断或消逝在历史的长河中，唯有中华文明绵延至今，从未中断。同世界其他文明相比，中华文明具有突出的连续性特质。"②这种特质之所以能够形成，与我国自古以来就有的集体主义精神有关。诚然，古代中国人民坚持的集体主义精神是建立在自给自足式的小农自然经济基础之上、以血缘关系为纽带的宗法制度的产物，具有虚幻性，但它倡导整体利益绝对高于个人利益，却赋予了统治阶级无限权力，间接地实现了历史文明的连续性。中华文明的统一性，则"从根本上决定了中华民族各民族文化融为一体、即使遭遇重大挫折也牢固凝聚，决定了国土不可分、国家不可乱、民族不可散、文明不可断的共同信念，决定了国家统一永远是中国核心利益的核心，决定了一个坚强统一的国家是各族人民的命运所系"③。这种特性的背后彰显的也是集体主义精神的力量，与具

---

① 《担负起新的文化使命　努力建设中华民族现代文明》，《人民日报》2023年6月3日第1版。
② 韩庆祥、方兰欣：《正确认识中华文明的突出特性》，《中国社会科学报》2023年6月12日第4版。
③ 《担负起新的文化使命　努力建设中华民族现代文明》，《人民日报》2023年6月3日第1版。

有社会主义性质的集体主义价值观的倡导是一致的。

第二，讲好中华文明的创新性和包容性，阐释其背后的集体主义精神感召力。与时俱进、守正创新是中华文明的鲜明品格，这"从根本上决定了中华民族守正不守旧、尊古不复古的进取精神，决定了中华民族不惧新挑战、勇于接受新事物的无畏品格"[①]。而中华文明之所以具有创新性，与中华民族是一个具有伟大创造精神的民族息息相关，这种创造精神的形成则离不开集体主义精神的传承和发扬，是国人集体智慧的体现。同样，"中华文明具有突出的包容性，从根本上决定了中华民族交往交流交融的历史取向，决定了中国各宗教信仰多元并存的和谐格局，决定了中华文化对世界文明兼收并蓄的开放胸怀"[②]。集体主义不是特指某一个民族、某一个国家的集体主义，而是面向世界的集体主义。中华文明的包容性要求我国以更加开放包容的态度处理国与国之间的关系，彰显了集体主义的远大抱负和胸怀。正是因为发扬了集体主义精神，我国各民族之间的文化才得以融合成为统一的中华文化，我国才能在总结多年外交实践的基础上提出以人类共同利益和共同价值为根本基础的人类命运共同体理念，继而推动集体主义价值观在世界范围的传播和运行。

第三，讲好中华文明的和平性，阐释其背后的集体主义精神之向心力。尽管在历史上，中国曾一度饱受战乱之苦，但中国人民并没有从战争中沾染"弱肉强食""国强必霸"的思想。相反，"中华民族历来是一个爱好和平的民族，爱好和平的思想深深嵌入了中华民族的精神世界"[③]。和平、和睦、和谐是中华文明五千多年来一直传承的理念，中华文明崇尚和合的特质为集体主义的弘扬提供了正当性的文化支撑。我们

---

① 《担负起新的文化使命 努力建设中华民族现代文明》，《人民日报》2023 年 6 月 3 日第 1 版。

② 《担负起新的文化使命 努力建设中华民族现代文明》，《人民日报》2023 年 6 月 3 日第 1 版。

③ 习近平：《从延续民族文化血脉中开拓前进 推进各种文明交流交融互学互鉴》，《人民日报》2014 年 9 月 25 日第 1 版。

之所以弘扬集体主义精神，强调集体利益与个人利益的和谐发展，正是为了最大限度地维护集体内部的和平与稳定，从而避免集体外部不和谐力量的威胁。我国提出人类命运共同体理念，则是以集体主义价值观为指引，主张以道德秩序构造一个群己合一的世界，从而达到古人所追求的"协和万邦""天下大同"之目的。这正是对中华民族热爱和平、追求和谐的文明基因的印证。

二 讲好脱贫攻坚故事，促使集体主义价值观成为"中国好声音"

集体主义价值观为什么好？答案在于，它具有集中力量办大事的优势，能够实现人民的根本利益、长远利益。马克思曾指出："理论只要说服人，就能掌握群众，而理论只要彻底，就能说服人。所谓彻底，就是抓住事物的根本，而人的根本就是人本身。"[1]集体主义价值观要想"说服人"，并"掌握群众"，就必须回到"人本身"，落在维护人民群众根本利益的实践中。在我国，中国共产党团结带领人民群众取得脱贫攻坚的伟大胜利，就是集体主义价值观回到"人"本身、回到维护人民群众根本利益实践中的显著表现。"现行标准下9899万农村贫困人口全部脱贫，832个贫困县全部摘帽，12.8万个贫困村全部出列，区域性整体贫困得到解决，完成了消除绝对贫困的艰巨任务，创造了又一个彪炳史册的人间奇迹！"[2]我国脱贫攻坚战之所以能够取得全面胜利，其中一个重要原因就在于，释放了集体主义价值观的道义力量，汇聚合力，"形成脱贫攻坚的共同意志、共同行动"[3]。也就是说，我们之所以能够打赢脱贫攻坚战，得益于全国各族人民的共同努力，而之所以可以将全国人民的力量凝聚在一起，这与集体主义精神的发扬密不可分。因此，我们需要整合脱贫攻坚的素材和事迹，理直气壮地向全世界讲好脱贫攻坚故

---

[1] 《马克思恩格斯选集》第1卷，人民出版社2012年版，第9—10页。
[2] 《习近平谈治国理政》第四卷，外文出版社2022年版，第125页。
[3] 《习近平谈治国理政》第四卷，外文出版社2022年版，第134页。

事，让更多人理解集体主义文化，促使集体主义价值观成为"中国好声音"。

一方面，要讲清楚脱贫攻坚胜利背后的集体主义精神密码。脱贫攻坚战的胜利既离不开党和政府的总体部署与运筹帷幄，又离不开基层党员和工作人员的坚守和奋斗，更离不开全国上下数千万人民群众为消除贫困而进行的共同战斗。换句话说，脱贫攻坚从来不是某一个人、某一些人在战斗，而是中华民族和中国人民的集体行动。集体主义精神渗透于脱贫攻坚的全过程，是脱贫攻坚胜利的精神密码和动力源泉。具体可以从两方面予以理解：一方面，脱贫攻坚坚持"决不能落下一个贫困地区、一个贫困群众"①的理念。这集中体现了集体主义价值观不抛弃、不放弃任何个体成员合理、合法利益的取向和追求，是对集体主义价值观保障个人合法利益原则的发扬。在这场消灭绝对贫困的考验中，存在各式各样的致贫人口和致贫原因，需要基层相关工作人员把真正的贫困人口弄清楚，把致贫原因搞清楚，做到因户施策、因人施策。虽然过程艰难而复杂，但在"不落下一个贫困群众"的集体主义精神的指引下，数千万名党员同志前仆后继，按照贫困地区和贫困人口的具体情况，"实行发展生产、易地搬迁、生态补偿、发展教育、社会保障兜底'五个一批'"②，奋战在脱贫一线。另一方面，脱贫攻坚是中国人民的集体行动，体现了中华民族精诚团结、齐心协力、攻坚克难的集体主义价值追求。脱贫攻坚战的伟大胜利得益于全国人民的共同奋斗，或是贫困群众在党和政府的帮助下自力更生，使自己从贫困中解放出来，或是先富地区和先富群众通过各种形式帮助贫困群众摆脱贫困。全国人民勠力同心，向贫困地区输送人力、物力和资源，帮助贫困地区发展与进步，彰显了集体主义价值观在现实中解决贫困问题的磅礴力量。正是因为人民群众认同并在实际中践行集体主义价值观，我国才能取得脱贫攻坚全面胜利的

---

① 《习近平谈治国理政》第四卷，外文出版社2022年版，第127页。
② 《习近平谈治国理政》第四卷，外文出版社2022年版，第127页。

伟大成就,才能改变贫困地区长期贫困的面貌,以及贫困群众长期贫困的境况。

另一方面,要讲清楚脱贫攻坚精神的集体主义价值底蕴。脱贫攻坚伟大斗争锻造形成了伟大的脱贫攻坚精神,这一精神"是爱国主义、集体主义、社会主义思想的集中体现"①。"上下同心"充分体现了中国人民的团结精神和集体力量。脱贫攻坚凝聚各方力量,动员全社会广泛参与,是对中华民族"团结一致,同舟共济"的集体主义精神的继承和弘扬。"尽锐出战",即通过集中全党全国全社会的精锐力量帮扶贫困地区,选派"精兵"打"硬仗",充分体现了社会主义制度集中力量办大事的制度优势以及"全国一盘棋"的大团结大协作精神。"精准务实"充分体现了中国共产党求真务实的工作作风,表明我们党坚持精准扶贫、因地制宜,追求真真切切的脱贫质量和成效,凸显了集体主义价值观的真实性。"开拓创新"体现了中国共产党与时俱进的创新精神,通过多种创新,形成了精准扶贫、精准脱贫新模式,走出了一条具有中国特色的减贫道路,反映出集体主义价值观的发展性特征,即集体主义保障个人合法利益应该既精准又有效。"攻坚克难"充分体现了中国共产党人的担当精神。八年里,各级党组织和广大党员奋战在脱贫攻坚战场,"1800多名同志将生命定格在了脱贫攻坚征程上,生动诠释了共产党人的初心使命"②,以最美的年华书写了"敢教日月换新天"的时代篇章。中国共产党人的担当精神是对大公无私、公而忘私的集体主义精神境界的完美诠释。"不负人民"则体现了中国共产党的人民立场。我们党从最广大人民群众的根本利益出发,实现"两不愁三保障",改善贫困群众生活境遇,通过利益调控方式让社会发展成果更多更公平惠及全体人民。这体现了集体主义价值观的价值旨趣。基于此,我们说,脱贫攻坚精神是集体主义内涵的当代诠释,它彰显出集体主义价值观以人为

---

① 《习近平谈治国理政》第四卷,外文出版社2022年版,第137—138页。
② 《习近平谈治国理政》第四卷,外文出版社2022年版,第132页。

本的价值立场和道德优势。在国际舞台上，我们一定要把这一立场和优势讲清楚，向全世界展现集体主义价值观的真实性，让世界人民感受到集体主义价值观的道义力量。

三 讲好世界发展大势，凸显人类命运共同体的集体主义价值意涵

当今世界正处于百年未有之大变局。虽然和平与发展仍是时代主题，"世界已经成为你中有我、我中有你的地球村，各国经济社会发展日益相互联系、相互影响，推进互联互通、加快融合发展成为促进共同繁荣发展的必然选择"①；但是，"世界经济深刻调整，保护主义、单边主义抬头，经济全球化遭遇波折，多边主义和自由贸易体制受到冲击，不稳定不确定因素依然很多，风险挑战加剧"②。这样的时代背景，迫切需要世界各国共建人类命运共同体，携手应对全球性问题与挑战，从而实现人类的可持续发展。这与全球视域中的集体主义价值观的价值诉求趋于一致。所以，开辟集体主义价值观中国化新境界，要讲好世界发展大势，凸显人类命运共同体的集体主义价值意涵。

首先，在联系日益紧密的国际关系中弘扬人类命运共同体蕴含的集体主义精神。"在信息化日新月异的今天，互联网、大数据、量子计算、人工智能迅猛发展。人类交往的世界性比过去任何时候都更深入、更广泛，各国相互联系和彼此依存比过去任何时候都更频繁、更紧密。"③任何一个国家都不能孤立存在，都需要与其他国家产生这样或那样的联系，一个国家的发展变化会对其他国家甚至整个世界产生或大或小的影响。人类命运共同体的理念正是在此背景下应运而生的。作为处理国与国之间关系的中国方案，人类命运共同体主张世界各国"风雨同舟、荣

---

① 习近平：《开放共创繁荣 创新引领未来》，《人民日报》2018年4月11日第3版。
② 《习近平谈治国理政》第三卷，外文出版社2020年版，第200页。
③ 中华人民共和国国务院新闻办公室：《携手构建人类命运共同体：中国的倡议与行动》，《人民日报》2023年9月27日第6版。

辱与共、和谐共生、合作共赢"①,旨在使"不同社会制度、不同意识形态、不同历史文化、不同发展水平的国家在国际事务中利益共生、权利共享、责任共担"②,它强调各个国家是休戚与共的命运共同体,除了自身特殊的国家利益,还有全人类的共同利益,只有坚持全人类的共同利益,才能保障各国更长远、更根本的利益。这种新理念顺应了世界和平与发展的历史大势,凸显了世界各个国家、各个民族之间前途命运的共生关系,强调了团结协作、互利共赢才是解决国际矛盾的唯一正确选择,是集体主义精神在世界舞台上的呈现。我们就是要将构建人类命运共同体的意义、内涵和要求讲给更多人听,促使越来越多的人意识到,构建人类命运共同体是世界大势所趋,每个国家都应"在追求本国利益时兼顾他国合理关切,在谋求自身发展中促进各国共同发展"③。当然,人类命运共同体理念于2022年被写入联大一委三项决议的事实,也说明了构建人类命运共同体日益成为国际共识,而蕴含于人类命运共同体理念中的集体主义精神也将传播至全世界,其现实影响力亦将得到进一步扩大。

其次,在反对逆全球化倾向中捍卫人类命运共同体的集体主义价值目标。目前,全球表现出两种截然不同的发展倾向:一种是顺应全球化的发展倾向,从世界人民福祉出发,积极进行多边主义合作,致力于构建更加公正合理的国际秩序和全球治理体系,以大多数国家特别是发展中国家为代表;另一种则是逆全球化的倾向,为了维护本国垄断优势,主张霸权主义、保护主义和单边主义,以美国等资本主义国家为代表。前者顺应了世界发展潮流,符合世界人民的愿望和利益,彰显了集体主义价值取向;后者则对世界发展和人类进步极具破坏性,加剧了世界的不稳定性和不确定性,是西方个人主义价值观在国际交往中的表现。就

---

① 中华人民共和国国务院新闻办公室:《携手构建人类命运共同体:中国的倡议与行动》,《人民日报》2023年9月27日第6版。
② 习近平:《在中华人民共和国恢复联合国合法席位50周年纪念会议上的讲话》,《人民日报》2021年10月26日第2版。
③ 《习近平谈治国理政》第一卷,外文出版社2018年版,第331页。

意识形态之争的角度而言,这两种倾向实质上也是集体主义价值观与个人主义价值观之争。因此,我国需要增强人类命运共同体理念的国际影响力,捍卫集体主义价值观的目标诉求。由此可以看到,近年来,由于国际力量对比的变化,美国把中国当成竞争对手,在经济、科技、政治、文化等诸多领域遏制我国的正常发展。美国不仅在多方面与华脱钩,还延续其冷战思维,"以意识形态划线,搞集团政治和阵营对抗"[①],企图以此来割裂世界,使世界出现集团化和阵营化的发展趋向。不仅如此,美国政府的零和博弈思维愈演愈烈,还利用所谓的"普世价值"干涉他国内政,如此霸权行径导致国际交往环境恶化,对世界和平发展造成了诸多消极影响。美国的逆全球化倾向即是个人主义意识形态在世界领域的扩张,企图以"美国第一""美国优先"的思想主导全世界。这显然与国际社会谋求共同发展的要求、与世界人民追求美好生活的愿望背道而驰。对此,我们可以从横向比较的视角传播中国声音,与他国携手构建人类命运共同体,弘扬蕴含其中的集体主义精神,进而引领全世界人民反击以美国为代表的逆全球化倾向。

最后,在应对全球性风险与挑战中凸显人类命运共同体的集体主义价值意义。近年来,由于地缘政治冲突、气候变化加剧和自然灾害频发,世界面临粮食安全、资源短缺、环境污染、疾病横行、恐怖主义、难民危机等风险与挑战。这些挑战亟须世界各国团结一致、合作应对。我国站在整个人类集体的角度,本着对人类命运的终极关怀,提出了人类命运共同体思想,呼吁各国携手应对全球化问题,推动了集体主义价值观在世界范围的意义扩展。地球是人类迄今为止以及在可预见的未来赖以存续的唯一家园,全球性的问题单靠个别国家或一些国家的力量是远远不够的。随着各国工业化的推进,气候变化、生物多样性的丧失和环境污染等生态问题逐渐成为威胁人类生存和发展的关键问题,特别是日本"核污水排海"之举更是将海洋安全置于险地。这需要世界各国共

---

① 习近平:《共迎时代挑战 共建美好未来——在二十国集团领导人第十七次峰会第一阶段会议上的讲话》,《中国新闻发布》(实务版)2022年第12期。

同发力，坚持走绿色、循环、可持续的发展之路，共同建设一个清洁美丽的世界。此外，恐怖主义、难民危机、粮食安全、能源安全也是威胁世界和平发展的重大风险。这些风险归根结底是因为地缘政治冲突引发的一系列连锁反应，因此需要世界各国秉持对话协商的原则妥善解决国家争端，化解国家分歧，为建设一个持久和平的世界而努力。面对全球性危机与挑战，即使再强大的国家也无法包揽所有，只有坚持人类命运共同体理念，在集体主义价值观的指引下才能集全球之力化解全球性危机。

综上所述，集体主义价值观在实现中国化的进程中，对于中国人民实现民族独立、人民解放和国家富强、人民富裕，发挥了重要的精神动力作用。在新时代新征程推动集体主义价值观建设，开辟其中国化新境界，既要着力探讨它之于全面推进中华民族伟大复兴的效用，之于实现每个人自由全面发展的价值，又要彰显它之于建设美好世界、维系人类代际发展的重大意义。唯有如此，才能真正提升集体主义价值观的现实影响力，才能无愧于我们的"魂脉"和"根脉"，才能稳步推进集体主义价值观实践。

参考文献

一　马克思主义经典著作与党的文献

《马克思恩格斯文集》第 1 至 10 卷，人民出版社 2009 年版。
《马克思恩格斯选集》第 1 至 4 卷，人民出版社 2012 年版。
《列宁选集》第 1 至 4 卷，人民出版社 2012 年版。
《斯大林文集（1934—1952 年）》，人民出版社 1985 年版。
《拉法格文选》上卷，人民出版社 1985 年版。
《毛泽东选集》第一至第四卷，人民出版社 1991 年版。
《毛泽东文集》第三卷，人民出版社 1996 年版。
《毛泽东文集》第六至第八卷，人民出版社 1999 年版。
《毛泽东著作选读》下册，人民出版社 1986 年版。
《刘少奇选集》上、下卷，人民出版社 2018 年版。
《周恩来文化文选》，中央文献出版社 1998 年版。
《陈云文选》第三卷，人民出版社 1995 年版。
《中共中央关于经济体制改革的决定》，人民出版社 1984 年版。
《中共中央文件选集》第十四册，中共中央党校出版社 1992 年版。
《建国以来重要文献选编（1949—1965）》第一册，中央文献出版社 1992 年版。
《建国以来重要文献选编（1949—1965）》第四至第五册，中央文献出版社1993年版。

《建国以来重要文献选编（1949—1965）》第九册，中央文献出版社1994年版。

《邓小平文选》第一卷，人民出版社1994年版。

《邓小平文选》第二卷，人民出版社1994年版。

《邓小平文选》第三卷，人民出版社1993年版。

《胡乔木文集》第二卷，人民出版社2012年版。

《江泽民文选》第一至第三卷，人民出版社2006年版。

《江泽民论社会主义精神文明建设》，中央文献出版社1999年版。

《胡锦涛文选》第一至第三卷，人民出版社2016年版。

《习近平谈治国理政》第一卷，外文出版社2018年版。

《习近平谈治国理政》第二卷，外文出版社2017年版。

《习近平谈治国理政》第三卷，外文出版社2020年版。

《习近平谈治国理政》第四卷，外文出版社2022年版。

《中国共产党简史》编写组编著：《中国共产党简史》，人民出版社、中共党史出版社2021年版。

《中华人民共和国国民经济和社会发展第十四个五年规划和2035年远景目标纲要》，人民出版社2021年版。

习近平：《在庆祝中国共产主义青年团成立100周年大会上的讲话》，人民出版社2022年版。

习近平：《高举中国特色社会主义伟大旗帜 为全面建设社会主义现代化国家而团结奋斗——在中国共产党第二十次全国代表大会上的报告》，人民出版社2022年版。

习近平：《从延续民族文化血脉中开拓前进 推进各种文明交流交融互学互鉴》，《人民日报》2014年9月25日第1版。

习近平：《在庆祝"五一"国际劳动节暨表彰全国劳动模范和先进工作者大会上的讲话》，《人民日报》2015年4月29日第2版。

习近平：《在庆祝中国共产党成立100周年大会上的讲话》，《人民日报》2021年7月2日第2版。

二　中文学术论著

陈章龙:《论主导价值观》,江苏人民出版社 2006 年版。

陈书纪:《意识形态下集体主义的历史演进》,湖北人民出版社 2015 年版。

陈云:《论集体主义的历史谱系:以儒家文化为中心的型构》,社会科学文献出版社 2018 年版。

陈桐生:《中国集体主义的历史与现状》,《现代哲学》1999 年第 4 期。

陈瑛:《人权:从集体主义角度看》,《道德与文明》2003 年第 6 期。

程倩:《契约型政府信任关系的形成与意义》,《东南学术》2005 年第 2 期。

樊浩:《伦理精神的价值生态》,中国社会科学出版社 2001 年版。

樊浩:《当前中国伦理道德状况及其精神哲学分析》,《中国社会科学》2009 年第 4 期。

樊浩:《中国社会大众伦理道德发展的文化共识——基于改革开放 40 年持续调查的数据》,《中国社会科学》2019 年第 8 期。

耿步健:《集体主义的嬗变与重构》,南京大学出版社 2012 年版。

耿步健:《关于社会主义集体主义的历史考察与再认识》,《马克思主义与现实》(双月刊) 2007 年第 5 期。

耿步健:《生态集体主义:构建人类命运共同体的重要价值观基础》,《江苏社会科学》2020 年第 2 期。

龚群等:《社会主义核心价值体系重大关系研究》,北京师范大学出版社 2012 年版。

韩东屏:《市场经济中的集体主义问题》,《江汉论坛》1998 年第 9 期。

侯惠勤:《马克思的意识形态批判与当代中国》,中国社会科学出版社 2010 年版。

黄明理:《中国共产党集体主义价值信仰百年实践与理论演进研究》,《马克思主义与现实》2021 年第 6 期。

康渝生、胡寅寅:《人的本质是人的真正的共同体——马克思的共同体思想及其实践旨归》,《理论探讨》2012年第5期。

李英、曹刚:《论作为集体行动原则的集体主义》,《湖南社会科学》2015年第3期。

李彦军:《从抗击新冠疫情再认识集体主义》,《青年与社会》2020年第12期。

罗国杰:《罗国杰文集》第三卷,中国人民大学出版社2016年版。

罗国杰:《论个人主义同集体主义的对立》,《中国高等教育》1990年第10期。

罗国杰:《关于集体主义原则的几个问题》,《思想理论教育导刊》2012年第6期。

罗必良、耿鹏鹏:《"稻米理论":集体主义及其经济解理》,《华南农业大学学报》(社会科学版)2022年第4期。

刘晓虹:《中国近代群己观变革探析》,复旦大学出版社2001年版。

刘晓虹:《试论中国传统价值体系中的整体主义及其在近代的变革》,《兰州大学学报》(社会科学版)2000年第5期。

刘泽华、张荣明等:《公私观念与中国社会》,中国人民大学出版社2003年版。

刘景旭、刘治华:《集体主义和封建整体主义的本质区别》,《东北师范大学学报》(哲学社会科学版)1993年第1期。

刘波:《当代中国集体主义模式演进研究》,博士学位论文,复旦大学,2011年。

刘建茂:《当代中国集体主义研究》,博士学位论文,中共中央党校,2018年。

马西恒:《论新时期我国社会利益格局的变迁》,《毛泽东邓小平理论研究》1999年第4期。

马永庆:《集体主义话语权的重构》,《道德与文明》2016年第4期。

苗贵山:《马克思恩格斯人权理论及其当代价值》,人民出版社2007年版。

摩罗:《集体主义与近代中国的命运》,《社会科学论坛》2015年第

12期。

聂文军、张群颖:《论集体主义道德的补偿规范与现实的利益补偿制度》,《道德与文明》2006年第1期。

钱广荣:《关于坚持集体主义的几个基本理论认识问题》,《当代世界与社会主义》(双月刊)2004年第5期。

宋艳华:《马克思个人与国家关系思想研究》,上海教育出版社2021年版。

宋惠昌:《社会结构的变革和集体主义道德原则的发展》,《理论前沿》2002年第13期。

孙宝云:《个人主义、集体主义:迥异的集体利益实现模式》,《江苏社会科学》2009年第5期。

邵士庆:《当代集体主义的三重视域》,《学术论坛》2005年第12期。

邵士庆:《集体主义的终极生成》,《理论与改革》2010年第1期。

唐凯麟:《中华民族爱国主义发展史》,湖北教育出版社2000年版。

吴春梅、林星:《集体主义的衍生、理想化与理性回归——基于历届党代会报告内容的解读》,《武汉大学学报》(哲学社会科学版)2016年第5期。

武高寿:《在个人主义本来意义上扬弃个人主义——确立社会主义契约道德观真实的集体主义》,《社会科学评论》2006年第2期。

王岩:《整合·超越:市场经济视域中的集体主义》,中国人民大学出版社2004年版。

王小章:《"陌生社会"命运共同体的建构与"权利边界"》,《探索与争鸣》2022年第5期。

韦冬:《比较与争锋:集体主义与个人主义的理论、问题与实践》,中国人民大学出版社2015年版。

肖接增:《对集体主义原则中"集体"的科学界定》,《求实》2009年第9期。

肖霞、马永庆:《集体与个人间权利与义务的统一——集体主义的本质诉求》,《道德与文明》2017年第2期。

许启贤:《道德文明新论》,河南人民出版社 2003 年版。

许纪霖:《家国天下：现代中国的个人、国家与世界认同》,上海人民出版社 2017 年版。

夏伟东、李颖、杨宗元:《论个人主义思潮》,高等教育出版社 2006 年版。

夏伟东:《集体主义：社会主义道德的基本原则》,《教学与研究》1994 年第 3 期。

杨麟慧:《集体主义价值观与社会主义核心价值观的逻辑关系》,《学校党建与思想教育》2016 年第 11 期。

杨泽波:《公与私：义利诠释中的沉疴痼疾》,《中国文化研究》2002 年第 1 期。

杨明堂、马庆娟:《集体主义价值观新论》,《理论学刊》2014 年第 6 期。

俞可平:《当代西方政治哲学的流变：从新个人主义到新集体主义》,《社会科学战线》1998 年第 5 期。

余芳、程样国:《中国抗疫行动中集体主义价值观的再现及启示》,《江西社会科学》2021 年第 10 期。

赵修义:《"平均主义"究竟意味着什么——对不同语境下"平均主义"一词意蕴的辨析》,《探索与争鸣》2013 年第 7 期。

钟志凌:《社会主义市场经济条件下的集体主义研究》,博士学位论文,西南大学,2012 年。

朱志勇:《论集体主义的历史嬗变》,《马克思主义研究》2006 年第 12 期。

三 外文译著

[德] 米歇尔·鲍曼:《道德的市场》,肖君、黄承业译,中国社会科学出版社 2003 年版。

[法] 卢梭:《社会契约论》,何兆武译,商务印书馆 2003 年版。

[法] 托克维尔:《论美国的民主》下卷,董果良译,商务印书馆 2013 年版。

［美］彼德·布劳：《社会生活中的交换与权力》，孙非、张黎勤译，华夏出版社 1988 年版。

［美］约翰·杜威：《新旧个人主义——杜威文选》，孙有中等译，上海社会科学院出版社 1997 年版。

［美］麦金太尔：《追寻美德——伦理理论研究》，宋继杰译，译林出版社 2003 年版。

［美］R.T.诺兰等：《伦理学与现实生活》，姚新中等译，华夏出版社 1988 年版。

［英］保罗·霍普：《个人主义时代之共同体重建》，沈毅译，浙江大学出版社 2010 年版。

［英］齐格蒙特·鲍曼：《共同体》，欧阳景根译，江苏人民出版社 2007 年版。

［英］哈耶克：《个人主义与经济秩序》，邓正来译，生活·读书·新知三联书店 2003 年版。

［英］史蒂文·卢克斯：《个人主义》，阎克文译，江苏人民出版社 2001 年版。

Harry C. Triandis. *Individualism and Collectivism,* Westview Press, 1995.

后 记

本书是国家社会科学基金 2020 年度青年项目"集体主义价值观的源流及其中国化演进研究"(项目批准号:20CKS029)的最终成果。

集体主义价值观诞生于无产阶级革命实践,根源于马克思主义"真正的共同体"思想及其关于个人和集体、个人利益和集体利益关系的论述,具有鲜明的社会主义意识形态性。其在中国的传播可追溯到 20 世纪 20 年代,与中国共产党的顺势而谋、积极构建密切相关。现如今,集体主义价值观已经成为中国式现代化区别于西方式现代化的精神标志和价值底色,也是推动人类命运共同体构建的根本遵循,在推动中国特色社会主义制度建设、实现中华民族伟大复兴、引领人类文明新形态发展等方面具有重要作用。

本书立足马克思主义中国化时代化的历史背景,以中国共产党构建集体主义价值观的历史过程为逻辑线索,探究集体主义价值观的中国化进程,将这一进程概括为革命型集体主义价值观、兼顾型集体主义价值观、契约型集体主义价值观和真实型集体主义价值观的构建过程,致力于在呈现个体、集体与国家关系的演绎理路的同时,探索如何立足新征程开辟集体主义价值观中国化新境界,进而为新时代集体主义价值观的培育和践行、意识形态建设等提供理论助益。

本书由朱小娟设计写作框架,并负责整体修改、统稿定稿。具体写作分工如下:导论,朱小娟;第一章,朱小娟;第二章,程佩楠、陈炜枫；第三章，叶明慧；第四章，陈炜枫；第五章，朱慧柔；第六章，朱小娟；第七章，朱小娟。河海大学马克思主义学院研究生王静、张敏参与了资料收集和引文核对工作。

  感谢编写组成员的辛勤付出，感谢中国社会科学出版社杨晓芳编审的指导和帮助。限于视野、学识与能力，研究中难免存在不足之处，还望广大读者、同人不吝批评指正！

朱小娟于河海大学

2024 年 6 月